edition summerhill

TAKE FIVE

Dr. Heinz Peter Wallner

Für Dodo und Philipp

TAKE

FIVE

DIE FÜNF SCHLÜSSEL ZU MEHR
LEBENDIGKEIT UND INNERER STÄRKE

DR. HEINZ PETER WALLNER

edition summerhill

Impressum:
1. Auflage, 2016
Copyright © 2016 Edition Summerhill e.U., St. Margarethen/Raab,
Österreich
Umschlaggestaltung: Dodo Kresse, Wien, Österreich
Coverfotos: istock.com, DoverPictura
Satz, Grafiken und Fotos: Dodo Kresse, DoverPictura
Korrektorat: www.professionelles-lektorat.de
Druck und Bindung: Druckerei Bösmüller, Stockerau, NÖ.

Printed in Austria
Für dieses Buch verwendeten wir die Papiersorte:
Impact Climate Paper - CO_2 neutral

ISBN 987-3-9504083-1-7 (Hardcover)
ISBN 978-3-9504083-3-1 (ebook)

www.summerhill.at.
www.take-five-for-life.de
office@summerhill.at

Besuchen Sie uns auf Facebook und Pinterest: Edition Summerhill

Wir leben Nachhaltigkeit!

Edition Summerhill – Eco-Premium Books

Edition Summerhill bietet Inspirationen für ein schöneres Leben. Ein Aspekt dabei ist die Zukunftsfähigkeit der Wirtschaft und der Gesellschaft. Wir möchten sicherstellen, dass unsere Bücher und Leistungen den Menschen Unterstützung leisten, sich ganzheitlich zu entwickeln. Ganzheitlich betrachtet aber müssen unsere Bücher in der Produktion ebenso einen Beitrag zu einer besseren Welt leisten. Das erkennen wir an einer nachgewiesenen ökologischen Nebenwirkungsarmut und einem sozialen Wirkungsreichtum. In der Produktion dürfen unsere Produkte die Umwelt nicht belasten. Wir wollen Ihnen, lieber Leserin, lieber Leser, in dieser Frage jeden Zweifel nehmen!

Daher arbeiten wir mit einem Druckpartner, der alle denkmöglichen Auswirkungen auf die Umwelt berücksichtigt und minimiert.

- Klimaneutrale Produktion mit CO2 Ausgleich,
- ausgewählte Recyclingpapiere,
- giftstofffreie Farben

Ein regionaler Ansatz in der Wertschöpfung ist ebenso wichtig, damit Transportkosten minimiert werden. Wir drucken daher in Österreich. In der Produktion ist der Umgang mit Menschen und der Gesellschaft wichtig:

- Gesunde Arbeitsbedingungen,
- faire Entlohnung,
- eine inspirierende Atmosphäre,
- und ein Geist der Nachhaltigkeit.

Auch das haben wir bei unserem Druckpartner Bösmüller gefunden. Überzeugen Sie sich selbst: www.boesmueller.at/zertifikate/

Natürlich haben Eco-Premium Books ihren Preis. Welchen Sinn aber hätte es, mit billigen Büchern aus schlechten Produktionsbedingungen unseren Planeten zu belasten? Wir bedanken uns bei Ihnen für Ihren fairen Beitrag für eine bessere Welt!

BÖSMÜLLER
FOR CLIMATE
CO₂-NEUTRAL

PEFC™

PEFC/06-39-256

PEFC zertifiziert
Dieses Produkt stammt aus nachhaltig bewirtschafteten Wäldern und kontrollierten Quellen.
www.pefc.at

Dieses Druckwerk wurde nach der Richtlinie „Druckerzeugnisse" des Österreichischen Umweltzeichens bei der Druckerei Bösmüller Print Management GesmbH & Co KG (UW-Nr. 779) gedruckt.

ALWAYS KEEP A DIAMOND IN YOUR MIND

WHEREVER YOU MAY WANDER,

WHEREVER YOU MAY ROAM,

ALWAYS KEEP A DIAMOND IN YOUR MIND

(Lyrics by Tom Waits – Diamond in Your Mind)

VORWORT

Ich widme dieses Buch all jenen Menschen, die sich persönlich weiterentwickeln und entfalten wollen. Wenn Sie Ihre Entwicklung als Lebensaufgabe sehen und wenn Sie damit Erfolge haben, aber auch Rückschläge erleiden und immer wieder zweifeln, dann ist dieses Buch für Sie geschrieben. Es will Ihnen helfen, sich als Mensch zu stärken, Beschränkungen abzulegen und in ein Leben voller Freude und Sinn zu finden.

Es gibt zum Thema persönliche Entwicklung mehr Bücher, als Sie je lesen könnten und es gibt einen wirklich einfachen Lösungsweg, der sich seit Jahrtausenden bewährt hat, nämlich: *Atme und lächle*. Das ist der Weg der Kontemplation[1]. An ihm ist allerdings nur die Idee einfach. Ihn umzusetzen und ins Leben zu integrieren ist ein jahrelanger Weg der ständigen Übung. Er zahlt sich ganz gewiss aus. Damit ist schon alles gesagt und wenn Ihnen *atmen und lächeln* als Lösung passend erscheint, gibt es wunderbare Bücher, die sich ausschließlich diesem Zugang widmen. Dieses Buch hier können Sie dann einfach weglegen oder verschenken.

Mir persönlich aber geht beim *Weg der Kontemplation* etwas ab. Und zwar etwas, womit mein bewusster Geist etwas anfangen kann, etwas, das mich herausfordert, etwas, das ich verstehen kann. All das brauchen Sie nicht wirklich, sagen die Meister und Gurus des obigen Weges. Und genau hier setze ich mit diesem Buch an. Es liegt mir fern, die Dinge komplizierter machen zu wollen als notwendig, ich bin nur zutiefst davon überzeugt, dass unser Denken mehr ist als nur ein Hindernis auf unserem Entwicklungsweg, das es zu überwinden gilt. Ich sehe in unserem unglaublich weit entwickelten Geist – sofern wir ihn verstehen und zu nutzen wissen – eine Pforte zum Weg des Lichts und zur Selbstverwirklichung. Und wenn es diese Pforte gibt, die der

Geist öffnen kann, dann möchte ich sie finden und benutzen. Das ist der *Weg der Entfaltung*.

Der Weg, den ich hier aufzeige, ist zwar einfach, aber komplex genug, um unseren Geist zu fordern. Es ist ein gangbarer Weg, der sich mit unserem Leben in der westlichen Welt – als Teil eines größeren Spiels, das wir hier spielen – sehr, sehr gut verbinden lässt. Ich zeige Ihnen fünf Lebensaufgaben – die *„Take Five"*[2], die sich mir auf meinem Weg gestellt haben. Sie sind mir nacheinander begegnet. Als ich mich den Aufgaben widmete, habe ich erkannt, dass sie immer *offen* bleiben. Sie lassen sich nie ganz abschließen mit der Bemerkung „erledigt". Das ist eine wichtige Erkenntnis, der Weg bleibt ein Weg, den wir nur bis zu unserem eigenen Ende gehen können. Diese Aufgaben werden zum Teil unseres Lebens. Wir müssen uns ihnen stellen, damit unser Leben gut wird. Daher die Aufforderung: „Take Five!"

Ich gehe in der Beschreibung des Weges der Entfaltung auf Widersprüche ein, die wir alle spüren, wenn wir die Botschaft *„Atme und lächle!"* hören und gleichzeitig an unsere Arbeit und unser randvolles Lebens denken. Deshalb haben sich mir ständig die Fragen gestellt: Soll ich mich nun auf das Jetzt, den Augenblick, konzentrieren und mehr Achtsamkeit in mein Leben bringen? Oder soll ich mir besser Ziele setzen und mich mit der Zukunft beschäftigen? Ist es der Erfolg, der mir wichtig ist, oder ist es einfach ein sinnerfülltes Leben? Sind es die esoterischen Methoden wie beispielsweise das Gesetz der Anziehung, sind es die praktischen Übungen wie Meditation oder Yoga? Sind es konkrete Erfolgsmechanismen, die neueren Methoden zur Stärkung meiner Resilienz, meiner Widerstandskraft, die Formeln gegen die Aufschieberitis oder die Arbeit an meinen Gewohnheiten, die ich konsequent verfolgen soll? Und was ist mit meinem Selbstmanagement, was liegt hier im Argen? Wenn Ihnen dabei auch der Überblick fehlt und Sie immer wieder neuen Ideen nachlaufen, dann geht es Ihnen wie mir. Dem wollte ich für mich ein Ende setzen und die Essenz aus vielen Büchern und Ansätzen zusammenfassen.

Die fünf Lebensaufgaben bilden einen Raum der Entwicklung ab, in dem sehr viele verschiedene Dinge Platz finden. Was immer Sie für Ihre persönliche Entwicklung auch tun mögen, ich bin sicher, dass Sie Ihre bisherigen diesbezüglichen Aktivitäten einer der fünf Aufgaben zuordnen können. Warum das wichtig ist? Mir hat es geholfen, meine Aktivitäten zu strukturieren und so meinen Anstrengungen mehr Sinn zu geben. All die scheinbar unabhängigen Ideen und Zugänge haben sich plötzlich zu einem bunten Bild des Lebens zusammengefügt. Verstehen Sie dieses Buch bitte als gedanklichen Raum, der Ihnen hilft, Ihre Entwicklungsvorhaben zu priorisieren und in einen Zusammenhang zu bringen.

Jeder Lebensaufgabe – die wie ein Schlüssel für ein Tor zu mehr Lebendigkeit wirkt – ist ein Kapitel gewidmet. Ich eröffne jeweils mit einem Raum der Gedanken voller kurzer Inputs und wichtiger Zusammenhänge, die unserem gemeinsamen Verständnis dienen sollen. Besonders interessierten Leserinnen und Lesern biete ich am Ende des Buches zahlreiche Anmerkungen und Literaturhinweise für die weitere Vertiefung an. Natürlich dürfen die Übungen nicht fehlen. Leben ist Übung. Ich zeige Ihnen, was ich gefunden habe, und was ich wirklich empfehlen kann. Am Ende motiviere ich Sie, für Ihr Leben ein individuelles „Take Five Summary" oder Ihre „Take Five Collage" zu kreieren. In dieser mannigfaltigen Zusammenschau von Entwicklungsideen, Affirmationen[3] und symbolischen Übungen wird sich Ihr persönlicher Weg abbilden. Machen Sie diese „Collage" zu Ihrem Lebensbegleiter. Ein Blick darauf induziert viele Gedanken, intensive Gefühle, geistige Übungen und Sie bleiben auf dem Weg.

Ich wünsche Ihnen mit diesem Buch neue Erkenntnisse, die Ihnen helfen mögen, einen guten Weg zu finden. Innere Stärke und Lebendigkeit – ein Leben voller Kraft, Liebe und Segen – sind das erklärte Ziel. Und dann wünsche ich Ihnen all die Energie, die Ihr persönlicher Weg der Weiterentwicklung brauchen wird.

Herzlich,

Heinz Peter Wallner

INHALT

TAUCHEN SiE EiN

Weiterentwicklung als Lebensaufgabe

So viel kann ich sagen: Der Sinn des Lebens und die eigene Weiterentwicklung haben viel gemeinsam. Was wäre mein Leben ohne den Wunsch zur Weiterentwicklung? Welchen Sinn hätten meine ganzen Zweifel, die Ängste in den dunklen Gassen, die Leiden der Rückschläge gehabt, wenn nicht die eigene Entwicklung am Ende der Lohn wäre? Es wird ein lebenswertes Leben, wenn wir uns unsere Weiterentwicklung im Einklang mit der Welt zur Lebensaufgabe machen. Aus dem Weg der Kontemplation und dem rationalen Weg der Entfaltung wird ein *Weg der Selbstfindung*. Es ist immer so. Wenn sich zwei Gegensätze – zwei Pole – berühren und vereinigen, entsteht aus Ihnen etwas Drittes, Neues, Lebendiges. Schauen Sie sich in der Natur um und dieses Prinzip wird sich Ihnen offenbaren.

Was Sie vorher wissen sollten

Jeder Mensch ist ein Energiefeld und daher eine Schwingung. Wir haben mit unserer Art zu leben eine Art Eigenschwingung mit einer Eigenfrequenz herausgebildet. Wenn wir üben, dann können wir uns vorstellen, dass wir unser Energiefeld verändern und dabei die Frequenz unserer Schwingung erhöhen. Wir bringen mehr Spannung in unser Leben, wie bei einem alten Klavier, dessen Saiten neu gestimmt werden. Wir erhöhen dabei unseren „inneren Zug". Das bleibt nicht ohne Folgen. Es passiert mit uns das Gleiche wie wenn wir Sport treiben. Wenn wir nach langer Pause zu trainieren beginnen, dann spüren wir das Training in allen Muskeln. Mitunter kann intensives Training auch starke Schmerzen mit sich bringen. Mit der Arbeit an uns selbst ist es sehr ähnlich. Wenn wir eher unreflektiert gelebt haben, dann werden viele Probleme und ungelöste Konflikte verdrängt in unserem Inneren schlummern. Oft dösen unsere verdrängten Probleme tief in uns, ohne dass wir davon Notiz nehmen. Vielleicht fühlen wir uns sogar recht gut, ohne akute Beschwerden oder bewusste Krankheiten. Wenn wir intensiv mit Übungen beginnen, dann kann es passieren – ich würde sogar meinen, es wird sehr wahrscheinlich so sein –, dass sich solche verdrängten Probleme plötzlich bemerkbar machen. Die Kellerräume unserer Psyche öffnen ihre Tore und lassen die Schattenwesen in unser Wohnzimmer kommen. Das ist eine Warnung! Wer den Weg der Übung ernsthaft gehen will, wird auf seinem Weg durch einige dunkle Gassen gehen müssen. Überlegen Sie daher, ob Sie jetzt beginnen wollen und überlegen Sie, ob sie diesen Weg alleine gehen können. Wenn es Grund zur Annahme gibt, dass Sie ernsthafte Probleme aufstöbern könnten, dann rate ich Ihnen zu professioneller Unterstützung.

Der Weg der ganzheitlichen Übung braucht Mut. Denn sie tauchen alle wieder auf: die kleinen Geister, Kobolde und Dämonen. Sie zeigen sich in Form eines alten Leidens, das wieder erweckt wird, als Schmerz, als Konflikt, als Angst, die Sie schon ganz vergessen hatten. Alle kommen sie wieder hervorgekrochen, wirklich nichts bleibt verborgen. Wahre Lebendigkeit kann die Geheimnistuerei nicht leiden, sie deckt auf, was unter dem Teppich verborgen liegt.

Bei mir haben sich in den letzten Jahren meiner Übungen die Kobolde munter in mein Leben gemischt. Ich dachte an einen Weg voller Sonne und Blumen, eine reine Stärkung und Gesundung, einen Pfad des Erfolges und des Glücks. Diese Annahme war ja gar nicht so falsch. Es sind nur die dunklen Gassen hinzugekommen, weil es keinen Tag ohne Nacht geben kann. Plötzlich ist mein Bandscheibenproblem nach mehr als zehn Jahren wieder akut geworden. Lange hatte es geschwiegen. Überhaupt haben mich Rückenprobleme in meiner ersten Zeit der Übung überraschend stark beeinträchtigt. Da will der Mensch endlich wieder üben und was passiert: Es tut einfach weh. Wenn das kein Grund ist, damit gleich wieder aufzuhören ... Mein Herz hat mir mit heftigen Rhythmusstörungen die Ruhe genommen und meine Suche nach Stille wesentlich erschwert. Je mehr ich spüren lernte, desto stärker sind mir seltsame Muster meines Herzschlags aufgefallen. Was wollte mir mein Herz sagen? Welche Botschaft hatte es für mich? Und dann kamen die alten, ungelösten Konflikte, die ich elegant kaschiert hatte, wieder ans Tageslicht. Von alten Ängsten und persönlichen Unsicherheiten – den alten Gesellen aus frühen Zeiten – gar nicht erst zu reden. Sie kannte ich ja immer schon, aber dass sie plötzlich frecher wurden und mich auch am Tage aufsuchten, hat mich schon überrascht. Der Alltag gab mir ebenfalls viele Ansatzpunkte, meine Übungen und deren Wert auf die Probe zu stellen. War ich bisher eher vom Glück verwöhnt, so drängten sich zahlreiche Alltagshürden in mein Leben. Auch ärgerliche Kleinigkeiten, vom defekten Auto bis zum Keller, der gleich zweimal unter Wasser stand, war alles dabei. Ich hatte das alles nicht erwartet. Für mich war klar: Der Weg der Übung führt mich schnell ans Licht. Vielleicht sind diese Hindernisse auf dem Weg die Prüfungen, wie wir sie aus Reisen in den Märchenwelten kennen. Vielleicht ist es einfach so, dass jede Heilung und jede Entwicklung auch mit Schmerzen verbunden ist.

Wir können es so sehen: Wenn der nach einer ersten und erfolglosen Bearbeitung über 40 Jahre nutzlos herumliegende Marmorblock den Steinmeißel von Michelangelo nicht an sich heranlassen hätte, dann wäre David nie aus ihm herausgekrochen. Steckt also ein David in uns, dann sollten wir Michelangelo rufen. Ohne Hammer und Meißel aber kann er seine Arbeit nicht tun. Ein David ist ohne Staubwolken und einem Haufen Schutt nun mal nicht zu haben.

Oder gefällt Ihnen das Bild des Klaviers besser? Dann können Sie es so sehen: Vielleicht sind Sie einem alten Klavier vergleichbar, das jahrelang im Keller verstaubte, ein Überbleibsel aus anderen Zeiten. Nun aber werden Sie ins Wohnzimmer geholt, mitten ins Leben gestellt, neu gestimmt und Ihrer Berufung zugeführt. Ihre Saiten beginnen zu klingen. Zuvor aber müssen Sie dem Zug standhalten, wenn die Saiten stärker gespannt werden. Es knarrt im Gebälk.

Zur inneren Meisterschaft finden

Ich verwende die Formulierung *„zur Meisterschaft finden"* und nicht etwa *„Meisterschaft anstreben"*. Anstreben drückt zu sehr den Stress aus, der mit einer zwanghaften Veränderung verbunden ist. Vielleicht ist der Unterschied nicht groß. In keinem Fall möchte ich zum *„Performancewahn"* beitragen, der unsere Gesellschaft schon so tief durchdrungen hat. Erfolgreich sein mit allen Mitteln und dabei auch noch glücklich lächeln, das scheint mir ein sinnloser Anspruch zu sein. Wenn dazu dann noch spirituelle Konzepte als Mittel eingespannt werden, Ziele zu erreichen, dann sind wir in einer Sackgasse mit übel stinkenden Mülltonnen gelandet. Mir ist sehr wohl klar, welch schmalen Grat ich hier beschreite. Eine Stufe höher kommen geht nur durch Übung, also durch eine Form des Trainings. Das wiederum setzt bestimmte Verhaltensweisen voraus, die für die Entwicklung hilfreich sind. Es ist also eine Frage der *inneren Haltung*, die ich im Training einnehme. Im reinen Tun wird der Unterschied zwischen *Finden* und *Anstreben* nicht gut erkennbar sein.

Gleich zu Beginn möchte ich einige Weisen des Übens darstellen, die mir selbst sehr hilfreich waren, und die vielen Menschen, mit denen ich in den letzten Jahren gearbeitet habe, ebenso nützlich erschienen.

Weise 1: Den bewussten Geist als Tor zur spirituellen Welt nutzen
(Neues Denken)
Mir scheint der menschliche Geist das eigentliche Tor zum
neuen Bewusstsein und zu einer spirituellen Welt zu sein.
Natürlich führt uns nicht jede Art des gewöhnlichen Denkens
durch diese Pforte. Der Geist aber ist unser großes Potenzial, das
wir nutzen können. Ein gutes Leben braucht eine inspirierte und
bunte Gedankenwelt.

Weise 2: Bereitwillig annehmen, Widerstand aufgeben,
nichts zwingend wollen
(Neue Haltung)
Dazu ist es gut, Bewertungen auszusetzen, Richtig und Falsch
als Denkgewohnheiten abzulegen und letztlich an nichts wirklich festzuhalten, sondern im Fluss des Lebens zu bleiben. Mit
dieser Weise schließe ich mich den östlichen, buddhistisch orien-
tierten Weisheitslehren direkt an. Entnommen sind diese Weisen
den Lehren von Eckhart Tolle[4].

Weise 3: Sich auf den Augenblick konzentrieren
(Neues Tun)
Die Konzentration auf das Jetzt ist Gegenstand nahezu aller spirituellen Lehren. Damit verbinde ich ein bewusstes Reduzieren
der Zeitspannen, mit denen wir uns im Leben aktiv beschäftigen. Es ist hilfreich, Vergangenheit und Zukunft auf Essenzen
zu reduzieren und symbolisch „einzudampfen". Je kürzere
Zeiträume wir aktiv im Geiste bearbeiten, desto geringer ist der
Widerstand, den wir unserem Leben gegenüber aufbringen.
Wenn wir zu stark in die Probleme der Vergangenheit verstrickt
sind und gleichzeitig unser Glück weit in der Zukunft suchen,
dann verreiben wir uns am Zug der Zeit und verlieren Energie.
Da hilft die Besinnung auf das Jetzt, sie reduziert und fokussiert
unsere Gedanken. Es geht um Gegenwärtigkeit.

Weise 4: Ganzheit erkennen lernen
(Neue Erkenntnis)
Am Ende wollen wir immer neue Verhaltensmuster in unser Leben bringen und hilfreiche, uns nährende Gewohnheiten einstudieren. Dazu ist es wichtig, unsere Achtsamkeit zu schärfen. Unbewusst und unreflektiert wird es uns nämlich nicht gelingen, an unseren Gewohnheiten zu arbeiten.

Diese vier Weisen des Übens beschreiben einen Zyklus: Neues Denken, neue Haltung, neues Tun und neue Erkenntnis. Ich nenne diesen Zyklus auch den Geist-Herz-Bewegung-Form-Zyklus[5].

Der Zyklus beschreibt, wie wir Menschen aus unseren Gedanken und Ideen Formen in die Welt bringen und unser Leben aktiv gestalten. Jede Entwicklung beginnt im Kopf, in unserem Geist. Wir denken etwas neu. Unsere Gedanken werden erst wirksam, also erschaffend, schöpferisch, wenn wir sie intensiv fühlen. Das formt unsere innere Haltung und entlässt uns in ein neues Tun. Das neue Tun bringt Erkenntnisse und wir beginnen zu lernen. Durch die ständige Wiederholung dieses Zyklus entstehen letztlich neue Gewohnheiten in unserem Leben, also neue Strukturen und Formen. *Neale Donald Walsch*[6] nennt dieses Zyklus den „Prozess der Manifestation". Alles, was wir uns für unser Leben wünschen, lässt sich damit ansteuern und erreichen!

Alles durchleben, alle Erfahrungen machen, nichts auslassen

Wir Menschen haben, zusammen mit allen Wesen der Welt, die Gabe des Fühlens erhalten. Fühlen ist das Leben selbst, es ist reine Lebendigkeit. Es eröffnet uns eine Erfahrungswelt mit Möglichkeiten für unbeschreibliche Höhepunkte und für sehr schmerzliche Momente. Diese Bandbreite des Fühlens mit allen Hochs und Tiefs ist ein Geschenk des Lebens. Warum sollten wir auf irgendetwas verzichten? Wir Menschen aber erlegen uns Gesetze und Regeln auf, damit unser Zusammenleben funktionieren kann. Einige davon bereichern uns als Ganzheit und sind dem Leben förderlich. Andere Gesetze unserer Enkultivierung[7] aber werden zu Schranken und Hindernissen für ein gutes Lebens. Sie hemmen uns. Daher möchte ich mich hier gleich zu Beginn ganz bewusst vom Paradigma von Schuld und Sünde verabschieden. Es kann wirklich gar nichts zur Lebendigkeit und zum befreiten Leben voller innerer Kraft beitragen, aber uns im Gegenteil mit negativen Gedanken und Gefühlen extrem belasten. Viel hilfreicher erscheint es mir, das Leben als Widerspruch zu verstehen und immer die einander widersprechenden Pole – die zwei Seiten jeder Medaille – zu erkennen und auszukosten. Alles im Leben hat immer zwei Seiten, zwei einander widersprechende Pole wie Mann und Frau. Nur aus diesem Widerspruch kann neues Leben entstehen. Wenn wir uns zusätzlich darauf einigen, dass wir Bewertungen wie *Gut* und *Schlecht* aussetzen wollen und auch *Richtig* und *Falsch* für unsere persönliche Entwicklung keine große Relevanz haben, dann sollten wir immer beide Pole – auch wenn sie einander widersprechen – wie auch die hellen und dunklen, die geliebten und ungeliebten Seiten in uns suchen und akzeptieren.

In unserem westlichen Kulturkreis, wo das *Paradigma des Wachstums* die treibende Kraft im großen Spiel der Gesellschaft und Wirtschaft geworden ist, kommt mir ein Leben, in dem wir uns von der „Formenwelt" verabschieden, nicht sehr gelegen. Die Formenwelt umfasst alles, was wir in unserer Welt nach dem Zyklus der Manifestation schaffen. *Eckhart Tolle* nennt selbst unsere Gedanken eine „Form". Den Spielweisen des westlichen Lebens zu entsagen, sich allein auf den inneren Wesenskern zu konzentrieren, mag in Klöstern und Ashrams funktionieren. Dorthin können wir uns auch eine Zeit lang zurückziehen. Nur wenige aber können diese Lebensform dann dauerhaft zu der ihren machen. Wir sind in der westlichen Welt direkt zum Formenschaffen angetreten. Wir wollen uns verwirklichen, wachsen und im Leben etwas erschaffen, gerade auch materielle Dinge. Das ist unsere Welt, das ist unser großes Spiel. Haltungen der Achtsamkeit sind für uns als Spieler auf westlichen Spielfeldern mehr als wertvoll. Sie sind die Bedingung dafür, dass unser Spiel weitergehen kann und eine Zukunft hat. Der vollkommene Rückzug nach innen steht hierzulande nur recht wenigen Menschen als Lebenskonzept offen. Zu ihrem Lebensmittelpunkt können das nur Menschen in religiösen Herbergen machen, oder die Weisheitslehrer selbst und all jene, die diese Lehren für ihren Broterwerb nutzen und von anderen dafür bezahlt werden. Wenn wir zu den *anderen* gehören – und bei mir ist das ebenso der Fall wie bei nahezu allen Menschen, die ich persönlich kenne –, dann brauchen wir eine *andere Lösung*. Diese Lösung werde ich in Form der fünf Schlüssel – „Take Five" – darstellen.

Inspirationen für „Take Five" habe ich auch aus der Natur bekommen. Mich fasziniert der Entwicklungsprozess, beispielsweise wie aus einer Blumenzwiebel eine Blume wird. Biologen werden mein einfaches Bild vielleicht belächeln, aber mir gefällt es. Eine Blumenzwiebel ist in der Erde vergraben und wartet. In einem ersten Schritt muss in ihr der Lebenswille erwachen, sie beginnt zu keimen. Sobald ihr Keimling sich einen Weg gebahnt hat, nimmt er Verbindung mit Quellen des Lebens auf. Er zieht Nährstoffe aus dem Boden, er nimmt Wasser auf und lässt sich wärmen. Dann schafft er den Durchbruch durch die Erdschicht und befreit sich. Er durchdringt den Boden und erblickt das Sonnenlicht. Jetzt beginnt die Phase der Entfaltung. Alle verborgenen Talente kommen zum Vorschein und die Blume erblüht in ihrer ganzen Pracht. Vollendet nimmt sie nun am lebendigen Spiel des Ökosystems teil.

Take Five –
entdecke die fünf Schlüssel

Auf dem Weg der ganzheitlichen persönlichen Entwicklung sind mir fünf Lebensaufgaben begegnet, für die es jeweils einen Schlüssel zur Lösung gibt. Sie sind einfach, aber essentiell. Ich gebe Ihnen hier einen ersten Überblick:

WIRKEBENEN	BEDEUTUNG	KURZBESCHREIBUNG DER AUFGABE
WILLENSKRAFT	Das eigene Wollen stärken und mit der Entwicklung beginnen	Das ist das Einzige, was ich als Mensch alleine tun muss: Ich muss wollen und die innere Kraft entwickeln, den ersten Schritt zu tun (Willenskraft). Bei allen anderen Schritten wird mir geholfen.
QUELLEN	Sich mit den drei Quellen des Lebens verbinden und Hilfe annehmen.	Die Verbindung mit den Quellen des Lebens ist uns eine Hilfe. Entdecken Sie die drei Quellen des Lebens, die sich uns Menschen offenbaren. Diese Quellen unterstützen uns und füllen uns mit Energie. Sie heißen Kraft, Liebe und Segen.
BEFREIUNG	Sich selbst von Zwängen befreien. Dazu brauchen wir: Vergebung, Heilung und Dankbarkeit.	Befreiung von Zwängen und Beschränkungen, die unseren Lebensfluss verschmutzen. Erst wenn wir unsere Hemmnisse erkennen und ablegen, können wir uns gut entwickeln. Die Befreiung ist daher das Hauptstück auf dem ganzheitlichen Entwicklungsweg.

ENTFALTUNG	Die eigenen Talente entfalten und wachsen	Befreit von Zwängen und durchdrungen von der Energie der drei Quellen können wir unsere Talente wirkungsvoll entfalten. Wir lernen alles, was wir brauchen, um an der Entwicklung der Welt teilhaben zu können.
WIRKUNG	Schöpferisch wirksam werden und an der Welt beteiligen	Als ganzer Mensch mit Kraft und Talent positiv zur Entwicklung der Welt beitragen. Das führt uns in ein sinnerfülltes Leben.

Die fünf Schlüssel der Entwicklung

Jeder der fünf Schlüssel, jede Lebensaufgabe, beherbergt in sich einen Dreischritt der Entwicklung. Es sind immer drei Schritte, die uns zur Ganzheit führen. Hier folgt ein erster Überblick über die „Dreischritte", die mit den fünf Schlüsseln verbunden sind. Lassen Sie sich einmal darauf ein. Der Titel „Take Five" erinnert uns zunächst an ein berühmtes Musikstück und der Dreischritt an einen Tanz, der uns mit Lebensfreude erfüllt. Ganz nebenbei bemerkt, ist die Drei eine magische Zahl, die uns viel zu offenbaren hat.

TAKE FIVE-SCHLÜSSEL	Jeweils ein Dreischritt für eine ganzheitliche Entwicklung
TAKE ONE: WILLENSKRAFT STÄRKEN	Sich die Entwicklung als Prinzip zu eigen machen Angst überwinden und Mut ins Leben lassen Auf die Stimme des höheren Selbst hören lernen
TAKE TWO: VERBINDUNG AUFNEHMEN	Sich mit der Quelle der schöpferischen Kraft verbinden Sich mit der Quelle der universellen Liebe vereinen Mit der Quelle des göttlichen Segens gestärkt ans Werk gehen
TAKE THREE: BEFREIUNG ZULASSEN	Vergebung lernen Heilung zulassen Dankbarkeit üben
TAKE FOUR: ENTFALTUNG ERMÖGLICHEN	Gegenwärtigkeit erfahren Zukunft visualisieren Widersprüche entscheiden
TAKE FIVE: WIRKUNG ENTFALTEN	Teil einer Gemeinschaft werden An der Entwicklung mitwirken Eine Mission leben

Im Hauptteil dieses Buches führe ich Sie schrittweise durch die fünf Lebensaufgaben, die wie Schlüssel wirken und neue Tore zu unserer ganzheitlichen Entwicklungswelt öffnen. Das Motto dabei: Take Five – lass keine aus! Für jede Aufgabe gehen wir auf die Suche nach dem Dreischritt, der uns der Lebendigkeit und der inneren Stärke näher bringt. Am Ende wird es ein Tanz durch das Leben. Dabei müssen wir lernfreudig sein und uns etwas Übung zumuten. Was aber spricht dagegen? Vielleicht der Zweifel, ob es dadurch wirklich besser wird? Der ist berechtigt. Aber wird es denn besser werden, wenn Sie sich nicht auf Veränderungskurs begeben? Wahrscheinlich nicht.

TAKE ONE
DER ERSTE SCHLÜSSEL

Take one: Willenskraft entwickeln

Wir Menschen wollen viel. Es gibt unzählige gute Ideen, die wir umsetzen könnten, und viele Entwicklungsschritte, die wir meistern sollten. All das wäre gut für uns, ganz ohne Zweifel. Der Geist ist leicht zu überzeugen und die guten Argumente sprechen für sich. Es gibt meist wenige gute Gründe, etwas nicht zu tun oder es wenigstens zu probieren. Und dennoch liegt zwischen dem, was wir denken, und dem, was wir tatsächlich konsequent tun, ein tiefer Graben.

Neurobiologisch konnte gezeigt werden, dass unser rational induziertes Denken und unser emotional induziertes Wollen und Tun unterschiedliche Hirnareale beanspruchen, und dass zwischen den beiden Mechanismen keine direkte Verbindung besteht[8]. Das ist eine interessante Erkenntnis. Und es ist eine – wenn auch billige – Ausrede, warum es mit unseren Vorsätzen nicht immer so gut klappt, obwohl wir doch die Sache rational für gut befanden.

Willenskraft zeigt sich uns als psychische Energie, die in uns sprudelt, oder eben nicht. Dabei geht es um ein wichtiges Entwicklungsprinzip. Es ist das *Prinzip von Anfang und Ende*[9]. Wir brauchen Willenskraft, um uns aus der eigenen Trägheit zu befreien und mit unserer Entwicklung zu beginnen. Das ist der gute Anfang, den wir machen können. Aber wenn wir vor Vollendung unseres Werkes wieder aufhören, sprechen wir nicht von bemerkenswerter Willenskraft. Erst wenn wir die Dinge zu Ende bringen, die wir beginnen, sprechen wir einem Menschen Willenskraft oder Willensstärke zu. Zwischen dem guten Anfang und dem guten Ende liegt eine weite Strecke der Anstrengung, die Konsequenz braucht. Willenskraft muss also langfristig wirken und uns den ganzen Weg entlang begleiten.

Mir scheint jedoch der Anfang das Wichtigste dabei zu sein. Wenn wir in unserem Sumpf des Lebens gefangen sind, dann gibt es nur selten eine hilfreiche Hand, die sich uns entgegenstreckt und Rettung anbietet. Wir müssen zumindest von uns aus ein Zeichen setzen, wir müssen laut um Hilfe rufen und nach Ästen suchen, an die wir uns klammern können. Es geht darum, aus eigener Kraft den weiteren Abstieg, das weitere Einsinken in den Sumpf des Lebens, zu stoppen und willentlich den Weg nach oben anzutreten. Wir müssen uns sozusagen selbst an die Hand nehmen und eine erste Aktion starten.

Genau genommen durchlaufen wir ja die ganze Zeit ein Trainingsprogramm. Wir sind als Menschen übende Wesen. Wir wären gar nicht in der Lage, durchs Leben zu gehen, wenn wir nicht dauernd an uns arbeiten würden. Ganz ohne Aufwand und Energie bleiben wir nämlich nicht einmal auf demselben Niveau, wir würden uns Stufe für Stufe abwärts bewegen. Ständig sind wir damit beschäftigt, Gewohnheiten besser einzustudieren und diese dann täglich ablaufen zu lassen. Unser Leben ist eine ewige Wiederholungsreihe von Gewohnheiten, die so stark werden, dass wir irgendwann glauben, wir *sind* diese Gewohnheiten. Ab einem bestimmten Alter kommen selten gänzlich neue Gewohnheiten hinzu.

Und hier liegt auch schon der wahre Grund dafür, dass Veränderung im positiven Sinne, also eine Veränderung, die uns auf der *Himmelsleiter*[10] eine Stufe weiter nach oben bringt, sich oft so mühsam anfühlt und sich als so schwierig zu meistern entpuppt. Veränderung meint nicht mehr und nicht weniger, als eine alte Gewohnheit durch eine neue zu ersetzen. Das wiederum ist eine wahrlich große Herausforderung! Gewohnheiten sind Prägungen und unglaublich mächtig, wenn wir sie gut eintrainiert haben[11]. Das hilft uns auf der einen Seite effizient zu leben, aber auf der anderen Seite sind unter unseren Gewohnheiten auch weniger hilfreiche. Solche nämlich, die uns gar nicht guttun. Es gibt Denkgewohnheiten, die uns mit negativen Gedanken, Ängsten und Sorgen belasten und uns nach unten ziehen. Es gibt Gefühlsgewohnheiten, die automatisiert in uns ablaufen und uns ins Opferland verschleppen, uns mit Schuld beladen oder aggressiv werden lassen, uns aber jedenfalls ebenso nach unten ziehen. Und dann gibt es noch Handlungsgewohnheiten, die wir per Autopilot ausführen, auch wenn sie uns schaden. Hierzu zählen auch jene Gewohnheiten, die uns davon abhalten, etwas Sinnvolles mit unserer Zeit anzufangen. Ein Beispiel? Wenn ich nach Hause komme und einen anstrengenden Tag hinter mir habe, so ist der Weg zum Sofa der nächste und der wahrscheinlichste. Und wenn ich dort häufig mit Fernsehen, Bier und Chips den Abend verbringe, statt einen Spaziergang zu machen oder mit meinen Lieben in die Stadt zu fahren, dann wirkt eine negative Handlungsgewohnheit in meinem Leben. Gewohnheiten können, müssen aber nicht, mit einem Suchtverhalten gekoppelt sein. Wohl gibt es immer eine Art Belohnung bei einer Gewohnheit, aber echtes Suchtverhalten macht Gewohnheiten noch erheblich mächtiger, wie wir das bei allen Formen des Drogenkonsums erfahren können.

Mir endlich wieder einmal etwas vorzunehmen und mit aller Konsequenz umzusetzen, bleibt oft nur ein frommer Wunsch. Damit wir dem Wunsch eine Chance auf Realisierung geben können, brauchen wir also die Kraft und die Entschlossenheit, den Weg zu beginnen. Das ist die Willenskraft, die am Anfang wirken muss und die nur aus mir selbst heraus – Ausnahmen bestätigen die Regel – sprudeln kann. Es ist wie eine Energie, deren Ursprung in mir selbst liegt. Willenskraft kann sich in uns entwickeln, wenn wir einen „inneren Ruf" hören, eine Stimme, die uns etwas Wichtiges zu sagen hat. Oder sie entsteht, weil wir unsanft unter Druck gesetzt werden und unsere Mitmenschen oder unsere Lebensumstände uns zu einer Handlung mit Veränderungsabsicht zwingen.

Hermann Hesse beschreibt diesen inneren Ruf in seiner indischen Dichtung Siddhartha auf wunderbare Weise: *„Da zuckte aus entlegenen Bezirken seiner Seele, aus Vergangenheiten seines ermüdeten Lebens her ein Klang. Es war ein Wort, eine Silbe, die er ohne Gedanken mit lallender Stimme vor sich hinsprach, das alte Anfangswort und Schlußwort aller brahmanischen Gebete, das heilige ‚OM', das so viel bedeutet wie ‚das Vollkommene' oder ‚die Vollendung'. Und im Augenblick, da der Klang ‚Om' Siddharthas Ohr berührte, erwachte sein entschlummerter Geist plötzlich, und erkannte die Torheit seines Tuns."*[12]

Willenskraft ist der erste Schlüssel. Er eröffnet uns eine Aufgabe, die aus einem Dreischritt besteht. Diese drei Schritte müssen wir gehen, um genügend Willenskraft für unsere Weiterentwicklung aufzubringen:

1. Sich die Entwicklung als Prinzip zu eigen machen

2. Angst überwinden und Mut ins Leben lassen

3. Auf die Stimme des höheren Selbst hören lernen

Sich die Entwicklung als Prinzip zu eigen machen

Wir sind auf der Suche nach der Willenskraft. Wo könnte sie herkommen und was könnte sie verstärken? Ein erster Schritt ist die Beschäftigung mit der *Entwicklung als Prinzip*. Wenn ich erkenne, was Menschsein bedeutet und welche Rolle Entwicklung dabei spielt, wird mir die eine oder andere Erkenntnis zuteilwerden, die mich anstoßen kann, meinen neuen, eigenen Weg zu beginnen.

Von Kindesbeinen an sind wir Menschen neugierig und erkunden unsere Welt. Ganz nebenbei erlernen wir dabei so wichtige

31

Dinge wie laufen und kommunizieren, wir erfahren uns selbst und unsere Wirksamkeit in der Umwelt, aber wir erkennen auch unsere Grenzen. In den frühen Jahren ist es nie eine Frage, ob wir eine uns auferlegte Grenze überschreiten wollen. Wir tun es einfach. Ständig lernen wir neue Dinge kennen, lernen neue Abläufe und trainieren Gewohnheiten ohne Unterlass. Beim Überschreiten unserer Grenzen bekommen wir zwei Arten von Feedback aus unserer Umwelt: Wir erfahren Anerkennung für etwas, das wir eben zum ersten Mal getan haben, beispielsweise wenn wir das erste Wort aussprechen oder wenn wir die ersten selbstständigen Schritte tun, und wir erfahren Zurückweisung für etwas, das wir in gleicher, unschuldiger Weise, von Neugier getrieben, getan haben, weil es jemandem in unserer Umwelt gefährlich vorkommt oder einfach nicht passt. Diese kindliche Neugier, die uns eine rasante Entwicklung hinlegen lässt, ist kraftvoll und zeugt von einer großen Willenskraft. Beeinflusst durch Einwirkungen aus unserer Umwelt lernen wir aber auch alle mit dem freiwilligen und freudigen Lernen wieder aufzuhören. Das Nichtlernen wird ebenso zu einer Gewohnheit, die wir mit uns tragen. Es wird für viele Menschen zur dramatischen Prägung, nur dann noch etwas zu lernen und sich weiterzuentwickeln, wenn dafür aus der Umwelt genügend Druck kommt oder zumindest eine Belohnung ansteht. Dieses Verhalten wird häufig, und meist unbewusst, trainiert und bleibt als Gewohnheit mit schädlichen Langzeitfolgen zurück.

Jede Entwicklung, die wir als erwachsener Mensch absichtlich durchlaufen, beginnt mit einer *Einsicht*. Es ist diese Einsicht, die ein Ursprung der Willenskraft ist. Die Einsicht ist meist einfach und lautet: *So kann es nicht weitergehen! Ich will oder ich muss etwas in meinem Leben und an mir verändern, wenn es gut werden soll.* Aber es bleibt immer noch die Frage offen, woher diese Einsicht plötzlich kommen soll. Was ist, wenn es genau diese Einsicht ist, die mir fehlt, weil ich zwar leide, aber gar nicht auf die Idee komme, etwas verändern zu können. In dieser Situation kommt uns eine Besonderheit bei uns Menschen sehr zugute. Wir beschäftigen uns mit der Zeit und in diesem Zusammenhang auch mit unserer Vergänglichkeit. Genau aus dieser Eigenschaft ziehen wir Vorteile gegenüber allen anderen Lebewesen, weil wir besser antizipieren und reflektieren können. Wir sind in der Lage, in die Zukunft vorzudenken und Pläne zu schmieden, und wir können durch eine Rückschau in unsere Vergangenheit Schlüsse ziehen und lernen. Das Antizipieren und Reflektieren ermöglicht uns ein gutes Leben in der Gegenwart und es lässt uns Komplexität meistern[13]. Beide Fähigkeiten können wir bei der Suche nach unserer Willenskraft sinnvoll einsetzen. Wir können daraus ein „Hin-zu" und ein „Weg-von" ableiten.

„Hin-zu" und „Weg-von" sind Impulse der Willenskraft

Für Menschen, die ihre Entwicklung gut im Griff haben und die sich mit verschiedenen Methoden der persönlichen Entwicklung herumschlagen, ist das Antizipieren meist eine große Hilfe. Wenn ich mir eine Zukunft ausmale, die meiner derzeitigen Situation wesentlich überlegen ist, dann ist es sinnvoll, diese Zukunft zu konkretisieren und beispielsweise über große Ziele zu beschreiben oder zu visualisieren. Auf diese Weise kann ich mich durch die Formulierung eines „Hin-zu" gefühlsmäßig aus dem Jetzt befreien und eine starke Willenskraft freisetzen. Wenn ich mir ausmalen kann, dass sich mein Leben erheblich verbessert, wenn ich beispielsweise eine bestimmte Ausbildung abschließe, dann kann ich mir dieses „Hin-zu" – ein Hin zu einem Berufsleben mit höherer Qualifikation, das mit einer angenehmeren Arbeit, einem besseren Verdienst und vor allem mit mehr Optionen verbunden ist – bildlich und emotional gut vorstellen. Weiterhin kann ich durch konkrete Schritte diesen Weg relativ leicht beschreiten. Die Kraft aber, die mich dazu befähigt, folgt aus dem Wunschbild, dem „Hin-zu".

Auch das Reflektieren ist eine menschliche Kunst, aus der sich Willenskraft entwickeln kann. Wenn ich meine Vergangenheit kritisch durchleuchte und versuche, sich wiederholende Muster, die mir schaden, zu erkennen, dann lässt sich daraus ein „Weg-von" ableiten. Wenn mir die gleichen Dinge immer wieder passieren, ich beispielsweise knapp vor einem Erfolg wiederholt einbreche oder den entscheidenden letzten Schritt nicht setze, vielleicht überhaupt nie wirklich etwas zu Ende bringe, dann kann ich dieses Muster durchbrechen. Vielleicht keimt in mir der Gedanke, dass ich den Erfolg verdient habe. Ich will ein Muster aus der Vergangenheit nicht mehr wiederholen! Ich will weg davon! Ich kann meine Willenskraft dabei noch erheblich verstärken, wenn ich nach dem Blick in die Vergangenheit auch noch in die Zukunft schaue und mir ausmale, wo mich mein derzeitiger Weg hinführt. Wenn ich nichts unternehme und weitermache wie bisher, wo stehe ich dann in fünf Jahren? Wie tief werde ich dann gesunken sein? Daraus kann ich ein sehr starkes „Weg-von" ableiten und Willenskraft in mir schüren. Willenskraft ist eine Folge der Einsicht und diese folgt aus einem „Hin-zu" oder einem „Weg-von".

Der Geist-Herz-Bewegung-Form-Zyklus

Wie aber geht die Entwicklung dann weiter und wie kann sie zum Prinzip erhoben werden? Ich arbeite seit einem Jahrzehnt mit einem Entwicklungsmodell, das ich den „Geist-Herz-Bewegung-Form-Zyklus" nenne[14]. Es handelt sich dabei um den bereits erwähnten Zyklus der Manifestation. Als Grundsymbol dient eine liegende Acht – das Zeichen für die Unendlichkeit. Durch die liegende Acht wird ein Raum mit vier Quadranten aufgespannt, denen folgende Bedeutungen zugrunde liegen: Geist = neues Denken, Herz = neue Haltung, Bewegung = neues Tun, Form = neue Erkenntnis. Der Mittelpunkt der liegenden Acht ist der Startpunkt meiner Entwicklung. Wir können sagen, es ist der

Punkt der Einsicht. Sobald ich zu der Einsicht gekommen bin, dass es so nicht weitergehen kann und ich genügend Willenskraft entwickelt habe, die mir den Impuls gibt, beginne ich mir im Kopf ein erstes Bild zu machen, wie es sein soll. Wenn ich das nicht mehr will, was will ich stattdessen?

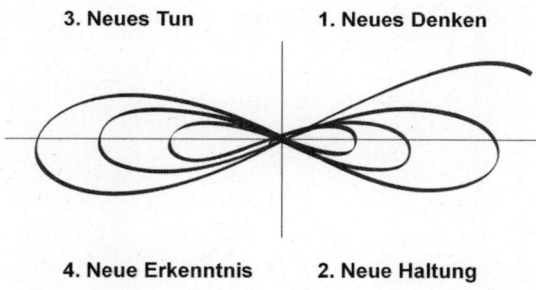

3. Neues Tun　　　　**1. Neues Denken**

4. Neue Erkenntnis　　　**2. Neue Haltung**

Abbildung 1: Der Zyklus der Manifestation oder
der „Geist-Herz-Bewegung-Form-Zyklus"

1. Quadrant: GEIST = neues Denken

Ich muss zu Beginn noch nicht das ganze Bild im Kopf haben. Anfangs reichen ein paar vage Vorstellungen, ein paar Pinselstriche meiner neuen Zukunft. Das „Weg-von" und das „Hin-zu" sind meine ersten Ansatzpunkte. Es ist hilfreich, dieses Bild der Zukunft mit einfachen Skizzen, Symbolen oder Fotos zu visualisieren oder mit einer „Wolke von Begriffen" einmal grob zu beschreiben. Ich stecke dabei nur einen Korridor und keinen ganz konkreten Weg ab. Schrittweise komme ich dann dem Wunschbild immer näher. Das Bild im Kopf lässt Willenskraft in mir aufkommen.

2. Quadrant: HERZ = neue Haltung

Das Bild in meinem Kopf muss sich erst einen Weg in mein Herz bahnen. Sobald ich das Bild, sei es auch noch so vage, in mir spüren kann, hat es eine Chance auf konsequente Umsetzung. Was immer ich neu in mein Leben bringen will, ich brauche dafür eine neue Haltung. Vielleicht muss ich mir den neuen Weg erst einmal erlauben oder ich brauche das Gefühl, dass sich erst dadurch mein Leben radikal verbessert. Geist – mein Bild im Kopf – und Herz – meine innere Haltung und mein Gefühl dazu – müssen erst in Resonanz kommen und sich gegenseitig positiv aufschaukeln. Vielleicht muss ich etwas unternehmen und tiefer in eine Sache eintauchen, vielleicht brauche ich noch Inspirationen durch Bücher, Zeitschriften oder durch Gespräche mit Freunden. Was immer ich mache, es ist letztlich diese *Geist-Herz-Resonanz*, die in mir eine starke und dauerhafte Willenskraft entfacht. Eine Willenskraft, die aus einer Geist-Herz-Resonanz folgt, wird sich auf meinem Weg immer wieder erneuern und mir in kritischen Situationen hilfreich sein.

3. Quadrant BEWEGUNG = neues Tun

Damit es anders und besser werden kann, müssen wir auch etwas tun. Nach der Entscheidung etwas zu tun, die aus der Geist-Herz-Resonanz gespeist wurde, enthemmen wir uns zur Tat und tun vielleicht seit langer Zeit wieder etwas zum ersten Mal. Das ist die Folge der Willenskraft. Wir tun etwas, das wir uns vorgenommen haben, auch wenn es uns nicht leichtfällt und viel Widerstand zu spüren ist. Wir bringen uns und andere in Bewegung, wir probieren Neues aus und machen dadurch auch ganz neue Erfahrungen. Jedes Tun, das keiner Gewohnheit entspringt, wird in meiner Umwelt eine Reaktion nach sich ziehen. Ich und mein Tun werden beobachtet und – egal in welcher Form – es wird eine Rückmeldung aus der Umwelt geben.

4. Quadrant FORM = neue Erkenntnis

Das Feedback aus der Umwelt bringt uns in den vierten und letzten Quadranten. Es ist der Quadrant der Reflexion, der Raum, in dem wir die Folgen unseres Tuns ansehen und Schlussfolgerungen ziehen. Nicht alles, was wir probieren, kann uns gleich gelingen. So ist das Leben. Aber nie ist etwas ganz schlecht oder ganz gut. Es wird Dinge geben, die es wert sind, wiederholt zu werden und solche, die angepasst oder ganz verändert werden müssen. Der entscheidende Teil im vierten Quadranten der Erkenntnis ist die zentrale Frage: Bin ich bereit zur guten Wiederholung? Gute Wiederholung meint nicht die Wiederholung auf demselben Niveau. Sie meint vielmehr eine Wiederholung unseres Vorhabens, aber besser, weil wir Dinge neu denken werden und somit anpassen und verändern. Der zweite Durchlauf im Geist-Herz-Bewegung-Form-Zyklus ist eine kleine Verbesserung im Vergleich zum ersten Durchlauf. Wir denken unser Bild um ein paar Pinselstriche konkreter, wir tauchen tiefer in die neue Haltung ein und verstärken unsere Geist-Herz-Resonanz. Erneut enthemmen wir uns zur Tat und gehen erfrischt und gestärkt in die Wiederholung unseres Tuns. Der wiederum folgen im vierten Quadranten neue Erkenntnisse und – hoffentlich – eine weitere Entscheidung zur Wiederholung. Dieser Zyklus muss also wiederholt durchlaufen werden. Dabei sind wir auf dem Weg der ständigen Verbesserung[15] und Vertiefung unseres Vorhabens. Wir lernen schrittweise eine neue Gewohnheit. Der Weg eröffnet sich uns dabei im Gehen und wir manifestieren unsere Gedanken in unserer Lebenswelt. So werden wir zum aktiven Gestalter und wohl auch zum Schöpfer in unserem Leben.

Nahezu alle Entwicklungen im Leben können mit diesem Entwicklungszyklus beschrieben werden. Es gibt die eher stabilen Phasen, in denen wir uns nur wenig verändern, in denen mehr oder weniger alles beim Alten bleibt. Unsere Bewegungen auf der liegenden Acht sind fast konstant und erweitern sich nicht nach außen. Dann aber gibt es Phasen, in denen wir uns erheblich und grundsätzlich weiterentwickeln. In diesen Zyklen holen wir schon beim neuen Denken weiter aus und eröffnen uns einen neuen Raum. Wir stärken unser Bewusstsein und entwickeln uns ganzheitlich weiter.

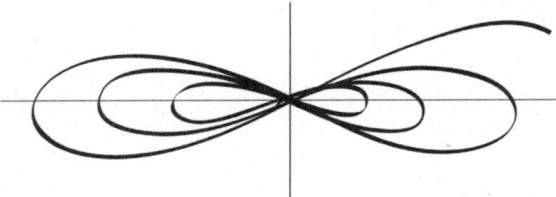

3. BEWEGUNG (Neues Tun)
Enthemmt zur Tat mit einer neuen Haltung. So können wir mit der Umwelt in Resonanz kommen.

1. GEIST (Neues Denken)
Ein schöpferischer Gedanke, eine Idee, die mich fasziniert, eine Vorstellung, dass es anders sein könnte

4. FORM (Neue Erkenntnis)
Neue Energiemuster entstehen, neue Gewohnheiten manifestieren sich. Durch Wiederholung verändern wir uns und unsere Umwelt.

2. HERZ (Neue Haltung)
Ein Gedanke manifestiert sich im Körper. Durch Fühlen wird der Gedanke zum Wissen. Das energetisiert und gibt Kraft zu beginnen.

Abbildung 2: Die „spiralförmige Acht" erweitert sich nach außen, wenn wir unser Bewusstsein entwickeln

Wenn Sie diesen ganzheitlichen Entwicklungszyklus verinnerlicht haben, wird er Ihnen bei all Ihren Veränderungen wertvolle Dienste leisten. Sie können diese Form der Entwicklung als etwas Grundsätzliches ansehen und als Prinzip verstehen. Dieses Prinzip prägt unser Leben. Wir sind in Entwicklung, weil Lebendigkeit Entwicklung ist.

Zum Aussuchen: Kleine Häppchen zur weiteren Vertiefung

Dodo Kresse[16] zeigt in Ihrem Buch „*The Colours of Happiness – die 5 Prinzipien erfolgreicher Veränderung*" anhand einer Geschichte aus dem Alltag, wie Ihnen Veränderung einfach so passieren kann, wenn Sie den ersten Schritt tun. Die Geschichte von Dañiel, der sich in ein Meer von Farben verliebt und sein Leben auf eine neue Basis stellt, ist herrlich zu lesen und 2015 in der *Edition Summerhill* erschienen.

Take One-Essenz: Willenskraft entwickeln
„Die eigene Entwicklung zum Lebensprinzip machen"

Mit dem Zyklus der Manifestation (Geist-Herz-Bewegung-Form-Zyklus) haben wir ein mächtiges Tool in unseren Händen. Damit können wir ein wichtiges geistiges Prinzip für uns realisieren: Du musst dein Leben ändern!

Mit dem Zyklus haben wir ein Tool, um Gewohnheiten in unserem Leben zu verändern. Wir können eine neue Gewohnheit in unser Leben bringen oder mit einer wenig nährenden Gewohnheit brechen. Es liegt an uns, Entwicklung als Prinzip in unser Leben zu holen.

Die Essenz lautet: Der Mensch, der Macht über seine Gewohnheiten erlangt, hat die Freiheit, sein Leben so zu gestalten, wie er will. Es wird ein gutes Leben!

Für Ihre persönliche Toolbox: Zyklus der Manifestation

Zusammenfassend: Der Geist-Herz-Bewegung-Form-Zyklus: Wir beginnen mit der Einsicht, etwas in unserem Leben verändern zu wollen, etwas Neues zu beginnen, etwas tun zu wollen, das unser Leben bereichert. Wir manifestieren so unsere eigenen Gedanken in unserem Leben.

GEIST NEUES DENKEN	Wir malen uns ein Wunschbild im Kopf, wir beschreiben einen besseren Zustand, auf den wir uns freuen können.
HERZ NEUE HALTUNG	Wir verinnerlichen uns diesen neuen Zustand und gehen damit in Resonanz. Wir entwickeln die Vorfreude in unseren Herzen.
BEWEGUNG NEUES TUN	Wir enthemmen uns zur Tat und tun unseren Teil zum Gelingen. Mutig gehen wir die ersten Schritte und machen Erfahrungen.
FORM NEUE ERKENNTNIS	Wir prüfen, ob wir auf einem guten Weg sind und entscheiden uns zur guten Wiederholung und zum besseren Durchlauf im Zyklus.

Angst überwinden und Mut ins Leben lassen

Angst und Mut sind ein Gegensatzpaar, eine Polarität, wenn Sie so wollen. Wir leben auf einem Planeten, der uns nährt, der uns Schutz bietet und alle denkbaren Ressourcen für unsere Entwicklung bietet. Dieser Sicherheit steht ein kleines Restrisiko gegenüber, durch Naturgewalten zu Schaden zu kommen. Den Rest der Gefahren machen wir Menschen uns selbst und in unseren Breitengraden oft nur im Kopf. Aufgrund diffuser Ängste sammeln wir Reichtümer an, horten sie in kleinen Gemeinschaften und schließen den Rest der Welt aus. Im größeren Spiel, in den gesellschaftlichen Systemen, ist Angst eine treibende Kraft, aber auch in unserer Lebenswelt[17], in unserem kleinen Lebensraum, den wir als individueller Mensch füllen, dominiert die Angst. Besitz ist wie eine riesige Burg, die uns vor den anderen Menschen und vor der Natur schützt. Nur selten ist Besitz Mittel, um an der Entwicklung der Welt teilzuhaben[18]. Dazu zähle ich am ehesten den Laptop und den Internetzugang. Jedenfalls herrscht in unseren Lebenswelten so viel Angst vor, dass man mit Recht die Frage stellen kann: *Wo kommt all diese Angst her?*

Wir haben bereits in der Grundschule Angst vor den Prüfungen. Wir haben Angst vor anderen Menschen, vor Autoritäten, vor Gemeinschaften, vor Einsamkeit, Angst vor dem Regen, Angst unseren Job zu verlieren, Angst aus dem Haus zu gehen, Angst mit dem Lift zu fahren, Angst vor Menschen zu sprechen, Angst einen Konflikt auszutragen, Angst vor einem Gespräch mit dem Chef, Angst vor einer Beziehung, Angst vor Trennung, Angst vor tiefem Wasser, Angst in der Dunkelheit, Angst vor Kometeneinschlägen, Angst vor anderen Naturkatastrophen oder einfach nur Angst, einmal Nein zu sagen. Besonders plagt uns Menschen die Angst, krank zu werden, die Angst vor Terroranschlägen und die Angst vor dem Tod. Die mächtigste und hinderlichste Angst für die persönliche Entwicklung scheint mir die Angst vor dem Versagen zu sein. Anerkennung zu verlieren und beschämt zu werden, das drückt so viele Menschen nieder und macht sie zu verunsicherten Gewohnheitsbündeln, die nur das Notwendige tun und dabei vergessen, wie besonders sie sind. Ängste über Ängste, die je nach subjektiver Wahrnehmung größer oder kleiner sind. Es sind die Ängste, die uns meist daran hindern etwas zu verändern und unser Leben mit voller Selbstverantwortung in die Hand zu nehmen. Klar steckt in jedem neuen Versuch ein Risiko, aber ein risikofreies Leben ist prinzipiell nicht möglich. Ein Risiko besteht immer und es ist vollkommen egal, wie eng ich meine Lebenswelt gestalte, wie wenig ich mir und anderen erlaube und worauf ich verzichte. Das Unerwartete – der schwarze Schwan[19] – kann hinter jeder Tür sitzen und uns anlachen.

Nun haben Ängste für unser Überleben natürlich eine wichtige Funktion, weil sie uns warnen und davon abhalten, etwas wirklich Gefährliches zu tun. Wenn wir ernsthaft bedroht werden, schaltet die Angst unseren Denkapparat aus und lässt Energie frei werden, um schnell davonzulaufen. Auch das kann einmal nützlich sein. Sehr selten aber gibt es in unserer Welt gute Gründe, aus so vollkommenen Wesen kleine Angstbündel zu machen, die sich nicht dem Leben und seiner Fülle hingeben und ihre Talente lieber vergraben als vermehren. Der Psychoanalytiker *Fritz Riemann*[20] nennt unter anderen die *Angst vor der Selbstwerdung* und die *Angst vor Veränderung* als Grundängste der Menschen. Es mag viele Gründe geben, warum Menschen große Ängste entwickeln. Viele davon sind auch psychoanalytisch erforscht worden. Ich möchte hier nicht die krankhaften Angstzustände von Menschen ansprechen, sondern nur die *quasi normalen und kulturell geprägten* Ängste der Menschen, die sie davon abhalten, sich ihrem eigenen Wesen zu nähern und eine ganzheitliche Entwicklung zu beginnen. Angst soll nicht länger als Grund zum Sich-gehen-Lassen und zum Verbleib in der engen Normalität eines beschränkten

Lebens dienen. Es zahlt sich einfach aus, die eigenen Ängste zu überwinden. Das Problem dabei ist, dass wir in einer Kultur leben, die diese Ängste im Tausch gegen eine Pseudosicherheit fördert, und dass wir mit unseren eingeprägten Glaubenssätzen und Erfahrungen eine Geisteshaltung geschaffen haben, die beschränkend und hemmend wirkt und die unsere Lebensfreude beschneidet.

Zum Hineinspüren: Huberts Angst vor Menschen zu sprechen

„Hubert ist nun seit zwei Jahren Führungskraft. Eigentlich war er in seinem Job glücklich. Die unerwartete Bestellung zur Führungskraft in seiner Gruppe hat ihm Anerkennung eingebracht und ihn stolz gemacht. Heute aber ist er von Ängsten geplagt. Immer wieder muss er in seiner neuen Rolle vor Abteilungsleiterinnen und Abteilungsleitern sprechen und kurze Vorträge halten. Nicht dass er dort unfair behandelt würde oder es einen anderen Grund für seine Ängste gäbe, nein, er fühlt sich schlagartig wie ein kleines Kind, er bekommt Herzrhythmusstörungen. Seine unglaubliche Nervosität macht ihn zunehmend fertig. Statt mit der Zeit zu verschwinden, wird die Angst immer stärker. Er fürchtet nichts mehr, als von Kolleginnen und Kollegen beschämt und zum Gespött der Meute zu werden. Diese unerträgliche Situation hat ihn insgesamt verunsichert. Er geht mit einem unangenehmen Gefühl in jedes Gespräch mit seinen Mitarbeiterinnen und Mitarbeitern, fühlt sich oft klein und überlegt, aus dieser Situation auszubrechen. An eine Verbesserung der Situation kann er nicht so recht glauben. Einige Monate später legt Hubert seine Führungsfunktion ab und gibt dafür private Gründe an. Schade, denn viele in seinem Team haben eine gute Führungskraft in ihm gesehen. Und auch für ihn ist damit ein kleiner Traum gestorben."

Angst hat einen Gegenpol, den Mut. Dieses ungleiche Paar, Angst und Mut, könnte auf wunderbare Weise für uns zusammenspielen und unseren Weg der Entwicklung sinnvoll begleiten. Jemand, der sein Leben nur auf Mut aufbaut und kaum Ängste in sich spürt, wird sich keines langen Lebens erfreuen. Was passiert eigentlich bei diesen Übertreibungen? Es gibt eine einfache und wirkungsvolle Weise, dieses Zusammenspiel darzustellen. Ausgangspunkt ist der *Widerspruch Angst ⇔ Mut*. Beide Begriffe sind für uns Menschen gleichermaßen wichtig, fürs Überleben und für unsere Entwicklung. In der jeweiligen Übertreibung aber sind sie entweder Hemmschuh oder Gefahrenquelle. Die negative Überhöhung – wenn wir zu viel von einer Seite haben – können wir den *„Schatten"* nennen.

Der Schatten der Angst ist die *hemmende Feigheit*, ein Zustand, der zur Erstarrung führt. Der Schatten des Mutes ist die *dumme Waghalsigkeit*, ein Zustand, der zur eigenen Vernichtung führt. Wir können den Widerspruch nun in einem Quadrat darstellen.[21]

	POL	**GEGENPOL**
KONSTRUKTIVE EBENE	Angst	Mut
DESTRUKTIVE EBENE: „SCHATTEN"	Feigheit	Waghalsigkeit

Abbildung 3: Das Wertequadrat „Angst – Mut"

Wenn ich ein ängstlicher Mensch bin und besondere Angst vor meiner Veränderung und Ganzwerdung habe, dann spielt sich in meinem Kopf unbewusst ein „Fall in den eigenen Schatten" ab. Ich stehe also vor einer Situation, die nur etwas Mut erfordern würde. Eine erste intuitive und leise innere Stimme regt mich an, jetzt den notwendigen Schritt zu tun. Schnell aber meldet sich eine weitere innere Stimme zu Wort, nennen wir sie den Angsthasen, und der brüllt aus vollem Rohr: „Das ist eine dumme Waghalsigkeit, tu das auf keinen Fall, es wird dir nur schaden! Riskiere es ja nicht!" Und der notwendige Schritt wird wieder nicht unternommen. Eine Situation, die auf der konstruktiven Ebene beginnt und zu einem schönen Dialog zwischen meiner Angst und meinem Mut führen könnte, fällt in das Reich der Schatten ab. Hier geht es nur noch um schwarz oder weiß, um dumme Waghalsigkeit oder hemmende Feigheit. In diesem Spiel wird mir meist nicht bewusst, dass ich Mut immer negativ überhöhe und mit dummer Waghalsigkeit gleichsetze, daher also nie den ersten Schritt setzen kann.

Wenn wir dieses innere Spiel aber einmal durchschaut haben und die verschiedenen inneren Stimmen besser hören und verstehen können, steigt die Chance, auch einmal die andere Seite anzuhören und nicht einer Stimme immer das letzte Wort zu überlassen. Wenn ich das nämlich unbewusst mache, dann hat nicht mein *höheres Selbst* die Steuerung meines Lebens in der Hand, sondern eine meiner inneren Stimmen, in diesem Fall der Angsthase.

Wir können von Mut sprechen, wenn wir trotz unserer Ängste aktiv bleiben und unser Leben leben. Es geht nicht um den Mut der Helden. Der Alltag ist Herausforderung genug. Ich sehe viele mutige Menschen, die schwierige Alltagssituationen meistern und viel Mut beweisen.

Zum Ausprobieren: Umpolung der Angst in Mut

Phil Stutz und Barry Michels haben mit ihrem Buch „*The Tools*"[22] einen wunderbaren Wegweiser zu mehr Selbstvertrauen geschrieben. Sie stellen einige Tools vor, die wir in unser Leben integrieren können und die uns bei der Weiterentwicklung unterstützen. Eines der Tools nennen sie die „*Umpolung des Verlangens*"[23]. Das ist eine kurze mentale Übung, die wir sehr einfach wiederholt anwenden und erlernen können. Wie ihr Name verrät, geht es um die Umpolung eines Verlangens. Wenn ich etwas im Leben vermeide, weil ich Angst vor möglichen Schmerzen habe, dann kommt dieses Tool zum Zug. Ich stelle mich gedanklich meinem Schmerz, ich rufe ihn bewusst herbei, gehe in ihn hinein, erkenne ihn als Freund und gehe beherzt meinen Weg weiter. Das klingt zu einfach? Ich zeige Ihnen hier eine einfache Übung, die sich an der Umpolung des Verlangens orientiert und ebenso wirksam ist. In unserem Fall geht es um die Umpolung der Angst, die uns hemmt, in den gesunden Mut, der uns lebendig und empfindsamer für das Leben macht, hineinzugehen.

Widmen Sie Ihrer Angst eine kurze Filmszene[24], in der Sie selbst spielen und die Welt aus Ihren eigenen Augen sehen. Hier ein Beispiel: *Setzten Sie sich hin und schließen Sie Ihre Augen. Stellen Sie sich vor, Sie gehen allein in einen dunklen Wald. Spüren Sie, wie die Angst in Ihnen aufsteigt. Bleiben Sie stehen und lauschen Sie den unheimlichen Geräuschen. Sie hören etwas näher kommen, ein Tier, vielleicht ist es ein Wolf. Der Wolf symbolisiert nun Ihre größte Angst. Er kommt nun direkt auf Sie zu und bleibt nur wenige Meter vor Ihnen stehen. Sie blicken ihn an und wenden sich ihm voll zu. Jetzt atmen Sie ein und schreien den Wolf im Stillen an.* **Meine Angst, komm zu mir!** *Spüren Sie nun, wie Sie sich zum Wolf hingezogen fühlen. Laufen Sie mit einem Schrei auf Ihn zu. Schreien Sie dabei wieder im Stillen:* **Ich brauche meine Angst!** *Laufen Sie in den Wolf hinein, der sich in eine dunkle Wolke auflöst, die Sie vollständig einhüllt. Werden Sie nun eins mit Ihrer Angst, die Sie umgibt. Sagen Sie nun voller Kraft und innerer Überzeugung:* **Meine Angst macht mich frei!** *Dann spuckt Sie die dunkle Wolke wieder aus, wirft Sie auf den Waldboden und verzieht sich leise. Stehen Sie auf, nehmen Sie die hellen Lichtstrahlen der aufgehenden Sonne wahr und folgen Sie dem Licht, das Ihnen nun den Weg weist. Sagen Sie zum Abschluss leise:* **Neuer Mut erfüllt mein Herz.** *So ist es, so ist es, so ist es. Danke, danke, danke!*

Wie viele Dinge im Leben erschließt sich eine solche Übung erst nach einigen Wiederholungen. Nehmen Sie sich diese wenigen Minuten immer dann, wenn Sie Ängste in sich aufsteigen fühlen. Sie können die Übung nach einiger Zeit sehr schnell anwenden und auch im Gehen durchführen. Sie ist zum Beispiel sinnvoll, wenn Sie Angst vor einem Gespräch mit Ihrem Vorgesetzten haben und der Termin schon in wenigen Minuten ist. Machen Sie die Übung zum ersten Mal, wenn Sie noch an Ihrem Schreibtisch sitzen. Wiederholen Sie sie, wenn Sie hingehen, kurz bevor Sie die Tür öffnen. Hinter der Tür wird Sie dann kein Wolf mehr verängstigen können. Im Gegenteil: Sie spüren nun, dass Sie aus dem Gespräch innerlich gestärkt hervorgehen werden. Folgen Sie Ihrem Licht, es wird Sie durch das Gespräch führen.

Zum Aussuchen: Kleine Häppchen zur weiteren Vertiefung

Tsültrim Allione[25] und ihre buddhistische Technik *„den Dämonen Nahrung geben"* gefällt mir wirklich gut. Die Idee ist einfach und genial. Sie geht auf die Meisterin *Macig Labdrön* und die *Cö-Praxis* zurück, die Teil des tibetischen Buddhismus ist. *Allione* hat das Ritual an die westliche Kultur angepasst. Statt mein Gegenüber als Feind zu sehen und es zu bekämpfen, gebe ich mich meinem Gegner hin. Mit der Hingabe wird aus dem Feind ein Verbündeter. In unserem Fall ist unser Dämon die Angst, die uns hindert, frei unser Leben zu leben.

Unser Dämon ist also unsere Angst. Im ersten Schritt schenken wir unserer Angst ein Wesen in Form eines Dämons und machen uns von diesem Wesen ein geistiges Bild. Wie sieht es aus? Sobald wir das Wesen vor Augen haben, können wir mit ihm reden. Dazu schlägt Allione drei Fragen vor: *Was willst du von mir? Was brauchst du von mir? Wie fühlst du dich, wenn du von mir bekommst, was du brauchst?* Wenn wir das nun von dem Dämon, der unse-

47

re Angst verkörpert, erfahren haben, können wir ihm Nahrung geben. Wir geben ihm eine Schale, gefüllt mit dem, was er von uns braucht, und sehen dabei zu, wie er den Inhalt der Schale verschlingt und vollkommen satt wird. *Tsültrim Allione* beschreibt diese Übung detaillierter. Wenn Sie sich darin vertiefen möchten, empfehle ich Ihnen sehr ihr Buch.

Colette Baron-Reid[26] schreibt sehr erkenntnisreich über den Umgang mit Kobolden, eine andere Bezeichnung für unsere Dämonen. Die von ihr entwickelte Landkarte der Seele ist als Buch lesenswert und als Kartenset vergnüglich. Sie bietet uns eine alte Weisheit als Lösung für unsere Probleme an. Aus dem Märchen „Rumpelstilzchen" der Gebrüder Grimm kennen wir den Ausspruch: *„Ach, wie gut, dass niemand weiß, dass ich Rumpelstilzchen heiß!"* Hinter diesem Ausspruch versteckt sich eine Weisheit. Ein *Dämon* verliert seine Macht über uns, wenn wir ihn beim Namen nennen. Wir kennen das auch bei jeder Problemstellung. Sobald wir das Problem erkannt und benannt haben, finden wir dafür eine Lösung. Der Name macht aus dem unbekannten Problem, dem Ungewissen, etwas Konkretes und Reales, etwas, womit wir besser umgehen können.

Unser Innerstes ist eine Geisterbahn, in der so mancher Dämon oder Kobold sein Unwesen treibt. Sie wollen uns nichts Böses. Im Gegenteil. Sie wurden zeitgleich mit einem traumatischen Erlebnis geboren, sie sind sozusagen aus einer unserer Wunden entschlüpft. Jede tiefe Wunde bringt einen Kobold zur Welt. Später identifizieren sie uns mit dieser Verletzung und wollen uns dieses Bild ständig vor Augen halten. Wir *sind* die Verletzung, das ist ihre Botschaft. Stellen Sie sich Ihre Angst als Kobold vor und geben Sie ihm einen Namen! Das ist einfach, aber es wirkt, und wird Ihnen helfen, Ängste zu überwinden.

$\int$

Take One-Essenz: Willenskraft entwickeln
„Angst überwinden und Mut ins Leben lassen"

Willenskraft für die eigene Ganzwerdung aufzubringen, verlangt zu Beginn mutige Schritte von uns. *„Du musst Dein Leben ändern!"* ist eine Aufforderung, die Zone unseres komfortablen Lebens zu verlassen und so manche Verwöhnungsmaschinerie zu durchschauen und ihr den Rücken zu kehren. Wenn wir mit einem ersten Schritt Neuland betreten und wieder einmal den Stiefel in den nassen Sand einer unbekannten Insel drücken, meldet sich in uns die Angst.

Die Essenz lautet: Wenn es dem Menschen gelingt, seine übermäßigen Ängste in Mut umzupolen, wird er zu einem neugierigen Erkunder seines eigenen Lebens. Das erzeugt Lebendigkeit. Es ist ein Grundprinzip des Lebens, mutig Beziehungen einzugehen, einander zu berühren, zu verstehen und einander achtsames Interesse entgegenzubringen. Beziehungen, die wir mit dem Mut des Herzens eingehen, lassen universelle Liebe in uns reifen. Es wird ein gutes Leben!

Für Ihre persönliche Toolbox:

Das Prinzip von Anfang und Ende: Wer ein freudiges Ende erwartet, der muss einen mutigen Anfang machen. Es sind keine großen Sprünge notwendig, sondern meist nur kleine Schritte. Aber der erste Schritt, und sei er noch so klein, erfordert Mut.

Der Angst einen Namen geben: Beschäftigen Sie sich mit Ihrer Angst! Lassen Sie Ihre Angst persönlich werden, erkennen Sie die Angst als ein Wesen und benennen Sie es. Sobald Ihre Angst einen Namen trägt, verliert sie schon einen Teil ihrer Macht über Sie.

Die Umpolung der Angst in Mut: ∞

Meine Angst, komm zu mir!

Ich brauche meine Angst!

Meine Angst macht mich frei!

Neuer Mut erfüllt mein Herz.

So ist es, so ist es, so ist es. Danke, danke, danke!

Auf die Stimme meines höheren Selbst hören lernen

Was ist unser höheres Selbst? Das höhere Selbst ist unser fein-stofflicher Wesensteil, jener Teil von uns, der mit allem verbunden ist und somit zu einer großen Einheit, dem Ganzen, gehört. Das höhere Selbst ist der spirituellen Welt zugehörig und will von uns erst erschlossen werden. Einige würden es vielleicht auch Seele nennen. Und dieses höhere Selbst hat eine Stimme, die zu uns spricht. Seine Stimme aber ist leise, sie ist eher ein Flüstern. Wir nennen diese Stimme Intuition und wir können sie nur in der Stille hören.

Wir haben über den Angsthasen, einen unserer Dämonen, schon Bekanntschaft mit anderen inneren Stimmen geschlossen. Die lauten inneren Stimmen sind kleine Plaudertaschen, die immer den Mund offen haben und uns innerlich vollplappern. Diese Stimmen haben mit den Stimmen unseres höheren Selbst, unserer Intuition, nichts zu tun. Sie sind unsere Einflüsterer, unser ganz privater Beraterinnen-Stab. Sie beeinflussen unser Leben erheblich. Einige davon wirken positiv, andere negativ, wie das mit Beraterinnen eben so ist, alle aber meinen es im Grunde gut mit uns. Laute innere Stimmen gibt es sehr viele. Hier geht es nicht hauptsächlich um innere Stimmen, dazu findet man anderswo Kurse[27], weil es aber so viele von ihnen in unseren Köpfen gibt, ist es wichtig, sie alle zu hören, sie alle zu Wort kommen zu lassen, aber sehr genau zu wissen und zu unterschieden, wer hier jeweils spricht. Ich möchte eine innere Stimme herausgreifen, die fast jeder Mensch als dauernden mentalen Lärm rauschen hört. Es ist ein Rauschen, das alles andere übertönt. Es ist die *Stimme unseres Egos*.

Unser Ego verfolgt dabei nur diesen Zweck: Es will sich selbst schützen, es will weiter wachsen, sich aufblähen und unser Leben bestimmen. Dabei ist es natürlich nicht unser Feind. Es kann nur ein Dämon sein, der uns unwissend auf eine falsche Fährte hetzt. Wie alles auf unserer Welt hat auch unser Ego zwei Seiten, eine helle und eine dunkle, es ist in sich gespalten und wirkt in uns als *Polarität*[28]. Es zählt daher zu unseren wichtigsten Aufgaben, das *Ego als bipolar* (zweipolig: gut und schlecht) zu erkennen und es auch so zu entwickeln.

Die positive Seite unseres Egos will uns erfolgreich machen, sie treibt uns zu besonderen Leistungen an, sie drängt uns dazu, unseren Körper zu trainieren, als besonders intelligent zu wirken, einfach etwas Außergewöhnliches in der Gesellschaft zu sein. *Die negative Seite unseres Egos* hält uns beispielsweise dazu an, besser sein zu wollen als andere, es stiftet uns an, Vorteile für uns herauszuschlagen, es lässt uns eitel werden, aber es ist auch für die Entstehung eines Großteils unserer Ängste verantwortlich. Um uns zu schützen, besser gesagt, um unser Ego zu schützen, dürfen wir uns keiner Demütigung aussetzen. Jedes dahin gehende Risiko ist also unbedingt zu vermeiden. Egos wollen keine Fehler zugeben, sie wollen nicht kleingemacht werden. Das lässt in uns einen nicht lösbaren inneren Widerspruch aufsteigen, der meist ebenso zu einem inneren Schattenkampf wird und uns, aber auch anderen, letztlich nur schadet. Vereinfacht gesagt können wir ruhig eitel, selbstgefällig oder auf unseren Vorteil aus sein. Das ist o. k. Im Sinne unserer Entwicklung aber sollten wir bald damit aufhören.

Ich bin nicht mein Ego

Es ist aus meiner Sicht das Herzstück vieler spiritueller Lehren, das Ego zu erkennen, zu verstehen und letztlich, am Ende des Weges, auch zu überwinden. *„Wähle umgänglich, gütig, vergebend, mitfühlend und bedingungslos liebend gegenüber allem Leben in all seinen Ausdrucksformen, ohne Ausnahme, dich selbst eingeschlossen, zu sein. Konzentriere dich auf selbstloses Dienen und gib allen Geschöpfen* *deine Liebe, deine Wertschätzung und deinen Respekt"*, meint dazu der spirituelle Lehrer *Dawid Richard Hawkins*[29]. Mit einem ausgewachsenen Ego scheint so eine Haltung zum Leben kaum möglich zu sein. Einer der wichtigsten spirituellen Lehrer der Gegenwart, *Eckhart Tolle*[30], beschreibt das Ego als Identifikation mit dem Verstand. Ich bin das, was ich denke. Nun, das ist in einer westlichen Welt, die den Satz *„Ich denke, also bin ich"* von *René Descartes*[31] zum Fundament der neueren Philosophie gemacht und darauf den Rationalismus begründet hat, keine große Überraschung.

Für *Eckhart Tolle* ist das starke Ego der Grund, warum wir Menschen von unserer größten inneren Kraft getrennt sind und unser wahres Selbst nicht erkennen. Das Ego fühlt sich ständig bedroht und verursacht daher Ängste aller Art. Es regt uns zum Widerstand gegen das eigene Leben an, indem es jeder Situation kritisch gegenübersteht und immer Grund zur Klage findet. Und es führt uns in die Sackgasse des Begehrens. Zuletzt ist das Ego noch unser Antreiber, der mit dem Jetzt nie zufrieden ist, und immer auf das nächste Jetzt wartet, wie es *Eckhart Tolle* beschreibt. Wir verschieben wegen unseres Egos unser Leben in eine hoffentlich bessere Zukunft und verlieren dabei den Bezug zum *Jetzt*[32].

Das Heilmittel, das Eckhart Tolle in seiner Lehre verkündet, ist die Präsenz. *„Sei still, wisse, ich bin Gott"*, ist der alles sagende Kernsatz, ein Mantra, bei dem jedes Wort die gleiche Bedeutung hat[33]. *„Sei"* meint das reine Sein. *„Still"* meint: Lausche in vollkommener Stille, nimm den Raum wahr, nimm das reine Bewusstsein wahr, das Gott ist. *„Wisse"* ist das tiefe Wissen hinter allem Wissen, das Ganze, die Allwissenheit, die Gott ist. *„Ich bin"* meint: Ich bin reines Bewusstsein, Raum, Ewigkeit, die An-Wesenheit, ich bin der Anfang und das Ende. *„Ich bin"* meint Gott sein. Der Begriff *Gott* ist die Bezeichnung – je nach Religion verschieden – für das reine Bewusstsein, die All-Wissenheit, das ewige Sein, die An-Wesenheit, die Stille des Raums. Somit meint jedes Wort im

Satz: „Sei still, wisse, ich bin Gott", immer das eine, nämlich Gott.

„Präsent sein" meint, ganz im Augenblick zu leben, mit Achtsamkeit oder besser mit „Gewahrsein". Den Augenblick willkommen zu heißen, ganz ohne Widerstand, ohne Begehren, ohne anzuhaften, kann uns von der Galeere des Egobewusstseins befreien und zu einem erwachten Menschen machen. Diese Lehren sind nicht neu. Im Gegenteil: Sie sind auch Kernstücke vieler östlicher Weisheitslehren und aufgrund der jahrtausendewährenden Erfahrungen wohl ein sicherer Weg zur Erleuchtung. Ich möchte alle diese Erkenntnisse unterstreichen und ihnen und ihren Verkündern meine größte Wertschätzung aussprechen. Mir scheint nur die praktische Umsetzung in unserer westlichen Welt sehr im Widerspruch zu all unseren Werten und kulturellen Prägungen zu stehen, besonders wenn es um Erfolg geht. Das Streben nach Erfolg entspringt ausschließlich dem Egobewusstsein. Vieles, was wir mit einer wünschenswerten Entwicklung des Menschen verbinden, ist mit Wachstum, mit Streben, mit Wünschen, also mit Zukünftigem, verbunden. Der größte Widerspruch tut sich beim Streben nach Reichtum auf. Natürlich ist dahinter nur einer jener Widersprüche verborgen, die das Leben für uns unausweichlich bereithält. Er nennt sich *Werden* ⇔ *Sein* und er ist nicht auflösbar. Aber wir können uns mit ihm aussöhnen und mit der Zeit nach Lösungen auf einer höheren Ebene suchen. Wir können sagen, dieser Widerspruch lässt sich transzendieren zu: „*Ich werde, was ich bin*", wie viele Umwege ich dafür auch gehen, wie viele Übungen ich auch absolvieren muss.

Wertvolle Essenz: Die Stimme des Egos darf nicht dominieren

Das Ego hat eine zu laute Stimme in uns. Wenn wir genauer hinhören, können wir ihren Zweiklang, der aus einer Polarität heraustönt, wahrnehmen. Der hellere Anteil ist der Ruf zur Selbstverwirklichung durch Sinnstiftung. Der dunklere Anteil ist der Ruf zur Selbstverwirklichung durch Selbstdefinition. Diese beiden Stimmen unseres Egos sind wichtig für unsere Entwicklung, aber keine von beiden, und rufen sie auch noch so laut, ist die Stimme unseres höheren Selbst.

$\int$

Die Stimme meines höheren Selbst

An dieser Stelle geht es mir um eine andere *innere Stimme*, der zu lauschen uns die Pforte ins persönliche Wachstum öffnet. Eine Stimme, deren sanfter und leiser Klang unter dem tosenden Rauschen des Egos kaum zu hören ist. Nennen wir diese innere Stimme *Intuition*, die *Stimme unseres höheren Selbst*. Hier liegt auch eine große Entwicklungsaufgabe für uns. Immer wenn wir eine innere Stimme hören, müssen wir zu unterscheiden lernen, wer oder was da gerade zu uns spricht. Die Stimme unseres Egos ist dabei von der Stimme des höheren Selbst nicht immer leicht zu unterscheiden. Das ist eine Lernaufgabe, die Geduld und Hingabe braucht.

Zum Hineinspüren: Warum schreibe ich schon wieder ein Buch?

Wenn ich in mich hineinlausche, dann kann ich sehr deutlich eine innere Stimme hören. Sie sagt zu mir: „Ja, schreib ein weiteres Buch. Schreib darüber, welche Erfahrungen du auf deinem Weg der ganzheitlichen Entwicklung gemacht hast." Und dann weiter: Wage den Schritt, auch wenn viel Unsicherheit damit verbunden ist, und natürlich auch ein Risiko. Wer aber spricht da? Ist es mein Ego, das mich antreibt, ein Buch zu schreiben, um noch erfolgreicher, noch bekannter zu werden? Ist es das Bedürfnis nach Anerkennung? Darüber habe ich lange nachgedacht und bin immer wieder nach innen gegangen. Ich wollte es wissen. Heute kann ich mit großer Sicherheit sagen: Ja, es stimmt etwas für mich, wenn ich ein Buch schreibe. Es tut meiner Seele gut, es ist mir eine innere Freude und in vielen Stunden ein „Flowerleb-nis", das mich nährt und stärkt. So weit, so gut. Mein Ego aber, das noch lange nicht überwunden ist, mischt immer noch kräftig mit. Es will, dass ich ein erfolgreiches Buch schreibe, es will, dass ich schneller schreibe, es will mich mit anderen vergleichen und die Latte für den Erfolg hoch legen. Genau hier muss ich einschreiten und meine innere Stimme wieder hören. Schreib ein Buch, ja, genieß es, schreib es aus dir heraus, ganz ohne Absicht. Denk nicht an den Erfolg, schreib einfach. Nur ein Wunsch soll mich leiten. Es soll ein Buch werden, das alles offenlegt, was ich gefunden habe. Das Buch soll anderen Menschen, die das interessieren könnte, Angebote machen und Möglichkeiten eröffnen. Ganz ohne taktische Spiele, die am Ende nur dem Geschäft dienen sollen. Das aber gefällt meinem Ego gar nicht. Es kämpft weiter...

Das höhere Selbst in uns ist das, was sich nie verändert. Es ist also das, was immer schon da war und immer da sein wird, es *ist* einfach. Es ist das, was schon vollkommen ist und nichts mehr werden kann noch muss. Das höhere Selbst ist unser wahres Wesen in universeller Freiheit. Spirituelle Lehrer sehen im höheren Selbst auch den göttlichen Funken in uns. Es ist in seiner Funktion unser reines Bewusstsein, das alles beobachtet und dabei nicht wertet. Mit diesem Bewusstsein ist es möglich, unser eigenes Denken und Handeln zu beobachten. Damit kann das höhere Selbst auch das Wirken und die Spielchen unseres Egos erkennen und entlarven. Das höhere Selbst ist die beobachtende Gegenwärtigkeit.

Am einfachsten können wir uns das höhere Selbst und seine Stimme wie einen inneren *Leuchtturm* vorstellen. Das höhere Selbst ist Ausdruck dessen, was wir wirklich sind und was wir im Leben zwar anstreben können, kaum je aber ganz erreichen werden. Es gibt uns die Richtung für unsere Entwicklung vor. Es hilft uns, die Kompassstörungen unseres Egotriebs zu überwinden, indem wir dem *inneren Licht* folgen. Ich selbst habe lange gebraucht, um das zu verstehen. Immerhin fand ich schon als Schulkind folgenden Spruch in meinem Stammbüchlein: *„Immer wenn Du denkst, es geht nicht mehr, kommt irgendwo ein Lichtlein her. Ein Lichtlein wie ein Stern so klar, es wird Dir leuchten immerdar."*[34] Und vierzig Jahre später, beginne ich erst zu verstehen, was damit wirklich gemeint ist. Vielleicht liegt das daran, dass wir das höhere Selbst, das reine Bewusstsein, gar nicht gut mit Worten beschreiben können. Das Ringen um die richtigen Worte macht die Verwirrung oft nur noch größer.

Wir haben gelernt, uns als bewusste, logisch denkende Wesen zu begreifen. Wir identifizieren uns damit, Überzeugungen zu haben, Entscheidungen bewusst zu treffen und unser Denken und Handeln zu kontrollieren. Wir können uns darin richtiggehend verlieren. Das ist so etwas wie das Gegenteil von intuitiver Intelligenz. Daher sind wir meist so taub für unsere innere Stimme. *Daniel Kahneman*[35] stellt fest, dass diese Art zu denken eines von zwei kognitiven Systemen in uns Menschen darstellt. Er nennt dieses System des Denkens das *„System 2"*. Es umfasst alle anstrengenden mentalen Aktivitäten. Nach Kahneman gibt es aber auch noch ein „System 1" in uns. Dieses System arbeitet schnell, automatisiert, mühelos, ohne willentliches Zutun und ohne Steuerung. Mit diesem System sind wir der Intuition näher gekommen. Die Arbeit von Kahneman, für die er einen Nobelpreis für Wirtschaft erhielt, zeigt auf, dass das System 1 der Held in unserer Geschichte ist. Es ist nämlich die Quelle spontaner Eindrücke und Gefühle, die letztlich erst die sogenannten bewussten Entscheidungen im System 2 ermöglichen. Die Intuition, die dem System 1 nahesteht, tut also ihre Werke in uns. Es zahlt sich daher aus, die Spur der Intuition noch etwas weiterzuverfolgen.

Die Suche nach meiner Intuition – die Stimme meines höheren Selbst

Der Quantenphysiker und Träger internationaler Auszeichnungen, *Hans-Peter Dürr*, gibt auf YouTube einen kleinen Einblick in seine Auffassung von Intuition[36]. Sinngemäß sagt er dazu: *„Intuition meint für mich, dass hinter dem, was ich täglich erlebe, noch etwas anderes ist. Etwas, worauf ich keinen direkten Zugriff habe, zu dem ich aber eine Verbindung herstellen kann. Dazu braucht es meine Hingabe, dann kann ich auch direkt dorthin gelangen. Je mehr Hingabe ich aufbringe, desto mehr Zugriff habe ich auch. Daraus kann ich einen Reichtum schöpfen, der mir eine Vision gibt, die wichtig ist, wenn ich in dieser Welt handeln will."* Der berühmte Geistliche und Autor *Anselm Grün* drückt es in einem Videotrailer[37] ähnlich aus. Sinngemäß sagt er: *„Intuition ist für mich ein auf den Grund meiner Seele schauen, im Vertrauen, dass diese Bilder von Gott kommen."*

Intuition ist also ein Wissen hinter unserem Wissen. Es kommt aus einer inneren Tiefe, aus einem reinen Bewusstsein und es hat mit unserem rationalen Denken und mit unseren Denkgewohnheiten gar nichts zu tun. Diese innere Stimme ist nicht unser Bauchgefühl. Es ist ein tiefes Wissen, das aus der Stille kommt und uns sagt, was für uns gut und stimmig ist.

Wie kann ich nun lernen, auf die Stimme meines höheren Selbst zu hören? In *Siddhartha*[38], der bekannten indischen Dichtung von *Hermann Hesse*, wird dieses Hören sehr schön beschrieben. Sinngemäß lesen wir dort: Werde einfach ganz Lauscher, höre auf den Fluss. Der Fluss weiß alles. Siddhartha lernt vom Fährmann Vasudeva still zu sein und auf den Fluss zu hören, eben ganz Lauscher zu werden. Schließlich hat Siddhartha dann *das Lauschen meisterhaft gelernt.*

Es geht um *Stille* als wichtigste Pforte zu dieser inneren Stimme. Und diese Stille ist mehr als Ruhe, es ist ein achtsames Hineinhören in unser Innerstes. Dabei richten wir unsere Aufmerksamkeit von außen nach innen. Das ist eine schwierige Übung, weil wir normalerweise unsere gesamte Aufmerksamkeit auf die Außenwelt richten, so haben wir es uns angewöhnt. Unser Geist wird also bei jedem Versuch, die Aufmerksamkeit nach innen zu richten, gleich wieder abschweifen und nach außen gehen. Und wenn uns die Außenwelt nicht beansprucht, weil wir eine ruhige Umgebung gewählt haben, dann lenkt uns der ewige Strom der Gedanken, der durch unser Gehirn zieht, ab und treibt unsere Aufmerksamkeit von uns weg. Immer wieder fallen uns Situationen aus dem Alltag ein: ein Ärgernis, eine beklagenswerte Begegnung, ein Konflikt, eine Geschichte aus einem Film. Wer sich schon in der Meditation versucht hat, weiß genau, wovon ich spreche. Die Konzentration nach innen zu richten, braucht Geduld und *Hingabe*. Es ist kein Geschenk, das uns in den Schoß fällt.

Zum Ausprobieren: In die Stille eintauchen und die innere Stimme hören

Meditationen, die den Geist beruhigen: Ich bin kein Meditationslehrer, also kann ich auch nicht gut mit Meditationstechniken aufwarten. Ein paar Dinge aber habe ich gefunden, die ich für wertvoll erachte. Die Stille im Außen erleichtert die Stille im Innen. Eine frühe Morgenstunde oder eine sehr späte Nachtstunde eignen sich am besten, um nach innen zu gehen. Eine Möglichkeit zu beginnen, liegt in der *Konzentration auf den Atem*. Das ist wohl die bekannteste Technik überhaupt. Einfach dasitzen, sich ganz auf den jeweiligen Atemzug konzentrieren und dabei lächeln, das ist ein wunderbarer Anfang. Also: *Atme und lächle.* Bei mir hat sich auch eine *Kerzenflamme als Fixpunkt* meiner Betrachtungen als hilfreich erwiesen.

Glaubenssätze, die den Geist ablenken: Ich nutze positive Glaubenssätze, um meinen bewussten Geist abzulenken und sinnvoll zu beschäftigen. Nicht selten steigt, wenn der bewusste Geist mit einem Mantra beschäftigt ist, ein intuitives Wissen auf, das ich als Stimme meines höheren Selbst interpretiere. Sobald es mir gelingt, den ewigen Strom meiner Gedanken für einen Augenblick zu unterbrechen, also wenn ich eine Lücke zwischen meinen Gedanken öffnen kann, habe ich das reine Bewusstsein schon gefunden. Dann habe ich nämlich den Raum wahrgenommen, in dem die beobachtende Gegenwärtigkeit ihre Werke tut.

Die liegende Acht im Kopf denken und verfolgen: Ich stelle mir im Kopf eine liegende Acht vor. Dabei schließe ich die Augen und verfolge im Geiste die liegende Acht, beginnend vom Ursprung, dem Mittelpunkt, nach rechts oben. Dabei lasse ich die Augen hinter den geschlossenen Liedern die Bewegung entlang der liegenden Acht leicht mitmachen. Ich variiere die Größe der liegenden Acht und die Geschwindigkeit, mit der ich die „Achterbahn" entlangziehe. Diese Übung macht unseren Geist beweglich und lenkt ihn von üblichen Denkgewohnheiten ab. Das macht uns empfindlicher für das Leben und empfänglicher für unsere Intuition.

Zum Vertiefen: Was ist eigentlich Intuition?

Besonders in folgenden Bereichen macht Intuition auf sich aufmerksam und zeigt sich uns in verschiedenen Formen und Intensitäten[39]:

1. Die **Resonanzphänomene** in all unseren Beziehungen zu anderen Menschen. Das können wir als „intuitive Beziehungsintelligenz" bezeichnen, eine Art implizites Beziehungswissen. Dies scheint mir der wichtigste Bereich unseres Lebens zu sein.

2. Das **Körperwissen** oder unsere Zellerinnerungen. Ein intuitives Körperwissen, das wir aus vergangenen Erlebnissen in unseren Zellen als *Gefühle* abgespeichert haben. Dieses Wissen steht uns plötzlich und unbewusst in ähnlichen Situationen zur Verfügung.

3. Das ganze Feld der **Bauchgefühle**, also die affektiv-emotionalen Reaktionen in Stresssituationen, wenn sprichwörtlich der Bauch das Steuer übernimmt. Der bewusste Geist setzt dann aus.

4. Der Bereich der **Gewohnheiten** und stark eintrainierten Aktivitäten. Hier wird ein Wissen abgerufen, das wir im unbewussten Teil unseres Bewusstseins durch wiederholtes Einüben als Routinen abgespeichert haben. Ein Wissen, das unmittelbar und ohne bewusstes Denken abrufbar ist.

5. Der Bereich der **intuitiven Problemlösung**. Hier werden Wissensräume – vielleicht ein kollektives Unterbewusstsein

– angezapft, die Einfälle, geniale Lösungen oder Geistesblitze (*Heureka!*) ermöglichen. Das ist der Bereich der Lösung komplexer Probleme mit intuitiver Intelligenz.

6. Der **spirituelle Bereich**, der uns mit universellen Räumen, dem reinen Bewusstsein, dem Göttlichen verbindet und uns den Lebensweg weisen kann. Hierzu gehören auch die Hellsichtigkeit oder das prophetische Weissagen.

$\int$

Take One-Essenz: Willenskraft entwickeln
„Auf die Stimme meines höheren Selbst hören lernen"

Willenskraft entsteht in uns, wenn wir dem Ruf unserer inneren Stimme, unserer Intuition, folgen. *Die Essenz lautet*: Der Mensch, dem es gelingt, seine wahre innere Stimme besser zu hören, der wird vom Leben geführt. Das erzeugt Sicherheit auf neuen Wegen. Für Ihre *persönliche* Toolbox: Die Heureka!-Übung

GEIST – NEUES DENKEN	Die Frage an das Leben konkret formulieren, ein erstes Bild skizzieren
HERZ – NEUE HALTUNG	Noch mehr Leidenschaft in die Frage an das Leben legen
BEWEGUNG – NEUES TUN	Die Suche nach einer Antwort verstärken, noch tiefer in die verschiedenen Welten eindringen und nach Möglichkeiten suchen
	Die Puzzlesteine des Bildes können ebenso der Spiritualität und der Kunst wie den Wissenschaften oder den einfachen Lebenspraktiken entstammen. Jede Inspiration ist eine Einladung an Ihre innere Stimme!
FORM – NEUE ERKENNTNIS	Nach neuen Erkenntnissen suchen und darum ringen

Ich empfinde die persönliche Weiterentwicklung als einen *Heureka!*-Prozess. Das Warten, die Plateauphasen, die Verzweiflung und die „Tage der finstersten Nacht" gehören zu diesem Spiel des Lebens einfach dazu. Es sind die eigenen Grenzen, die wir zu spüren bekommen. Das Leben prüft uns, bevor wir uns wirklich weiterentwickeln, immer wieder aufs Neue.

Der innere Ruf: Er ist oft leise, aber die Ahnung eines besseren Oben, die Vorfreude auf unseren nächsten, besseren Zustand, reicht aus, um den oft beschwerlichen, oft finsteren Weg zu gehen und die nächste Stufe auf der „Himmelsleiter" zu erklimmen.

TAKE TWO
DER ZWEITE SCHLÜSSEL

Take two: Sich mit den drei Quellen des Lebens verbinden

Vor einiger Zeit noch war es für viele Menschen ein „No-go" über Quellen des Lebens, der Kraft oder ähnliche Beschreibungen zu sprechen. Viele eingefleischte Rationalisten haben den Widerspruch ausgehalten, sich im Leben alles erklären zu müssen, nur das zuzulassen, was als wissenschaftlich bestätigt gilt, und sich dann sonntags in der Kirche den göttlichen Segen abzuholen. Andere Quellen der Erkenntnis wie intuitive Offenbarungen, Sinneserfahrungen und Überlieferungen alter Kulturen wurden damit automatisch abgewertet. Heute erfahre ich das anders. Das Weltbild der Menschen hat längst begonnen sich zu wandeln und ganzheitliches Denken gewinnt zunehmend an Bedeutung. Dazu haben nicht zuletzt auch die Wissenschaften beigetragen. Die vielzitierte Quantenphysik und ihre wichtigsten Vertreter haben hierbei Großes geleistet. Moderne Wissenschaften zeichnen ein so komplexes Bild der Welt und sie werfen selbst so viele neue Fragen auf, dass uns eines zumindest klar wird: Wir Menschen haben zwar riesige Fortschritte gemacht und viel erreicht und wunderbare Erkenntnisse über die Welt gewonnen, dennoch gibt es da noch so vieles, das wir nicht verstehen und wahrscheinlich auch nie verstehen werden. Viele Wissenschaftler, die an die Grenzen des Verständnisses über die Welt gekommen sind, waren wohl auch deshalb gleichzeitig Metaphysiker.

Mit diesen Gedanken möchte ich Sie nicht einladen, die gesunde Skepsis abzustreifen und alle neuen Lehren aus der quasi esoterischen Spielecke vor den Vorhang zu holen. Ich habe dort viele spannende und inspirierende Dinge gefunden, aber ebenso viele, die mein eigener Skeptizismus als Unsinn abgewertet hat. Hier muss jeder Mensch für sich die Grenze ziehen. Ich möchte Sie aber dazu einladen, den Möglichkeiten des Lebens keine Beschränkungen aufzuerlegen. Ich muss nicht unbedingt an

Wunder glauben, aber es wird mir nicht schaden, wenn ich dem einen oder anderen Wunder in meinem Leben eine Chance gebe. Dazu muss ich nicht warten, bis ich in einer verzweifelten Lage zwischen Sein und Nichtsein angekommen bin, um dann für ein Wunder zu beten.

Unter den Grundannahmen, die diesem Buch zugrunde liegen, finden wir die folgende: *Es ist nicht notwendig, die Dinge zu verstehen, der Glaube ist wichtig.* Und der *Glaube* ist dabei nicht zwingend ein religiöser. Ich kann auch ganz ohne Religion an höhere Kräfte des Universums glauben. Natürlich kann ich die Metaphysik als Erklärungsmodell hernehmen oder mich einfach mit der spirituellen Welt befassen. Wem das zu weit geht, der kann sich das kollektive Unterbewusstsein der Welt – vielleicht in Form von Erfahrungswissen, das alle Menschen gemeinsam aufgebaut haben und das uns in Form eines Energie-Quantenfeldes zur Verfügung steht – als Quelle vorstellen. Die ganze Welt ist Information, Licht, Energie und somit Schwingung. Und wenn so viel schöpferische Energie da ist, wird es auch für mich und meine Entwicklung reichen.

Wie dem auch sei, diese Kräfte wirken ohnehin immer, auch wenn ich nicht an sie glaube. Dazu brauchen wir nur an die Entstehung von Leben zu denken. Wenn ein Kind gezeugt wird, dann wirken diese höheren Kräfte vom Augenblick der Zeugung an und dann ganze neun Monate lang. In diesem Zeitraum müssen wir Menschen rein gar nichts tun, alles geschieht von allein, alles nimmt seinen Lauf und meistens geht alles gut. Nach der Geburt übernehmen wir Menschen das *Kommando*. Aber wir haben ein Geschenk erhalten, über dessen Entstehung wir auf kein wirklich tiefes Wissen zurückgreifen können. Außer einer in die Jahre gekommenen Evolutionstheorie und einer lückenhaften Genetik haben wir nicht viel. Das Wesentliche, das Leben selbst, bleibt wissenschaftlich immer noch ein Rätsel, für uns Menschen ein heiliges Rätsel. Im Augenblick der Geburt eines Kindes aber überkommt uns häufig das Gefühl einer Verbundenheit mit dem Göttlichen, das Gefühl einer tiefen Dankbarkeit, die an genau jene Quellen des Lebens gerichtet ist, von denen ich hier spreche.

Auch wenn Sie sich nicht erklären können, was für Quellen oder Kräfte das sein könnten, vielleicht gelingt es Ihnen einfach zu akzeptieren, dass sie da sind und dass wir uns damit verbinden können. Es ohne diese Quellen zu versuchen, erschwert uns das Leben nur unnötig. Und was wir aus vielen Erzählungen von Menschen mitnehmen dürfen, die Sterbende begleiten, ist, dass die Menschen am Ende, in ihren letzten Minuten, wohl immer nach diesen Kräften rufen. Wenn uns diese Quellen aber schon zu Lebzeiten ihre Hilfe anbieten und uns – auch ohne unser ausdrückliches Wollen – ständig begleiten, so scheint es mir einfach sinnvoller, einen bewussten Umgang damit zu finden. Die Verbindung mit den Quellen des Lebens ist eine Art Loslassen. Es braucht nicht so viel Steuerung von mir selbst, nicht so viel Streben und so viel Mühsal. Ab und zu ist es besser, die Dinge einfach geschehen zu lassen und auf die Steuerung durch diese Quellen zu vertrauen. Das ist eine Erleichterung, die uns hilft, Ängste abzubauen und vor allem den eigenen Willen zum Stress und zum Ringen mit den Herausforderungen des Lebens auch einmal über Bord zu werfen. Damit es nicht falsch ankommt: Das ist keine Lizenz sich gehen zu lassen. Das wäre ein passives Treiben auf dem Strom des Lebens, das Verbinden mit den Quellen ist ein aktiver Akt, der mich mit diesem Strom verbindet, mich trägt und beschützt. Das ist für die Menschen aber nicht neu. All das Wissen haben wir schon, wir haben es nur gut verdrängt.

Heute ist die Diskussion um die Komplexität des Lebens laut geworden. Damit verbunden ist uns viel bewusster geworden, dass es so viele Zufälle im Leben gibt, auf die wir keinen Einfluss haben und dass aber gerade jene Zufälle die Ursache vieler wichtiger Entwicklungen in unserem Leben sind. Das gilt für uns als gesellschaftliches Kollektiv in gleicher Weise wie für mich als individuellen Menschen. Der Einfluss der Ungewissheit auf unsere Entwicklung ist jedenfalls größer, als uns lieb ist. Es ist mir nicht möglich, die vollständige Kontrolle über mein ganzes Leben zu übernehmen. Wer dazu eine rationale Erklärung haben will, der findet im Buch „Der Schwarze Schwan"[40], was er sucht. Vieles im Leben entzieht sich unserer strategischen Planbarkeit. Das Ganze hat eine Konsequenz, die für die bewusste Verbindung mit den drei Quellen spricht. Wenn mein Leben schon schwer planbar ist und viele wichtige Entwicklungsschritte dem Zufall überlassen sind, dann ist das ein Grund, den rationalen Kontrollwahn aufzugeben. Ich kann und muss meinen Beitrag zu meiner Entwicklung leisten. Es ist dies ein Samensäen und meine Samen auf vielfältige Äcker des Lebens verteilen. Welcher Same aufgeht, entscheide selten ich. Also wenn ich schon mit dem schmerzhaften Kontrollverlust durch Ungewissheit konfrontiert bin, dann ist es ja viel leichter, einen Teil meiner Quasi-Kontrolle gleich ganz an höhere Quellen abzugeben. Ich bin jedenfalls lieber ein Produkt der Quellen des Lebens als ein reines Produkt des Zufalls. Diese Verbindung mit den Quellen ist ohne Mühe, ohne großes Zutun, sofort möglich. Wir können diese Verbindung als selbstverständlichste Sache der Welt sehen. Wir Menschen tragen diese Quellen in uns, wir sind Schöpfung und schöpferisch im gleichen Moment.

Es gibt in meiner Wahrnehmung mindestens drei Quellen, die ich für meinen Entwicklungsweg nutzen kann. Ich betrachte die Beschreibung dieser drei Quellen als Essenz, die ich aus vielen Ansätzen und Lehren herausdestillieren konnte. Natürlich haben diese drei Quellen, die ich hier unterscheide, einen einzigen Ursprung, wie immer Sie dieses Eine auch bezeichnen mögen. Am sinnvollsten ist es immer noch vom „Göttlichen" oder von der „Alleinheit" zu sprechen.

Der zweite Schlüssel ist die Verbindung mit den drei Quellen des Lebens.

- Sich mit der Quelle der schöpferischen Kraft verbinden.
- Sich mit der Quelle der universellen Liebe vereinen.
- Mit der Quelle des göttlichen Segens gestärkt ans Werk gehen.

Sich mit der Quelle der schöpferischen Kraft verbinden

Alle Formen dieser Welt, alles Leben und alles Bewusstsein gehen aus einer unendlich scheinenden Kraftquelle hervor. Wir können vom Urknall ausgehen, einer anderen Theorie folgen oder der Genesis lauschen, wir werden keine wirkliche Vorstellung davon bekommen, wie die Welt entstanden ist. Wie sind all diese Formen entstanden, wie das Leben? Das ist ein zauberhaftes Rätsel.

Wir sind von einer schöpferischen Kraft ins Leben gebracht worden und verfügen über eine große innere Energiequelle. Es ist die Kraft, die unsere Evolution im Fluss hält, die vielfältigste Formen und Arten hervorbringt und eine unglaubliche Komplexität in unserem Universum und auf unserer Erde schafft. Es ist die Kraft, die im Frühjahr zarte Blütenknospen aus den Pflänzchen treibt, die jede Ritze in unseren Betonlandschaften frisch besiedelt und unser ganzes Universum antreibt. Und es ist jene Kraft, die Selbstorganisation in die Materie bringt und immer dichtere Welten entstehen lässt. Eines noch: Es ist jene Kraft, die uns Menschen formt und antreibt, die unsere Atome und Zellen zusammenhält und uns ständig neu erschafft.

Sie brauchen nur einen Gedanken zu denken: Der Mensch, der Sie waren, als Sie begannen dieses Buch zu lesen, ist verschieden von dem Menschen, der Sie jetzt, da Sie weiter hinten in diesem

Buch lesen, sind. Ein mehr oder weniger großer Teil Ihrer Zellen hat sich in der Zwischenzeit erneuert. Ganz ohne Ihr Zutun, einfach so. Das ist es, was ich „Kraft der Schöpfung" nenne. Sie treibt den Fluss des Lebens an.

Die Kraft der Schöpfung erzeugt einen ständigen Energiefluss, der uns am Leben erhält. Es ist aber auch jene Energie, die uns für unsere Selbstverwirklichung zur Verfügung steht. Dieser Energiefluss durchdringt uns Menschen vollständig. Es hängt von uns ab, wie viel Energie wir aus diesem Fluss ziehen. Wenn wir nur das Notwendigste herausziehen, eben so viel, wie wir zum Überleben brauchen, dann lassen wir die Energie ungenutzt von dannen ziehen. Wir können mehr davon haben und für uns nutzen. Ich habe keine Ahnung, ob es dafür Bedingungen gibt. Ich weiß nur, dass diese Energie da ist und dass es Menschen gibt, die sie mehr nutzen als andere.

Denken Sie an Menschen, die Unglaubliches leisten: die Welt verändern, andere Menschen heilen, Gutes tun oder einfach Tausendfältiges in der Formenwelt hervorbringen. Mir sagt das nur, es gibt die Kraft und sie fließt auch in mir. Ich muss mich mit ihr verbinden und sie für meine Entwicklung freisetzen. Ich wiederhole hier den Satz von Eckhart Tolle: *„Sei still, wisse, ich bin Gott"*. Wir tragen den göttlichen Funken – die *Kraft der Schöpfung* – in uns. Wir müssen uns damit bewusster verbinden und die Tatsache verinnerlichen, dass wir all das schon immer wussten.

Was kann ich nun durch eine bewusste Verbindung mit der Kraft der Schöpfung für meine Entwicklung gewinnen? Aus der Kraft der Schöpfung folgen mein *Gestaltungswille* und meine *Gestaltungskraft*. Sie ist die Ursache unserer Kreativität, unserer künstlerischen Ästhetik, unserer universellen Intelligenz und sie ist Quelle jeder Inspiration. Die schöpferische Kraft kann unseren Geist beflügeln. Eingebettet in diese Kraft finde ich eine große

Sicherheit, eine universelle Geborgenheit und letztlich, wenn ich will, den Glauben. Die Verbindung mit der *Kraft der Schöpfung* gibt mir den Mut, die Dinge anzugehen und meinen Weg zu erkunden. Ich bin nicht allein. Und wenn ich erstmals erkenne und spüre, welche Kraft ich da an meiner Seite habe, verliere ich jede Angst, etwas nicht schaffen zu können.

Aus meiner eigenen Erfahrung kann ich sagen, dass die Verbindung mit der Kraft der Schöpfung keine große Gefahr darstellt, mit Energie überschwemmt zu werden. Sie gibt ihr Potenzial nur in kleinen Dosen frei, wahrscheinlich immer so viel, wie wir zum jeweiligen Zeitpunkt vertragen können. Das mag anfangs noch wenig sein, aber es wird mehr. Diese Quelle ist unermesslich und unerschöpflich.

Wie kann uns nun eine Verbindung mit der schöpferischen Kraft besser gelingen? Ein möglicher Weg führt über eine geistige Übung, die mit Körperübungen gekoppelt werden kann. Ich schlage Ihnen hier zunächst nur ein kleines *Mantra*[41] vor, das Sie still im Geiste aufsagen können. In der Formulierung des Mantras werden Ihnen bald die dreifachen Wiederholungen auffallen. Die Zahl Drei ist eine heilige Zahl. Vielfach habe ich vernommen, dass eine dreifache Aussage eine höhere Wirksamkeit erzeugt. Ich wiederhole Schlüsselwörter dreifach, und das gesamte Mantra auch. Halten Sie das aber ganz so, wie Sie wollen. Lassen Sie die Verdreifachungen weg, wenn sie Ihnen zu viel sind.

Zum Ausprobieren: Sich mit der schöpferischen Kraft verbinden

Das dazu passende, kraftvolle *Mantra* lautet:

Ich verbinde, verbinde, verbinde mich mit der

schöpferischen Kraft des Universums.

Ich öffne mich dieser Kraft und lasse sie ihre Werke tun.

So ist es, so ist es, so ist es. Danke, danke, danke.

∞ (dreifache Wiederholung) ∞

Eine Kurzform davon gibt es auch, weil es auf die Anzahl der Worte nicht ankommt:

Schöpferische Kraft, verbunden, danke, danke, danke.

∞ (dreifache Wiederholung) ∞

Sich mit der Quelle der universellen Liebe vereinen

Unser Universum ist von der schöpferischen Kraft durchströmt, die Leben ermöglicht und die jedem Menschen überall auf der Welt zur Verfügung steht. So entsteht durch unsere Lebendigkeit die universelle Liebe. Damit ist nicht das kurze Glück der Verliebtheit gemeint, nicht jenes Nerventheater, das uns für eine begrenzte Zeitspanne zu Träumern macht. Es ist eine weit stärkere Kraft, die wir durch unser Leben erschaffen und die alles in unserem Leben verändern kann. Es ist eine spirituelle Kraft, die unbegrenzt ist und die immer wirkt. Liebe ist nun immer und überall. Und sie ist auch eine Quelle, die es im Universum gibt, weil es Leben gibt. Davon können wir zehren und dazu können wir beitragen.

Im neuen Testament finden wir das *Hohelied der Liebe*. Treffender kann man die universelle Liebe nicht ausdrücken (1. Korinther 13): *„Die Liebe ist langmütig, / die Liebe ist gütig. / Sie ereifert sich nicht, / sie prahlt nicht, / sie bläht sich nicht auf. Sie handelt nicht ungehörig, / sucht nicht ihren Vorteil, / lässt sich nicht zum Zorn reizen, / trägt das Böse nicht nach. Sie freut sich nicht über das Unrecht, / sondern freut sich an der Wahrheit. Sie erträgt alles, / glaubt alles, / hofft alles, / hält allem stand. Die Liebe hört niemals auf."* [42]

Der Weg zur Liebe führt uns durch das Land der Selbstliebe. Das bedeutet anzuerkennen, wer und was wir sind, geboren als leuchtende Wesen, ein Körper von zweieinhalb Kilogramm voller Information und Licht, ein kleines Haupt voller Glanz, verbunden mit der Welt, den göttlichen Funken im Herzen und in jeder einzelnen der vielen Milliarden Zellen. Das meint auch anzuerkennen, wer wir bis heute geworden sind: ein ausgewachsener Körper mit weniger Licht und vielen dunklen Schatten, ein großes Haupt, vielleicht schon leicht ergraut und träge, Kummer und Sorge im Herzen und viele Krankheiten in unseren Zellen.

Selbstliebe aber will, dass wir uns anerkennen wie wir eben sind, nicht anders sein, nicht besser werden wollen, alles annehmen und lieben, wie es ist. Immer wenn wir etwas sein wollen, schließt das ein *Nicht-sein-wollen* ein. Darin steckt immer eine Unzufriedenheit, mit mir und mit dem Jetzt. Genau genommen sprechen wir bei unserer Entwicklung nicht von einer Veränderung, bei der etwas stirbt und etwas Neues geboren wird. Eine Stufe höher zu steigen meint nicht, besser oder anders zu werden. Es geht nur darum, intensiver zu sein, wer ich bereits bin.

Wie aber kommt die Liebe in die Welt? Am Anfang war das Wort, dann ward reines Licht, am Ende wird reine Liebe sein. Wir Menschen sind gleichzeitig Schöpfung und Schöpfer im Universum. Aber was erschaffen wir? In einem Universum der Allwissenheit, der Gleichzeitig- und Raumlosigkeit ist alles schon da. Was bleibt uns noch, das wir erschaffen könnten? Unser Leben als Schöpfer ergäbe keinen Sinn, wären wir nicht Schöpfer einer neuen Qualität, die erst durch uns in die Welt kommt. Warum bringt das Universum Leben hervor? Warum gibt es Wesen in der Formenwelt, die fühlen können? Welchen Sinn hat das? *Eckhart Tolle* meint dazu, dass das Universum sich über uns Menschen selbst wahrnehmen lernt. Wir haben darin also eine wichtige Entwicklungsfunktion. Ich möchte noch einen Schritt weiter gehen und sagen, dass wir Menschen, und alle anderen Lebewesen, mit unseren Herzen das Fühlen in die Welt bringen. Und was erhalten wir, wenn wir alles Fühlen der Welt verbinden und auf die Suche nach der Essenz gehen? Ich sehe darin die Liebe. Es bedarf fühlender Wesen mit Herzen, um aus dem reinen Licht, aus dem wir entsprungen sind, die Qualität der universellen Liebe in die Welt zu bringen. Wir Menschen sind wichtig, damit das Universum die Liebe kennenlernt, damit die Alleinheit, der universelle Geist, das Fühlen lernt und Liebe hervorbringen kann. Vielleicht ist es so einfach. Das Christentum scheint diese These zu bestätigen. Warum sonst sollte der universelle Geist, hier Gott genannt, einen

Menschen in die Welt gebären, um die Menschen alles über die Liebe zu lehren? Jesus ist diese menschgewordene Liebe, damit hat er uns den Eingang ins Himmelreich gezeigt.

Nun werden Sie vielleicht denken: Wow, der ist aber wirklich abgehoben! Es ist auch gut, wenn Sie sich das anders vorstellen und die Liebe bereits im Universum vermuten. Schließlich wird ja immer von einer göttlichen Liebe gesprochen. Ich wollte Ihnen meine Sicht dazu anbieten, weil sie mir hilft und dem Leben einen wirklich klaren und ganz intensiv spürbaren Sinn verleiht. Der Sinn des Lebens ist es, mit unseren Herzen mehr universelle Liebe zu erzeugen. Das macht uns, hier auf Erden, zu Schöpfern einer Welt mit neuer Qualität.

Was wäre ich ohne die Liebe? Was bliebe mir? Auch ich generiere einen Teil davon und bin so Liebesmitschöpfer der Welt. Universelle Liebe entsteht durch unsere Lebendigkeit. Wir bringen Liebe in die Welt, wenn wir uns unserer Energie entsprechend auf das Leben einlassen und Beziehungen eingehen. Wir sehen uns an, der Augenkontakt ist der erste Bindungsschritt in unserem Leben, wir berühren uns, wir heilen einander, wir spüren unsere Lebendigkeit, wenn wir uns innig verbinden und neues Leben in die Welt bringen. Ich muss nur lernen, die Liebe zu spüren, sie fließen zu lassen und mehr davon in die Welt zu bringen. Dieses neue Spüren und Fließenlassen ist das, was ich hier mit „verbinden" meine. Dazu biete ich Ihnen wieder ein Mantra an.

Zum Ausprobieren: Sich mit der universellen Liebe verbinden

Das dazu passende, kraftvolle *Mantra* lautet:

Ich verbinde, verbinde, verbinde mich mit der

universellen Liebe.

Ich öffne mein Herz für die Liebe und lasse sie

zu anderen Menschen fließen.

So ist es, so ist es, so ist es. Danke, danke, danke.

∞ (dreifache Wiederholung) ∞

Eine Kurzform davon gibt es auch, weil es auf die Anzahl der Worte nicht ankommt:

Universelle Liebe, verbunden, danke, danke, danke.

∞ (dreifache Wiederholung) ∞

Mit der Quelle des göttlichen Segens gestärkt ans Werk gehen

Die erste Quelle, die Kraft der Schöpfung, macht uns kreativ und schöpferisch, sie stärkt uns und lässt uns zu einem inspirierenden Menschen werden. Die zweite Quelle, die universelle Liebe, öffnet unser Herz, sie verbindet uns Menschen miteinander, sie verbindet uns mit dem Leben, mit dem Glück, mit dem Sinn des Lebens. Die dritte Quelle, der göttliche Segen, lässt uns unsere eigenen Werke tun, sie lässt uns zur Wirkung kommen und die Lebenskraft spüren. Der Segen spricht eine tiefe Sehnsucht in uns Menschen an. Wir wollen den Segen Gottes haben, weil er uns schützt, weil er uns reinigt, weil er uns spirituell öffnet. Er gibt uns das sichere Gefühl, den Weg nicht allein zu gehen. An unserer Seite sind die Kräfte des Universums, die Energien, die uns tragen und die durch uns wirken.

In der biblischen Geschichte *Genesis 1:28* spricht Gott den Segen über Adam und Eva. Hier hat der Segen etwas mit Fruchtbarkeit und Lebendigkeit zu tun. Wir können in ihm einfach ein Geschenk Gottes an uns Menschen sehen. Der Segen bereichert unser aller Leben. Er mindert Ängste und Nöte, er heilt, schützt und gibt uns ein gutes Gefühl. Der Geistliche Anselm Grün sagt über den Segen: *„Wenn mich jemand um den Segen bittet, lege ich ihm die Hände auf. Und dann spüre ich mich in den Empfänger hinein und vertraue den Worten, die dann aus mir herauskommen."*[43]

Mit dem Segen verhält es sich wie mit der Kraft der Schöpfung. Durch uns Menschen soll Segen in die Welt kommen. Wir sind ein Medium des Segens, wir nehmen ihn auf und lassen ihn durch uns wirken. Dieses Wirken des Segens zeigt sich in dem, was wir in die Welt bringen, was wir zum Erblühen bringen, was durch unser Tun sichtbar wird. Ein gesegneter Mensch wirkt erwachsen, reif, erwacht. Es macht einen großen Unterschied in der Haltung, ob ich mich unwürdig fühle und einfach meine Arbeit tue oder ob ich in der Sicherheit und im Vertrauen agiere, dass durch mein Sein, durch mein Tun, durch meine Handlungen etwas Gutes in die Welt kommt. Wir Menschen sind oft trotzdem voller Zweifel. Aber woher kommt all die Angst, all der Zweifel? Was sonst soll denn die Norm unseres Lebens sein, wenn nicht das Gute im Einklang mit Allem? *„Wenn ich im Bewusstsein, gesegneten Leibes zu sein, an meine Arbeit gehe oder die Begegnungen mit Menschen erlebe, dann werde ich es im Vertrauen tun, dass von mir Segen ausgeht, dass meine Arbeit für andere zum Segen wird, und dass das Gespräch oder der liebende Blick im anderen Leben hervorlockt."*[44]

Im Christentum können Gläubige in den Kirchen den Segen erhalten. Das ist für viele sicher ein sehr starkes Ritual. Das Christentum aber gibt jedem Christen die Möglichkeit, den Segen weiterzugeben. Niemand braucht sich daher über einen anderen zu stellen. Alle sind wir eingeladen, den göttlichen Segen zu empfangen und in unserem Leben weiterzugeben. Das Segensritual im Christentum wird durch symbolische Handlungen wesentlich verstärkt. Besonders das Handauflegen entwickelt eine große Kraft. Achtsame Berührungen können heilen und in uns Menschen geistig und physiologisch große Dinge verändern.

Zum Ausprobieren: Sich mit dem göttlichen Segen verbinden

Ein Satz, den ich in ähnlicher Form bei *Anselm Grün* gelesen habe und der mich über lange Zeit sehr inspiriert und bewegt hat, ist folgender:

So wie Du bist, in Deiner Einzigartigkeit und mit allem, was Du tust,

bist Du ein Segen für die Menschen!

∞ ∞ ∞

Und als wirkungsvolles *Mantra* für mich selbst:

∞ ∞ ∞

So wie ich bin, in meiner Einzigartigkeit und mit allem, was ich tue,

bin ich ein Segen für die Menschen!

∞ ∞ ∞

Das dazu passende, kraftvolle *Mantra*, um uns mit dem göttlichen Segen zu verbinden, lautet:

∞ ∞ ∞

Ich verbinde, verbinde, verbinde mich mit dem

göttlichen Segen.

Ich freue mich über diesen Schutz. Mit meiner Einzigartigkeit,

mit allem, was ich bin, und mit allem was ich tue, bin ich ein Segen für die Menschen.

77

So ist es, so ist es, so ist es. Danke, danke, danke.

∞ (dreifache Wiederholung) ∞

Eine Kurzform davon gibt es auch, weil es auf die Anzahl der Worte nicht ankommt:

Göttlicher Segen, verbunden, danke, danke, danke.

∞ (dreifache Wiederholung) ∞

Take two-Essenz: Sich mit den drei Quellen verbinden „Kraft – Liebe – Segen"

Die Essenz von „Take two" lautet: Das Leben hilft Dir!

In meiner Vorstellung hat es Sinn, Übungen zu machen. Am besten gefällt mir die Idee, meinen Alltag als Übung zu gestalten. Das mag uns im Tun nicht immer gelingen, weil es zu zeitaufwendig ist, aber wir haben die Chance, die Übung als Grundhaltung in uns aufzunehmen. Auf diese Weise bringen wir den Gedanken der Meisterschaft in unser Leben. Das tut uns Menschen gut. Wenn wir Übungen machen und dabei möglichst große Wirksamkeit erzielen wollen, dann scheinen mir kombinierte Übungen, die wir mit Geist und Körper machen, besonders sinnvoll. Wenn wir eine mentale Übung mit einer kinästhetischen verbinden, vervielfacht das ihre Wirksamkeit. Daher schlage ich Ihnen immer wieder Übungen vor, die aus Mantras bestehen, welche von körperlichen Übungen begleitet werden.

Übungen, die unseren Alltag durchziehen, brauchen viel Zeit. Das ist häufig der Grund, warum wir Menschen nach einiger Zeit mit unseren Übungen wieder aufhören. Daher ist es sinnvoll, Übungen mit der Zeit immer kürzer zu gestalten. Dabei hilft uns die Vorstellung, dass wir die Wirkung einer Übung „eindampfen" und so ihre Essenz für uns gewinnen können. Besonders spannend finde ich die Vorstellung, eine Übung zu erlernen, sie dann zu verkürzen und nach einiger Zeit auf eine rein symbolische Handlung zu reduzieren. Wenn es uns gelingt, die symbolische Handlung mit der ganzen Kraft und Wirkung der Übung aufzuladen, haben wir Großes erreicht. Ich zeige Ihnen hier zunächst die Langfassung einer Übung zur Verbindung mit den drei Quellen. Im zweiten Schritt folgt eine Kurzversion, die viel weniger Zeit in Anspruch nimmt. Im dritten Schritt aber lernen Sie eine Fingerübung kennen: frech, schnell, aber wirkungsvoll. Die Kurzversion und die symbolische Handlung ersetzen nicht die ganze Übung. Aber Sie können, wenn Sie wenig Zeit haben, zwischendurch einfach auf die Kurzversion oder die symbolische Fingerübung zurückgreifen. Das ist extrem praktisch und hält Sie im Übungsprozess, auch wenn einmal gar keine Zeit dafür ist. Außerdem ist es viel einfacher, im Alltag zwischendurch immer wieder eine Übung zu machen, die nur wenige Sekunden dauert.

Zum Ausprobieren: Die Verbindung mit den drei Quellen
„Langfassung der Übung"

Suchen Sie sich einen Ort, wo sie ausreichend Platz haben und ungestört sind. Die Übung ist einfach und dauert nur wenige Minuten. Wiederholt angewandt ist sie sehr wirkungsvoll.

Stellen Sie sich aufrecht und mit leicht gegrätschten Beinen hin. Lassen Sie Ihre Arme seitlich locker herunterhängen und entspannen Sie sich. Atmen Sie bewusst ein und aus, schließen Sie dabei, wenn Sie möchten, Ihre Augen. Sobald Sie zur Ruhe gekommen sind und Ihre Konzentration auf Ihr Inneres gerichtet haben, heben Sie langsam Ihre Arme seitlich hoch. Die Handflächen sind nach unten gerichtet. Atmen Sie dabei ein.

Wenn Ihre Arme waagrecht stehen, drehen Sie die Handflächen nach oben und atmen Sie langsam aus. Dann führen Sie Ihre Arme weiter nach oben, bis sie sich über Ihrem Kopf an den Fingerspitzen berühren. Dabei einatmen.

Jetzt atmen Sie bewusst und lächeln Sie in sich hinein. Sie stehen jetzt da wie eine Blumenblüte, die sich noch verschlossen hält. Wenn Sie bereit sind und einen langsamen und bewussten Atemrhythmus gefunden haben, können Sie die Verbindung mit den drei Quellen beginnen. Dabei gehen Sie bitte wie folgt vor:

Bewegung eins:

Öffnen Sie Ihre Arme ganz langsam, bis Sie einen Kelch mit einer Neigung von etwa 45 Grad auf beiden Seiten bilden. Gehen Sie auf wie eine Blüte und nehmen Sie Kontakt mit dem Universum auf. Stellen Sie sich einen hellen Lichtstrahl vor, der von oben auf Ihren Scheitel trifft und in Sie eindringt. Nehmen Sie das Licht als Energiequelle auf und öffnen Sie sich.

Text eins: Sprechen oder denken Sie dabei folgendes *Mantra*, das

Sie gern an Ihre Bedürfnisse anpassen können: *Ich verbinde, verbinde, verbinde mich mit der schöpferischen Kraft des Universums. Ich öffne mich dieser Kraft und lasse sie ihre Werke tun. So ist es, so ist es, so ist es. Danke, danke, danke.*

Bewegung zwei:

Führen Sie Ihre Arme nun langsam an Ihre Brust. Die Fingerspitzen berühren Ihr Brustbein in Höhe des Herzens. Stellen Sie sich vor, der Fluss der Liebe fließt aus Ihrem Herzen in die Welt, hin zu den anderen Menschen, hin zu allen Lebewesen und zu allen Dingen. Öffnen Sie langsam Ihre Arme, so als wollten Sie die Welt umarmen. Atmen Sie immer ruhig ein und aus und lächeln Sie.

Text zwei: Sprechen oder denken Sie dabei folgendes *Mantra*, das Sie gern an Ihre Bedürfnisse anpassen können: *Ich verbinde, verbinde, verbinde mich mit der universellen Liebe. Ich öffne mein Herz für die Liebe und lasse sie zu anderen Menschen hinfließen. So ist es, so ist es, so ist es. Danke, danke, danke.*

Bewegung drei:

Führen Sie Ihre Hände langsam zusammen und nehmen Sie die christliche Gebetshaltung ein, indem Sie Ihre Hände vor der Brust falten. Senken Sie leicht Ihren Kopf. Öffnen Sie die Hände nun langsam, strecken Sie sie aus und heben Sie sie leicht an. Öffnen Sie Ihre Hände so, wie Sie es aus der Kirche von der Segens- oder Friedensspendung der Geistlichen her kennen. Heben Sie den Kopf wieder leicht an.

Text drei: Sprechen oder denken Sie dabei folgendes *Mantra*, das Sie gern an Ihre Bedürfnisse anpassen können: *Ich verbinde, verbinde, verbinde mich mit dem göttlichen Segen. Ich freue mich über diesen Schutz. Mit meiner Einzigartigkeit, mit allem, was ich bin, und mit allem, was ich tue, bin ich ein Segen für die Menschen. So ist es, so ist es, so ist es. Danke, danke, danke.*

81

Bewegung vier:

Bleiben Sie in dieser Haltung noch eine Minute lang stehen.

Text vier: Sprechen oder denken Sie dabei folgendes *Mantra*, das Sie gern an Ihre Bedürfnisse anpassen können: *Ich bin würdig, diese Kräfte zu erfahren und für meine Entwicklung zu nutzen. Ich freue mich auf meine Entwicklung und auf mein Wirken und bleibe offen für die Quellen des Lebens. So ist es, so ist es, so ist es. Danke, danke, danke.*

Lassen Sie Ihre Arme langsam sinken und entspannen Sie sich. Atmen Sie ruhig und lächeln Sie. Sie haben sich mit den drei Quellen des Lebens verbunden. Wiederholen Sie diese Übung jeden Tag. Obwohl es die Langversion der Übung ist, dauert sie nur wenige Minuten. Ich mache diese Übung sehr oft am Morgen, aber auch bei Spaziergängen und blicke dabei in Richtung Sonne. Die Übung können wir aber auch als stilles Mantra, ohne Handbewegungen, in allen möglichen Situationen durchführen: in Arbeitspausen, im Gehen, beim Warten auf den Bus, vor dem Essen oder einfach, wenn wir im Bett liegen. Anfangs wird es besser gehen, wenn wir dabei die Augen schließen. Atmen und lächeln ist die Begleitmusik, die unsere Übung erst erklingen lässt.

Zum Ausprobieren: Die Verbindung mit den drei Quellen

„Die kurze Handübung"

Bei dieser Übung geht es besonders um die Kraft der kurzen Gesten. Laden Sie einfache Handhaltungen, Gesten, die in der Geschichte der Menschheit viel Kraft erfahren haben, für sich selbst mit Energie und Bedeutung auf. Machen Sie daraus Ihre ganz persönliche Kraftübung. Es ist allein Ihre Entscheidung, einer Übung Bedeutung und somit Wirkung zu verleihen. Diese Übung besteht aus einer Abfolge von fünf Handgesten.

1) Geste 1: *Konzentration und Verbindung*

   Beginnen Sie mit zwei vor Ihrer Brust erhobenen Händen und einer lockeren Fingerhaltung, in der Sie den Daumen, den Zeige- und den Mittelfinger nach oben halten, den Ringfinger und den kleinen Finger locker nach unten biegen. Das ist ein altes Segenszeichen, wie Sie es auf vielen Heiligenbildern sehen können. Drei Finger nach oben, zwei nach unten, als symbolische Verbindung mit den drei Quellen (oben) und der Verbindung mit der Erde (unten). Für mich ist das ein Zeichen der Konzentration und der Verbindung mit den höheren Kräften.

2) Geste 2: *Verbindung mit der Kraft der Schöpfung*

   Strecken Sie alle Finger beider Hände aus und bilden Sie jeweils eine flache Hand, die senkrecht vor Ihrem Körper steht, so als würden Sie alle Kraft sammeln, um mit einem Karateschlag ein Brett zu durchbrechen. Spüren Sie das Chi, die Lebensenergie, die zwischen Ihren Handflächen fließt.

3) Geste 3: *Verbindung mit der universellen Liebe*

   Senken Sie Ihre flachen Hände und entspannen Sie sich dabei. Drehen Sie die Handflächen nach oben, so als würden Sie einem Menschen Ihre beiden Hände als Zeichen der Verbindung, als Zeichen der Liebe, entgegenstrecken. Spüren Sie wieder das Chi, die Lebensenergie, die durch Ihre Handflächen fließt.

4) Geste 4: *Verbindung mit dem göttlichen Segen*

   Heben Sie nun Ihre Hände wieder an. Drehen Sie die Handflächen dabei nach vorne, so wie Sie es auch von den typischen Segensgesten her kennen. Die Handflächen sind dabei von ihnen abgewandt, hin zum Gegenüber, zur Welt, die Sie segnen wollen. Spüren Sie wieder das Chi, die Lebensenergie, die durch Ihre Handflächen fließt.

5) Geste 5: *Vertiefende Konzentration und bleibende Verbindung*
Beenden Sie die kurze Übung wieder mit der Geste der jeweils drei erhobenen Finger, als Zeichen der vertiefenden Konzentration und der nun bleibenden Verbindung mit den höheren Kräften der drei Quellen.

Sie können diese Übung durch die geistigen Mantras erheblich in ihrer Wirkung verstärken. Sagen Sie die Mantras auf, während Sie mit Ihren Händen diese Abfolge der Gesten vollziehen. Wenn Sie die Mantras schon geübt haben, wird es Ihnen möglich sein, sich während der Übung immer voll auf Ihre Hände zu konzentrieren.

Ich beende die Übung mit der klassischen Gebetshaltung der gefalteten Hände. Das ist für mich das Symbol der Auflösung der Bipolariät, der Vereinigung der Widersprüche auf einer höheren Ebene.

Zum Ausprobieren: Die Verbindung mit den drei Quellen

„Die symbolische Fingerübung" (Sekundenübung)

Die symbolische Essenz einer Übung kann die gleiche Wirkung entfalten wie die Langfassung. Es liegt nur an uns, dies zu glauben und es uns zu erlauben. Darf denn eine Übung, die nur wenige Momente dauert, überhaupt wirken? Muss ich nicht den Weg der Anstrengung gehen? Denken Sie einen Augenblick über Heilungen nach. Es gibt langwierige, schmerzvolle Heilungsprozesse, es gibt aber auch Spontanheilungen. Einfach so. Und genauso verhält es sich mit Übungen. Daher habe ich eine Fingerübung für Sie, die nur wenige Sekunden dauert, und die Sie nach dem Eintauchen in die Übung mit Achtsamkeit und Kraft aufladen können.

Bewegung der Fingerübung:

Bei dieser Übung berühren Fingerspitzen einzelner Finger einander. Schritt eins: Der Daumen berührt den Zeigefinger, symbolisch für die schöpferische Kraft. Schritt zwei: Der Daumen berührt den Ringfinger, symbolisch für die universelle Liebe. Schritt drei: Der Daumen berührt den kleinen Finger, symbolisch für den göttlichen Segen. Schritt 4: Zum Abschluss berührt der Daumen den Mittelfinger und verweilt in dieser Position, symbolisch für das Verbundensein. Ich mache die Übung mit beiden Händen gleichzeitig.

Worte zur Fingerübung: Sprechen Sie dabei folgendes *Mantra*, das Sie gern an Ihre Bedürfnisse anpassen können: *Kraft (1), Liebe (2), Segen (3), verbunden (4), danke, danke, danke.*

TAKE THREE
DER DRITTE SCHLÜSSEL

Take three: Befreiung von Zwängen aller Art

Verbunden mit den Quellen des Lebens sind wir gestärkt und können uns von unseren Hemmnissen, Zwängen, Beschränkungen aller Art befreien. Wenn ich mir vorstelle, über welches Potenzial die Menschen verfügten, wenn sie ohne Hemmnisse und Zwänge durchs Leben gingen, kann ich die Transformation der Menschheit förmlich vor mir sehen. In uns Menschen steckt so unermesslich viel Potenzial, wir sind schöpferisch, wir lieben und wir verfügen über den Schutz des göttlichen Segens. Aber dann, im Prozess unserer Sozialisierung wollen wir nichts mehr davon wissen, halten uns für klein und unwürdig, glauben unseren einschränkenden Gedankenkreisen und den Geringschätzungen anderer Menschen, lassen andere Menschen über uns bestimmen, sehen im Leben eine schwere Prüfung und denken, nur mit großer Anstrengung und durch Zwang zu einem glücklichen Leben finden zu können. Andere kompensieren ihre Zwänge durch ein unbändiges Egostreben und das Ringen um materiellen Reichtum. Ich halte die *Befreiung von Zwängen aller Art* für die Hauptstrecke auf unserem ganzheitlichen Entwicklungsweg, dem Weg der Selbstfindung. Der Künstler und Visionär *William Blake*[45] hat einmal gesagt, *alles Böse bestehe in Selbstbeschränkung oder der Beschränkung anderer.*

Die Folge unserer negativen Bewertungen

Der Kern des Problems, mit dem wir Menschen uns plagen, ist die dauernde *negative Bewertung*, das Negativurteil in unserem Kopf. Das ist ein bewusster Akt unseres Verstandes und wohl eine Folge einer einseitigen, negativen Egoentwicklung. Von Kindesbeinen an sind wir mit Begrenzungen und Zurechtweisungen konfrontiert und lernen Grenzen kennen, die nicht unsere eigenen Grenzen sind. Die Hauptbotschaft ist dabei immer unsere

Unzulänglichkeit. Aus dieser Verurteilung, die eine Folge der Enkultivierung und der bewussten Erziehung der Menschen ist, können wir nicht entkommen. Der einzige Ausweg scheint uns der Weg der Anstrengung zu sein, den aber nur die Privilegiertesten, die Stärksten und Härtesten bis ganz nach oben schaffen. Es gibt daher nur wenige *Riesen*, die teilen die Macht unter sich auf, und mit ihr alle Güter. Die meisten Menschen bleiben *Zwerge* und tragen schwer an ihrer eingebildeten Unzulänglichkeit. Es entsteht unser *Egoselbst*. Wenn wir aber im Sinne unserer Selbstwerdung unser *höheres Selbst* freilegen wollen, dann geht das nur auf Kosten unseres Egoselbst und durch den Abbau unserer kulturellen Zwänge und Hemmnisse. Wir müssen uns befreien, uns selbst und anderen vergeben, wieder dankbar werden und wieder zu lieben beginnen.

Die Summe der Urteile, die wir über uns selbst und über andere fällen, verschmutzt unseren Fluss der universellen Liebe. Zu viele negative Urteile bringen den Fluss ins Stocken und verschließen unser Herz. Schritt für Schritt entziehen wir unseren Beziehungen die universelle Liebe und entfernen uns immer weiter von unserem Selbst und von den Herzen anderer Menschen. Wir verlieren einen Teil unserer Lebendigkeit und verhärten innerlich.

Unser Geist wird ebenso verunreinigt und die Kraft der Schöpfung dringt weniger klar in uns ein. Wir lassen zu, dass unser Geist von Schattenkräften eingenommen wird und sich in wiederholenden, negativen Gedankenspiralen verselbstständigt. Unser *Rauschen im Oberstübchen*, der ständige und unermüdliche Gedankenstrom, ist ein gemeiner und ungerechter Kritiker. Das Stimmengewirr aus dem Egochor nörgelt, urteilt, jammert und schimpft. Wir können ihn nur unter großer Anstrengung für einige Momente abstellen. Die dramatische Essenz all dieser Stimmen ist eine vernichtende Aussage: *Was du tust, ist falsch! Du bist nicht gut genug, du bist ein Versager, du bist es nicht wert, geliebt zu werden. Du bist nicht würdig, Göttliches zu empfangen.* Wenn uns die steten Tropfen dieser Essenz innerlich aushöhlen, hören wir auf, an uns zu glauben. Wir hören auf, die Quellen des Lebens zu rufen und wir verlieren die gefühlte Verbindung zu ihnen. *Wir sind unseres Lebenselixiers beraubt.*

All die Kritik unserer negativen Gedankenspiralen zielt dabei auf einen einzigen Zweck ab. Die Selbstkritik und die Kritik an anderen Menschen wollen uns von unserem unvollständigen, unvollkommenen Egoselbst freispielen. Sie sind der Versuch, uns von Schuld, Scham und Sünde reinzuwaschen. *„Viele von uns fühlen sich gedrängt, gegenüber unserer anklagenden Welt unseren Wert (oder unsere Unschuld) zu beweisen, indem wir uns unseren Erfolg in ihr verdienen. "* [...] *„Jede beschuldigte Seele giert nach Gewinn um jeden Preis, denn allein materieller Reichtum wird als Beweis für Authentizität und Freiheit von der Zensur angesehen."*[46] Wir können durchaus sagen, unsere Kultur und der Prozess unserer Sozialisierung, sorgen für die Verblendung und letztlich die totale Verführung unserer Seelen. Unsere einzige Chance ist die Befreiung unseres Selbst. Der erste Schritt dabei ist der schwierigste. Der Prozess der Befreiung beginnt mit der *Vergebung.* Wir müssen uns vergeben und all den anderen, die mit uns in diesem Theater der verwirrten Seelen auf der Bühne des Lebens stehen. In unserem Innersten entstehen allerlei Seelenlandschaften. Wir generieren Abgründe, Höhlen, Sümpfe und Ländereien mit seltsamen Lebensregeln. Lassen Sie uns gemeinsam diese Landkarte kurz erkunden.

Zum Nachdenken: Landkarte des Lebens

Kulturland der Schuld: In diesem Teil unserer Lebenswelt trägt immer irgendjemand die Schuld, entweder bin ich es selbst oder es ist jemand anders. Der Ausweg aus dem Kulturland der Schuld besteht in der Suche nach den *Dünen der Versöhnung.* Vergebung ist der Kompass auf diesem Weg.

Egoland: Im sehr großen Egoland dreht sich die Welt nur um mich. Und es gibt eine Regel, die immer gilt: Ich habe recht! Nur, was ich zu sagen habe, ist wichtig und richtig. Alle anderen liegen eben falsch. Um das Egoland zu verlassen, müssen wir uns auf die Suche nach der verlorenen Toleranz und Wertschätzung machen.

Opferland: Das Opferland ist von einem tiefen *Jammertal* durchzogen. Die gültige Lebensregel in diesem Land ist bestechend einfach: An meinem verpfuschten Leben trage ich selbst keine Schuld. Es waren die Umstände, die anderen Menschen. Mein ganzes Leben schon warte ich auf das große Glück, aber ich warte vergeblich. Das ist halt so und das kann ich auch nicht ändern. Niemand kann das. Die Welt ist und bleibt ungerecht. Doch auch aus dem Opferland gibt es einen Ausweg, wenn das Jammertal auch noch so tief ist. Dieser Weg führt uns zu den Hügeln der Selbstbestimmung, wo wir lernen, uns als Gestalter unserer Lebenswelt zu erkennen.

Sumpf der Grobheit: In dieser unwirtlichen Landschaft sind wir von lauter Idioten umgeben, die es nicht besser verdient haben. Die einzige Rettung aus dem Sumpf der Grobheit sind die kleinen Inseln der Achtsamkeit.

Sumpf der Gleichgültigkeit: Hier ist alles egal. Es ist egal, *ob* etwas gemacht wird oder nicht, und es ist egal, *was* gemacht wird. Der Sinn ist dort schon vor vielen Jahren auf Nimmerwiedersehen versunken. Aber auch in diesem Sumpf gibt es Hoffnung. Ganz in der Nähe befinden sich die Wälder der Verantwortung.

Sumpf der Sorgen: In diesem Sumpfgebiet drehen sich lauter kleine Spiralen nach unten. Wer hineingerät, mit dem geht es abwärts. Es gibt hier immer einen guten Grund für eine große Sorge! Man muss schon sehr aufpassen, hier nicht ganz von Sorgen zerfressen zu werden. Der Ausweg liegt in der Umkehr. Am hinteren Ausgang liegen die fruchtbaren Ebenen der Dankbarkeit. Dort wohnen die dankbaren Herzen und jeder Tag soll ein Fest sein.

Höhlen der Angst: Wie es in Höhlen so ist, fällt dort kaum Licht hinein. Es ist ein finsterer, unwirtlicher Ort. Das Zittern breitet sich dort überallhin aus. In den Höhlen gefangen, darben wir dahin. Es ist ein Leben mit unvorstellbaren Einschränkungen. Überall lauert eine Gefahr und die Ängste verfolgen uns bis in den Schlaf. Es gibt einen Ausgang. Der aber führt über einen gefährlichen Aufstieg. Dort oben sind die Wiesen der Lebensfreude zu finden. Auf diesen Wiesen liegt hinter jedem Busch eine gute Entscheidung.

Komfortzone: Sie ist auch bekannt als „goldener Käfig". Die Komfortzone bietet ihren Bewohnern nur das an, was sie bereits kennen. Nichts Neues weit und breit. Dort bleibt also alles beim Alten. Und was wir kennen, ist in irgendeiner Weise auch bequem. Die Komfortzone ist mit weichen Polstern gepflastert, es lauern dort keine Gefahren und nur ganz selten gibt es etwas Unvorhergesehenes. Es gibt nur einen unbequemen Ausweg, der an der steilen Motivationsküste entlang zu den Seen der neuen Möglichkeiten führt.

Über diesen Ländereien scheint gelegentlich die Sonne hinter den Wolken hervor. Über den Wolken aber finden wir ihn, den *Himmel der Entwicklung*. Um ihn zu sehen, müssen wir den Blick heben. Zu jeder Wolke führt eine Leiter empor. Die sehen aber nur jene, die lernen zu vergeben[47].

Befreiung ist also der dritte Schlüssel. Er öffnet uns jedes Tor, um aus dem Opferland, den Sümpfen oder den Höhlen zu entkommen. Die Aufgabe besteht wieder aus drei Schritten:

1. Vergebung lernen
2. Heilung zulassen
3. Dankbarkeit üben

Vergebung lernen

Vergebung ist ein heiliger Boden. Im Vaterunser, dem bekanntesten Gebet des Christentums heißt es: „Und vergib uns unsere Schuld, wie auch wir vergeben unseren Schuldigern" (Matthäusvariante). Der Begriff der Sünde wird in vielen Religionen, sei es im Judentum, im Christentum oder im Islam, häufig verwendet. Es ist damit die Trennung des Menschen von Gott, also eine falsche, weil nicht nährende Lebensweise gemeint. Persönlich sehe ich im Konzept der Sünde eher einen Nachteil für uns Menschen, weil es uns schuldig und unwürdig macht und eher von den Quellen des Lebens und einem freien Leben trennt. Ich erkenne im Ausspruch *„Erlass uns unsere Sünden"*, den Aufruf zur Selbstvergebung. Wir müssen uns gerade vom Gedanken der Sünde selbst befreien, damit wir uns selbst und anderen Menschen aus ganzem Herzen vergeben können.

Vergebung können wir sinnbildlich als eine Form des Loslassens und der Reinigung verstehen. Wir oder jemand anders hat etwas getan, das unseren Fluss des Lebens gestört und verschmutzt hat. Wenn unsere Wasser trüb sind, dann vergiften wir uns und andere. Unsere Beziehungen nähren sich aus dem Fluss des Lebens. Wenn wir uns befreien, werden unsere Beziehungen ein Wechselspiel voller Intuition, wir nutzen unsere intuitive Beziehungsintelligenz. Schritt für Schritt entstehen gelingende Beziehungen voller Empathie. Sind wir selbst gehemmt, dann sind auch unsere Beziehungen gehemmt. Unser Fluss, und mit ihm alle wunderbaren Resonanzphänomene zwischen Menschen, kommen ins Stocken. Wenn der Fluss aufgestaut wird, erleben wir einen Konflikt. Viele Menschen stehen in einem dauernden Konflikt mit sich und der Welt. Alles, was passiert, wird hinterfragt und negativ bewertet. Etwas hätte anders kommen müssen oder etwas anderes hätte so nie passieren dürfen. Wie es auch kommt, es ist unangenehm, falsch und verkorkst. In einem solchen Zustand verhärten sich viele Konflikte. Und letztlich verhärten wir selbst.

Im Laufe unseres Lebens sind wir ständig verurteilt worden und haben dauernd andere Menschen verurteilt. Mit negativen Bewertungen haben wir die Scham in unser Leben geholt und zu einem abartigen Lebensprinzip gemacht. Wir arbeiten uns mit Schuld, Scham und Sünde durch unser Leben und unsere Beziehungen, statt mit der universellen Liebe in Verbindung zu treten. Wir bilden negative Gefühle wie Angst und Stress aus. Wir halten uns selbst in einem Hamsterrad der Rechtfertigung unseres Selbst gegenüber einer wertenden und verurteilenden Welt gefangen.

Im Leben eines jeden Menschen gibt es viel zu vergeben. Vielleicht empfinden wir uns selbst als Opfer, als unschuldig verurteilter und gepeinigter Mensch. Vielleicht empfinden wir uns als Täter, als schuldiger und verurteilender, andere Menschen peinigender Mensch. Oder wir sind beides zugleich. Wie dem auch sei, Opfer oder Täter, keine der beiden Rollen ist gut und hilfreich für die eigene Lebendigkeit. Was immer auch passiert sein mag, wir finden eher einen Weg zum inneren Frieden, wenn wir aufhören, diese Rollen dauerhaft zu spielen.

Unser Leben ist voller Konflikte

Wenn wir von *Vergebung* sprechen, dann gibt es im Hintergrund *Konflikte*. Vergebung meint also besonders, unsere Konflikte zu lösen. Ein Konflikt hat meist mit unseren Bedürfnissen zu tun. Ein Bedürfnis von uns wird verletzt oder bleibt unerfüllt. Wenn wir in einem Konflikt stehen, dann befinden wir uns in einem

Spannungsfeld. Dieses Feld können wir auch eine Polarität nennen, ähnlich den Spannungspolen einer Batterie, dem Plus- und Minuspol. Die Spannung zeigt uns an, dass etwas nicht in Ordnung ist und einer Lösung bedarf. Wenn wir die Spannung erkennen und für unsere Entwicklung nutzen, ist sie sehr gut für uns. Denn aus dieser Spannungsquelle können wir Energie gewinnen und etwas in unserem Leben verändern, etwas in Bewegung bringen, um selbst wieder in den Fluss des Lebens einzutauchen. Wenn wir in dieser Spannung gefangen bleiben und darunter leiden, dann wirkt sie belastend und ungesund.

Wirklich wichtig im Umgang mit Konflikten ist folgende Einsicht: Einen Konflikt zwischen Menschen können wir nur lösen, wenn beide Seiten bereit dazu sind. Aber selbst wenn das Gegenüber unseren Konflikt nicht wahrhaben will, ihm ausweicht oder einfach nicht lösen will oder kann, sind wir nicht machtlos. Immerhin können wir uns noch selbst von dem Konflikt lösen. Das ist ein guter Anfang. Der Schlüssel dazu ist die Vergebung.

Zum Nachdenken: Viele unserer Konflikte haben ihren Ursprung in uns selbst

Eine weitere Einsicht über Konflikte ist wichtig: Sie beginnen meist in uns selbst. Fast alle Konflikte, die wir mit anderen Menschen ausfechten, haben Ihren Ursprung in uns. Die Quelle dieser Konflikte ist ein innerer, ein sogenannter *intrapersoneller* Konflikt, bei dem das Spannungsfeld in uns selbst entsteht. Die Konfliktpartner sind dann in uns selbst, es sind unsere inneren Stimmen, unsere eigenen unversöhnlichen Persönlichkeitsanteile. Wir sind uns unserer verdrängten Persönlichkeitsanteile nicht bewusst. Daher sind auch die inneren Konflikte so schwer zu erkunden und zu verstehen. Sie werden meist erst akut, wenn ein anderer Mensch in uns die verdrängten Anteile aufweckt, indem er bei uns jenen Knopf drückt, der den „Jack in the box" herausspringen lässt. Ohne zu wissen, dass wir mit uns selbst kämpfen, streiten wir mit einem Menschen, der uns gegenübersteht. Mein Streitpartner wird zum Stellvertreter meiner inneren, verdrängten Konfliktpartei. Das ist eines der vielen Theaterstücke, die wir unser Leben lang spielen, wenn wir es nicht bewusst unterbrechen und von der Bühne steigen. Wir brauchen ein gutes Gespräch mit dem Regisseur unseres Lebensstückes, das wir aufführen. Wer das ist? Immer wir selbst, unser Selbst.

Zum Hineinspüren: Julias Streit mit Sebastian

„Julia, eine erwachsene Frau und Mutter, ist mit einiger Strenge dazu erzogen worden, Ordnung zu halten. Sie weiß über ihren inneren Drang zur Unordnung, zum Regelverstoß gut Bescheid. Eine sehr energische innere Stimme mahnt sie ständig ab: Ordne deine Dinge, verlass die Wohnung nur im aufgeräumten Zustand, räum das Geschirr gleich nach dem Essen weg, lass dich nicht so gehen! Kaum will sie sich nach einem romantischen Dinner dem Genuss des Lebens hingeben, hört sie den inneren Ruf: Halt, das kommt doch gar nicht in Frage! Zuerst musst du den Tisch abräumen, das Geschirr in die Maschine räumen und sauber machen. Dann erst kannst du in den Abend gehen. Die zweite innere Stimme ruft aber ebenso laut: Komm, lass es für heute gut sein, morgen ist auch noch Zeit. Jetzt ist Feierabend, Romantik, Freude, Leben angesagt. Weil sich dieses Spiel in vielen Varianten immer wiederholt und weil die strenge Stimme fast immer gewinnt, oder zumindest die Laune mit einem schlechten Gewissen verdirbt, entsteht in ihr eine erhebliche innere Spannung. Sebastian, ihr pubertierender Sohn, bekommt diese Spannung zu spüren. Sie streiten sehr häufig über die Ordnung in seinem Zimmer. Er lässt alles einfach auf den Boden fallen, sein Kleiderschrank ist vollgestopft mit allen möglichen Dingen, aber nicht mit seinen Klamotten. Geschirr findet prinzipiell nicht wieder zurück in die Küche und niemals in den Geschirrspüler. Jeden Tag drückt

Sebastian Julias „roten Knopf" und ihr „Jack in the box" hüpft heraus und wird zum wütenden Schmerzkörper[48]. Julia spürt Wut aufsteigen und verliert die Kontrolle über ihre Emotionen. Sie schreit, schimpft und zieht sich dann traurig in ihr Zimmer zurück. Später tut es ihr leid, sie entschuldigt sich für die heftige Reaktion, sie versucht den Konflikt mit Sebastian wieder zu lösen. Doch wie oft sie es auch versucht, es bleibt wirkungslos. Es ist ihr innerer Konflikt, es sind die Spannungen ihrer inneren Stimmen, die in ihr kämpfen. Sie hat nur eine Wahl: die beiden inneren Stimmen einzuladen und ganz neu zu verhandeln. Es ist wohl die zweite Stimme, diejenige, die zum Loslassen und zu mehr Lebendigkeit rät, die auch einmal gehört werden will."

Gewaltfrei kommunizieren und die Lebendigkeit in der Sprache

Wir leben in einer Kultur, die Macht zum Ordnungsprinzip erklärt hat. Damit verbunden ist die ständige Einteilung in Gut und Schlecht, Richtig und Falsch. Auch unsere Sprache ist eine Sprache der Macht. Ständig müssen, sollen, dürfen wir etwas oder etwas anderes nicht. Es geht immer um Fehler und darum, recht zu haben. Dabei gibt es den wunderbaren Ausspruch: *Willst du lieber recht haben oder glücklich sein?* Ich habe diesen Spruch bei meiner Beschäftigung mit der *Gewaltfreien Kommunikation* (GfK) kennengelernt. Der bereits verstorbene Begründer der Gewaltfreien Kommunikation, *Marshall B. Rosenberg*[49], sieht in der Sprache der Macht eine Ursache für unsere konfliktäre Welt. Mit ausgeübter Autorität und Machtmissbrauch erzeugen wir fortlaufend Schuld und Scham. Das vertreibt die Lebendigkeit aus unserem Leben und aus unserer Kommunikation. Rosenberg ruft daher zu einer ganz neuen Form des Miteinanderredens auf. Er nennt das die *„lebendige Sprache"*. Ausgangspunkt ist die Frage:

Was ist lebendig in dir? Das ist die Frage nach unseren Regungen, Gefühlen, die mit unseren Sehnsüchten und Bedürfnissen zusammenhängen. Die lebendige Sprache verzichtet auf die Ausdrücke der Macht. Sie kommt ohne „müssen, sollen, dürfen" aus und bezieht sich stark auf unser inneres Erleben.

Ausgangspunkt der lebendigen, gewaltfreien Kommunikation ist meine eigene Beobachtung und Wahrnehmung: „*Ich habe gesehen, dass du ...*" Meine Wahrnehmung ist meine Wahrheit, eben das, was ich wahrgenommen habe. Mitunter hat das mit der wirklichen Situation nur wenig gemein. Meiner individuellen Beobachtung folgt nun die Offenlegung meiner Innenwelt. Welches Gefühl entsteht gerade in mir? „*Darüber ärgere ich mich sehr, es macht mich wütend ...*" Und dieses Gefühl kann mit meinem verletzten Bedürfnis erklärt werden: „*... weil mein Bedürfnis nach Zuwendung, Freiheit, Schutz usw. verletzt wird.*" Die Kommunikation wird mit einer Bitte abgeschlossen. Diese Bitte lässt meinem Gegenüber die freie Wahl, sie schränkt nicht ein und ist niemals ein Befehl. Meine Bitte: „*Kannst du mir bitte sagen, ob du jetzt bereit bist ...*" umfasst etwas, das jetzt gleich, in diesem Moment, beantwortet werden kann.

Ich bin überzeugt, dass eine lebendige Form der Sprache unsere Welt zu einem friedlicheren Ort werden ließe. Konflikte würden schon in ihrer Entstehung gelöst und der Verzicht auf Macht und die Sprache der Macht schenkte uns Menschen mehr Freiheit zu sein, wer wir sind. Gewaltfreie Kommunikation kann vor allem eines leisten: Sie kann helfen, Konflikte von vornherein zu vermeiden.

Es gibt noch andere einfache Möglichkeiten, Konflikte erst gar nicht entstehen zu lassen. Das wirksamste Mittel ist dabei immer das aktive Zuhören. Wenn wir einander Aufmerksamkeit schenken und wirklich zuhören, weil uns die Worte des anderen wichtig sind, können Konflikte leichter vermieden werden. Das Zauberwort dabei lautet Empathie. Wir haben schon erkannt, dass sich Empathie aus unserer Intuition nährt. Dabei geht es immer um das *Prinzip der Resonanz*, die zwischen uns Menschen wirkt. Wenn wir in Resonanz miteinander treten, sind wir auf magische Weise verbunden und können gelingende Beziehungen eingehen.

Was ist lebendig in mir?

Die Eingangsfrage von *Marshall B. Rosenberg* führt uns an unser Innenleben heran. Sie fordert uns auf, in uns hineinzufühlen und zu schauen, was sich in uns regt. Es ist schon recht schwer, die eigenen Gefühle, die meist als bunter Cocktail hochschwappen, zu erkennen und zu benennen. Noch ungleich schwerer aber ist es, unsere dahinterliegenden Bedürfnisse zu verstehen und anzusprechen. Um das zu lernen ist es hilfreich, sich einmal kurz mit den Sehnsüchten und Grundbedürfnissen von uns Menschen zu befassen.

Wonach sehnen wir uns? Ich würde sagen, unser GEIST sehnt sich nach Kreativität und nach einem Sinnzusammenhang. Unser HERZ sehnt sich nach Liebe und nach Glück. Unser Tun (BEWEGUNG) sehnt sich nach einem gelingenden Dialog in einer Gemeinschaft und nach Konsequenz im eigenen Handeln. Als Ergebnis (FORM) wünschen wir uns Gesundheit und Sicherheit, mehr als alles andere auf der Welt.

Zum Vertiefen: Wie lauten unsere Grundbedürfnisse?

Manfred Max-Neef definiert neun menschliche *Bedürfnisse*[50]. In einem glücklichen Leben sollten alle neun möglichst gut erfüllt sein:

1. *materielle Lebensgrundlage*

2. *Sicherheit und Schutz*

3. *Zuwendung und Liebe anderer Menschen*

4. *Verständnis*

5. *Teilnahme an einer Gemeinschaft*

6. *Müßiggang*

7. Räume für *Kreativität*

8. *Identität*

9. *Freiheit*

Die wichtige Frage ist nun: Welche dieser Bedürfnisse von mir betrachte ich als erfüllt und welche sind verletzt oder unerfüllt geblieben? Welche Menschen sind daran beteiligt, wer hat mir etwas verwehrt oder etwas angetan? Was verlangt in mir Vergebung?

Dabei erkunden wir zuerst unsere Gefühlslandschaft: Was fühle ich in mir? Welche Gefühle steigen immer wieder in mir hoch? Welche meiner Gefühle sind es wert, tiefer erkundet zu werden, weil ich sie als belastend empfinde? Wenn ich meine Gefühlslandschaft, die mich zu hemmen scheint, erkannt habe, gehen wir an die Bedürfnisse: Welches unerfüllte Bedürfnis steckt hinter diesen Gefühlen?

Angst könnte auf fehlenden Schutz zurückzuführen sein, Wut auf fehlende Zuwendung, Traurigkeit auf zu wenig Verständnis oder Energielosigkeit auf fehlende Kreativität. Aber das sind nur einfache Beispiele. Wichtig ist die Auseinandersetzung mit Ihren eigenen Gefühlen und Bedürfnissen.

Vergebung – mit oder ohne Konfliktlösung

Wenn ich mit anderen Menschen in einem ernsten Konflikt stehe, dann ist es immer die erste Wahl, den Konflikt direkt mit diesen Menschen zu lösen. Das ist mir aber nicht immer möglich. Manchmal sehe ich mich einfach außerstande, den Konflikt mit einer übermächtigen Person zu lösen. Manchmal werde ich auf Menschen treffen, die den Konflikt nicht sehen wollen oder jede Lösung verweigern, oder es ist unmöglich, weil sie bereits verstorben sind. Dann sind mir die Hände gebunden, weil zur Lösung immer zwei gehören. Und manchmal wird eine Lösung trotz großen Bemühens einfach nicht gelingen wollen. Wenn wir also den Konflikt nicht lösen können, dann bleibt uns nur die Möglichkeit, uns von dem Konflikt zu lösen. Damit machen wir das Geschehene nicht ungeschehen, wir lösen aber unsere emotionale Verstrickung und befreien uns selbst daraus.

Denken Sie an die Erkenntnisse über unsere inneren Konflikte. Wenn wir also den Konflikt mit einem anderen Menschen nicht direkt lösen können, dann ist mit *sich von dem Konflikt lösen"* gemeint, den inneren Konflikt aufzuspüren und zu beseitigen. Wir beschäftigen uns dann mit uns selbst und unseren inneren Spannungen. Wenn wir diese auflösen, dann wird sich wie von Zauberhand auch in der Folge der damit verbundene äußere Konflikt wesentlich entschärfen.

Mich von meinem Konflikt lösen

Woran erkenne ich einen inneren Konflikt? Wenn ich von negativen Gefühlen durchdrungen bin, mich unleidlich verhalte, auf andere Menschen und auf mich selbst wütend bin, immer wieder Aggressionen in mir hochkommen spüre oder wenn ich mich blockiert fühle. Oder wenn ich mich traurig, einsam und verlassen fühle, wenn ich die Welt als ungerecht empfinde und tief im Opferland vergraben bin, dann ist wahrscheinlich ein innerer Konflikt vorhanden. So ein Konflikt kann von einer aktuellen Situation ausgelöst werden, meist aber sind es Konflikte, die wir latent mit uns umhertragen.

Um den Konflikt besser zu verstehen und erkunden zu können, müssen wir ihn zunächst finden. Ein äußerer Konflikt, der akut mit einem anderen Menschen aufgetreten ist, kann dabei sehr viel weiterhelfen. Unseren Konfliktpartner können wir uns als Stellvertreter unseres inneren Persönlichkeitsanteils vorstellen. Sagen wir es so: Der Mensch, mit dem wir streiten, ist unser Lehrer, er hilft uns dabei, unseren inneren Konflikt zu lösen.

Zum Ausprobieren: Innere Konflikte in der liegenden Acht verflüssigen

Ich schlage Ihnen hier einen einfachen Ablauf vor, der Sie Ihren inneren Konflikten näher bringt und mit so mancher überraschenden Lösung aufwarten kann.

Schritt 1 (Geist – neues Denken): *Wechseln Sie die Perspektive*

Blicken Sie aus einer neuen Richtung auf Ihr Sein und Handeln. Lassen Sie die Erkenntnis reifen, dass Sie selbst es sind, der/die dieses Theater veranstaltet. Erkennen Sie, welches Gebiet Sie auf Ihrer Landkarte gerade bewohnen. Ist es das Opferland? Ist die Welt schon wieder gemein gewesen? Sie können ruhig tief in dieses Gefühl des Opferdaseins eintauchen und sich suhlen. Lassen Sie das Selbstmitleid hochkommen und schimpfen Sie auf die Welt. Das tut gut. Beginnen Sie dann ruhig zu atmen und zu lächeln. Stellen Sie sich vor, Sie sitzen auf einem Baumstamm, nahe am Ufer Ihres Flusses des Lebens. Es ist ein mächtiger und lauter Fluss. Sie hören ihm zu und was hören Sie? Genau! *Der Fluss lacht Sie aus!*[51] Er lacht Sie und Ihr Opfertheater aus. Und nur der Fluss des Lebens darf Sie auslachen, weil er Sie mag. Er mag Sie, wie Sie sind. Es ist kein beschämendes, es ist ein heilendes Lachen. Erkennen Sie sich selbst als Regisseur Ihres Lebenstheaters. Das ist der erste Schritt zur Vergebung! Wenn Sie selbst die Verantwortung für Ihr Leben und Ihre Misere übernehmen, dann ist der Grundstein für die Vergebung gelegt. Sie können anderen Menschen und sich selbst vergeben.

Schritt 2 (Herz – neue Haltung): *Lieben Sie sich trotzdem!*

Wunderbar, wenn Sie sich dabei ertappt haben, dass Sie Ihre Zeit wieder im Opferland verbringen. Aus der neuen Perspektive konnten Sie nun Ihr heiteres Treiben beobachten und erkennen, dass Sie selbst der Regisseur des Theaters sind. Das ist ein wichtiger Schritt gewesen. Jetzt geht es um eine Haltung der heiteren Gelassenheit. Die Dinge sind, wie sie sind. Sie wären schon gerne viel weiter? Sie waren vielleicht auch schon einmal viel spiritueller unterwegs, und dann dieser Rückschlag ...

Folgendes Mantra ist sehr hilfreich dabei, in eine neue Haltung mir selbst gegenüber zu kommen: *Ist es so? Mag sein. Auch das geht vorbei. Danke, danke, danke.*[52]

Jetzt ist es auch hilfreich, sich aktiv mit den Quellen des Lebens zu verbinden. Die universelle Liebe wird es uns erleichtern, uns selbst mit all unseren Fehlern und Unzulänglichkeiten anzunehmen.

Schritt 3 (Bewegung – neues Tun) *Arbeiten Sie mit der Situation!*

Bearbeiten Sie Ihren Konflikt nun tiefer. Geben Sie dem Problem – es ist Ihr Dämon – eine Form, eine Farbe und einen Namen. Setzen Sie ihn vor sich auf einen Stuhl und stellen Sie ihm folgende Fragen:

- Was willst du von mir?

- Was ist dein wahres Bedürfnis?

- Wie fühlst du dich, wenn ich dein Bedürfnis stille?[53]

Seien Sie in dieser Phase bereit für eine Lösung, auch wenn Sie nicht verstehen, wie das zugehen kann. Geben Sie sich am besten den drei Quellen des Lebens hin. Sie wissen um die magischen Zusammenhänge unserer Welt, die spirituellen Verbindungen, die wir weder sehen noch erklären können. Es gibt sie einfach.

Schritt 4 (Form – neue Erkenntnis) *Treffen Sie Ihre Entscheidung!*

Es ist am Ende eine Entscheidung zu treffen. Sie lautet ganz einfach: *Der Konflikt ist gelöst! Danke, danke, danke.* Entscheiden Sie sich für die Lösung und lassen Sie den Dingen ihren Lauf. Entscheiden Sie sich für das Leben im Fluss der universellen Liebe. Das bringt Ihnen Ihre Harmonie zurück und diese Harmonie ist die Basis für eine Heilung.

Zum Aussuchen: Kleine Häppchen zur weiteren Vertiefung

Katie Byron und die von ihr entwickelte Methode „*The Work*" [54]. Sie entspricht in ihrem Ablauf in groben Zügen den beschriebenen Schritten zur Vergebung „entlang der liegenden Acht". Zunächst tauchen wir tief in unser Opferbewusstsein ein. So tief, dass es tiefer kaum noch geht. Dann holt uns *Katie Byron* mit wenigen bewussten Fragen aus dem Opferland heraus. Sie zwingt uns zum Perspektivwechsel, indem sie fragt: *Ist es wahr? Kannst du ganz sicher sein, dass es wahr ist?* Dann hinterfragt sie unsere Gedankengebäude. *Was wärst du ohne diesen Gedanken?* Zentral bei „*The Work*" ist die Umkehrung. Katie Byron fordert uns immer wieder auf: *Kehr es um!* Die Erkenntnis ist dann oft: Nicht der andere ist gemein zu mir, ich selbst bin gemein zu mir.

Colin C. Tipping und seine „*radikale Vergebung*" [55]. Tipping zeigt in seinem Buch einen Prozess zur radikalen Vergebung in mehreren Schritten. Dazu bietet er auch Arbeitsblätter und ein Hörbuch an. Seine Methode erleichtert es, aus dem Opferland zu entkommen und Vergebung als fixen Bestandteil in das Leben zu integrieren.

Ulrich Emil Duprée und das *Ho'oponopono* [56], der hawaiianische Weg zur Vergebung. Duprée schenkt uns ein wunderbares Mantra, das er aus dem hawaiianischen Ho'oponopono abgeleitet hat. Es schafft Vergebung, Harmonie und somit Heilung.

„Ich verzeihe dir, ich verzeihe mir. Es tut mir leid.

Ich liebe mich, ich liebe dich. Danke."

Take three-Essenz: Befreiung von Zwängen
„Vergebung lernen"

Vergebung ist der Anfang der Selbstbefreiung!

Die Essenz lautet:

Vergebung ist der Schlüssel, der viele Tore zu einem guten Leben öffnet. Uns selbst und anderen Menschen zu vergeben, öffnet unser Herz für die universelle Liebe. Das Leben kann beginnen!

Für Ihre persönliche Toolbox:

Eine Spielregel:

Setzen Sie Bewertungen aus! Das Leben konfrontiert uns mit unterschiedlichen Situationen. Ob etwas gut oder schlecht für uns oder andere ist, können wir – im Augenblick eines Geschehens – nicht sinnvoll entscheiden. Versuchen Sie zunächst einmal Ihre Wertungen auszusetzen. Verzichten Sie auf den Anspruch zu wissen, ob etwas richtig oder falsch ist. Wir treffen die bewusste Wahl glücklich zu sein, wenn wir damit aufhören, unbedingt Recht haben zu müssen.

Landkarten des Lebens:

Das Leben bietet uns auch Sümpfe, Höhlen und unwirtliche Landstriche an. Das Jammertal und das Opferland sind sehr beliebte Destinationen. Die Vergebung schafft einen Ausweg. Beginnen Sie mit der Suche nach den Himmeln der Entwicklung!

Konflikte lösen:

Beginnen Sie mit der Lösung Ihrer Konflikte bei sich selbst. Erkennen Sie in jenen Menschen, die Sie stark emotional anrühren, vielleicht wütend, vielleicht traurig machen, Ihre/nLehrmeisterinnen und Lehrmeister. Was ist Ihr innerer Konflikt, der Sie durchs Leben begleitet?

Empfehlung:

Meinungen werden überschätzt. Hören Sie auf, Ihre Meinung und die Meinung der anderen Menschen allzu ernst zu nehmen. Das erleichtert Vergebung und schenkt Gelassenheit!

Heilung zulassen

Vergebung ist ein guter erster Schritt zur *Heilung*. Wenn wir uns auf den Pfad der Vergebung machen, uns selbst vergeben und lernen, anderen Menschen zu vergeben, kann viel in uns bereits von selbst heilen. Und auch wenn wir nicht verstehen, wie oder warum das so ist, so können wir dennoch darauf vertrauen, dass Vergebung einen inneren Heilungsprozess in Gang bringt.

Unter dem Begriff „Heilung" aber ist ein großes Feld an Bedeutungen zu finden. Es geht bei Heilung um eine Art *Wiederherstellung eines Normalzustandes* aus einer krisenhaften Situation heraus. Dabei ist Heilung keine Form des Reparierens, weil wir Menschen keine Maschinen sind. Auch scheint es mir sehr schwer, einen Normalzustand festzulegen, was Heilung insgesamt zum komplexen Feld macht. Wir sollten immer kritisch fragen: Wer definiert eigentlich, was normal ist und was davon abweicht, also der Heilung bedarf? Hier betreten wir das Minenfeld der Ausgrenzung von Menschen.

In der klassischen Medizin scheint es noch am ehesten möglich zu sein, vom Normalen zu sprechen, weil wir ein anerkanntes Normalitätsmodell für unseren Körper haben. Für viele messbare Körperzustände haben wir Normwerte, etwa die Körpertemperatur, den Blutdruck, die Pulsfrequenz und viele andere, natürlich viel umfassendere Werteschemata, wie beispielsweise das Blutbild. Aber auch in der Medizin gibt es viele Graubereiche des Normalen. In der *psychischen Heilung* wird es dann schon sehr komplex. Was als psychische Gesundheit gilt, ist von der jeweiligen Schule abhängig und variiert somit. Hier ist das Normale viel schwerer zu fassen. Eng mit dem Psychischen ist das Soziale verbunden. Wir sprechen heute vielfach von der *biopsychosozialen Gesundheit* des Menschen.

Heilung ist aber ein Begriff, der auch eine spirituelle Wurzel hat und die Seele des Menschen betrifft. Immerhin sind wir als Menschen auf der Suche nach dem Seelenheil, einer Ganzwerdung. Im christlichen Verständnis ist Heilung eine Erlösung. Das wiederum ist ein Akt der Vergebung. Heilung und Vergebung bedingen einander. Wir Menschen finden unser Heil durch die Erlösung von unseren Schmerzen, Sünden, Krankheiten und Wunden. Die Erlösung ist den Christen durch das Leiden, den Tod und die Auferstehung Jesu Christi zuteil geworden. Wirksam wird die Erlösung durch den Glauben. Im Neuen Testament finden wir im Evangelium den Absatz: *„Da wandte sich Jesus um und sah sie und sprach: Sei getrost, meine Tochter; dein Glaube hat dir geholfen. Und das Weib ward gesund zu derselben Stunde"* (Matthäus 9,22).

Heilung als Ganzwerdung des Menschen

In diesem Buch möchte ich mich beim Thema Heilung auf den Aspekt der Ganzwerdung des Menschen beschränken. Ich betrete dabei ganzheitliche, spirituelle und esoterische Landschaften mit einer gewissen Leichtigkeit. Ich orientiere mich an dem, was mich persönlich und viele Menschen, mit denen ich arbeite oder im Dialog stehe, interessiert, und was vielfach Wirkung zeigt. Meine Auswahl wird nicht für alle Probleme passende Ansätze bieten und auch nicht alle Menschen direkt ansprechen. Vielleicht aber kann Sie der kurze Diskurs inspirieren, nach neuen Wegen Ausschau zu halten und Sie letztlich zu jener Heilungsform führen, die Sie bei der Ganzwerdung unterstützt.

Heilung müssen wir zuallererst *zulassen*. Wir müssen es uns *erlauben*, Heilung zu erfahren. Aber habe ich es verdient? Ja, und mehr als das. Wir sind würdig, wir sind es alle wert, gesund zu sein und ganz zu werden. Wir alle haben Heilung verdient. Aber Vorsicht: Es gibt oft – so scheint es mir – eine Bedingung, die das Leben an uns stellt, bevor die Energiequellen Heilung ermöglichen. Das Leben fragt uns oft mit leiser Stimme: Hast du deine Lektion schon gelernt? Hast du verstanden, was ich dir sagen will? Hast du den Sinn deiner Wunde erkannt? Wenn ich verstanden habe, liegt es nur noch am Glauben an die großartige Wirkung der drei Quellen *Kraft, Liebe* und *Segen.* Und wenn ich es einfach nicht verstehen kann? Auch das ist gut. Wer es ernsthaft versucht, kann auch durch einen Akt der Gnade geheilt werden. Viele Menschen erfahren diese Gnade bei Wunderheilern, ganzheitlichen Heilern, Therapeuten und Medizinern. Wenn in Ihnen nun Skepsis aufkommt, ist das sehr verständlich. Ich sage das hier so, weil ich daran glaube. Das Gute aber ist folgende Erkenntnis: Ich muss es gar nicht verstehen. Und immer wird eine Aussage gelten: Wer heilt, hat recht, mit oder ohne Beweis. Ich persönlich kann gerne auf jeden wissenschaftlichen Beweis verzichten, wenn mir eine Heilung zuteil wird.

Von *Bruce Lipton*[57], einem berühmten Epigenetiker und Stammzellenforscher, erfahren wir den direkten Zusammenhang zwischen unserem Denken, unserem Fühlen und unserem physischen Dasein. Lipton meint, die Wahrnehmung des Menschen bestimmt seine Biologie. Letztlich ist das, was wir glauben, der bestimmende Faktor für unser Leben. Der Glaube kontrolliert unseren Körper und seine Gesundheit. Die Gesamtheit unserer Glaubensmuster beeinflusst unseren Körper auf der Ebene der Zellen. Wir können uns krank oder gesund denken. Wenn wir uns mit unserem Glauben gesund denken, sprechen wir vom *Placeboeffekt*, wenn wir uns krank denken, vom *Noceboeffekt.*

Wir können also glauben, was wir wollen. Es muss uns nur klar sein, dass unsere Gedanken wie Samen wirken und wir langfristig das ernten, was wir säen. Wir alle kennen die selbsterfüllende Prophezeiung. Diese kann negativ sein und uns schaden oder sie kann positiv sein und uns nähren. Es ist klug, sich für die nährende Wirkung unseres Glaubens zu entscheiden.

Zum Vertiefen: Stress und seine Wirkungen

Wenn wir von *Stress* sprechen, wollen wir zwei Arten unterscheiden: Wir können unter Stress geraten, wenn wir vor einer großen Herausforderung stehen und dennoch ein gutes Gefühl dabei haben. Es kann sogar ein richtiges Kribbeln entstehen und uns in einen *Flowzustand*[58] bringen. Dann sind Herausforderung und unsere Kompetenz gut aufeinander abgestimmt. Wir sind wirklich gefordert, aber nicht überfordert. Ein solcher Stress ist in seiner Wirkung positiv, weil wir genau dadurch besonders leistungsfähig sind. Der positiv wirkende Stress wird „*Eustress*" genannt. Gesundheitsschädlich wird Stress dann, wenn wir ihn negativ erleben, weil wir überfordert sind und am Ende kein gutes, aufbauendes Ergebnis mit unseren Anstrengungen erzielen. Dieser Stresszustand – der „*Distress*" – wird als unangenehm erlebt. Häufig ist dieser Stress mit Angst, Überforderung oder Ausweglosigkeit verbunden. Wir leiden besonders unter Distress, wenn dieser Zustand immer wieder auftritt und wir ihm aus eigener Kraft scheinbar nicht abhelfen können. Das führt uns in eine Sackgasse, die negative Denkspiralen in Gang setzt und so zu einer Fülle an negativen Gefühlen führt. Es fehlen dann die richtigen Strategien, den Stress zu bewältigen.

Stresssituationen, die uns langfristig belasten und quälen – sei es eine unerträgliche Arbeitssituation, ein Dauerkonflikt in einer Beziehung oder Ängste und Sorgen, die uns verfolgen – sind häufig Auslöser von Krankheiten. Warum aber wirkt Stress so negativ in uns Menschen? Unter Stress schüttet unser Gehirn Hormone aus, die dann die Kontrolle über unseren Körper, eine Gemeinschaft aus vielen Milliarden Zellen, übernehmen. Sie beeinflussen jede Zelle und damit auch uns als gesamten Menschen.

Was passiert dann im Körper? Darauf gibt *Bruce Lipton*[59] einige Antworten. *Erstens* verändert sich unser Blutkreislauf. Unser

Neocortex, der Teil des Gehirns, mit dem wir bewusst denken, wird schlechter durchblutet, tiefere und ältere Gehirnteile dagegen stärker. Das macht uns in Stresssituationen geistig weniger beweglich, wir agieren unbewusst und verlieren, salopp gesagt, gute 50 IQ-Punkte. Im Körper wird das Blut vom Rumpf, dem Torso, abgezogen und in unsere Beine und Arme verlagert. Das macht uns physisch stark für einen möglichen Kampf oder schnell für eine mögliche Flucht. Unser Torso hingegen, in dem sich alle lebenswichtigen Organe befinden, wird weniger durchblutet, was beispielsweise die Funktionsfähigkeit unserer Entgiftungs- und Verdauungsorgane beeinträchtigt.

Zweitens erhalten unsere Zellen ein Signal, das sie in einen *geschlossenen* Zustand versetzt. Das Zellwachstum wird als primäre Lebensfunktion abgeschaltet, die Zellen gehen in einen Schutzmodus, eine Art Notprogramm. Sie vermehren sich nicht, sie reinigen und entgiften sich nicht, sie wachsen nicht. In diesem Zustand sind die Zellen nicht in der Lage, ihre Lebendigkeit, ihre Freude und gesunde Entwicklung fortzuführen. In dieser Phase können sich Viren und Bakterien vermehren und so unsere Zellen krank machen. Starker Stress kann also *drittens* unser Immunsystem vorübergehend abschalten. Und lange andauernder Stress kann das Immunsystem dauerhaft massiv schwächen.

Ähnlich ergeht es unseren Zellen, wenn wir stark negative Gedanken wälzen. Stark positive Gedanken hingegen senden ein anderes Signal an unsere Zellen und deren Lebendigkeit und Selbstheilung kann wieder beginnen.

Heilung heißt Stressvermeidung

Heilung im Sinne der Ganzwerdung heißt, unangenehme Stresssituationen im Leben zu vermeiden oder zumindest einen guten

Umgang mit Stress zu finden. Alles beginnt dabei mit unserer Wahrnehmung. Um Stress zu erleben, brauchen wir zunächst unsere Sinne, um die Umwelt, die Stress verursacht, wahrnehmen zu können. Wir nehmen die äußeren Reize – die Stressoren genannt werden – mit unseren Sinnen auf und verarbeiten sie im Gehirn. Welche Situationen wir dabei als stressig interpretieren, hängt also von unseren Verarbeitungsstrategien im Gehirn ab. Nicht alle diese Vorgänge in unserem Gehirn sind dabei bewusst steuerbar. Vieles läuft ohne unser bewusstes Denken ganz automatisch ab. Wir greifen dabei auf Programme aus frühen Zeiten der Evolution zurück, was zu affektiv emotionalen Reaktionen führt. Wir flüchten, erstarren oder machen uns kampfbereit. Auf diese erste, sehr schnelle Reaktion haben wir recht wenig Einfluss. Es gibt aber auch Denkgewohnheiten, die wir uns im Laufe des Lebens selbst angeeignet und quasi selbst programmiert haben. Mit diesen Denkgewohnheiten interpretieren wir bestimmte Lebenssituationen automatisiert als negativ und erzeugen Stress. Hier sind wir durch Achtsamkeit zumindest mittelfristig in der Lage, die Gewohnheiten zu verändern und die Situationen neu zu bewerten und zu interpretieren.

Negative Stresssituationen werden sich aber in unserem Leben niemals ganz vermeiden lassen. Zum Leben gehören eben auch negative Ereignisse. Damit wir damit besser umgehen lernen und den negativen Stress nicht zu lange aushalten müssen, können wir uns im Sinne der Heilung darauf vorbereiten. Dazu ist es notwendig, Strategien zur Stressvermeidung zu erlernen und uns für Lebenskrisen zu rüsten.

Im Zusammenhang mit Lebenskrisen und deren Verarbeitung ist ein Begriff modern geworden, nämlich der Begriff „Resilienz"[60]. Damit ist, vereinfacht gesagt, unsere *Widerstandsfähigkeit* gegenüber Störungen und Krisen in unserem Leben gemeint. Wie hart kann mich das Leben treffen, ohne dass ich vollkommen vom

Weg abkomme oder gar am Wegesrand liegen bleibe? Wie viele Probleme kann ich vertragen, damit ich nach einem Fall wieder aufstehe? Oft wird Resilienz daher auch als *innere Stärke* bezeichnet. Das ist wohl auch der Grund, warum Resilienz ein so beliebtes Thema geworden ist. Wer will nicht innere Stärke haben? Dieses ganze Buch widmet sich ja genau dieser Frage.

Zum Vertiefen: Resilienz und Salutogenese

Die einfachste und zugleich wirkungsvollste Darstellung von Resilienz habe ich bei *Thomas Späth* und *Shi Yan Bao*[61] gefunden. Sie gehen gemeinsam dem Geheimnis der Stärke der Shaolin-Mönche auf den Grund. Sie weisen auf drei Antriebsquellen starker Menschen hin: (1) *Verbundenheit* – das ist eine klare Antwort auf die Frage, wo ich im Leben hingehöre. Wo ist mein Platz? In welcher Gemeinschaft bin ich ein wichtiger Teil? Ist es mir gelungen, stabile soziale Beziehungen aufzubauen? (2) *Selbstwirksamkeit* – Habe ich gelernt, Hindernisse im Leben aus eigener Kraft zu überwinden? Glaube ich an mich selbst? Ist es mir in schwierigen Situationen immer wieder gelungen, mir etwas Neues vorzunehmen? Kann ich mir Ziele setzen und diese dann auch wirklich erreichen? (3) *Sinnhaftigkeit* – Was gibt meinem Leben Sinn? Ist mir klar, was mein Beitrag zur Entwicklung der Welt ist? Was trage ich in meinem Lebensumfeld zu einer guten Entwicklung bei? Mich auf diese Weise zu stärken, ist immer auch eine Form der Heilung. Eine hohe Resilienz aber ist zugleich eine sinnvolle *Prävention*. Mit innerer Stärke kann ich Krisen leichter meistern und so manche Krankheit vermeiden.

Eine andere, sehr bekannt gewordene Stressbewältigungsstrategie geht auf *Aaron Antonovsky* zurück. Sein Konzept der *Salutogenese*[62] stellt die Frage nach der Gesundheit anders. Normalerweise fragen wir: Was macht uns krank? In der Salutogenese aber geht Antonovsky der Frage nach, was uns Menschen gesund hält.

Eine zentrale Erkenntnis ist dabei das Konzept des *Kohärenzgefühls*[63]. Etwas an meiner Lebenssituation, auch wenn sie schwierig ist, erlebe ich als stimmig. *Es stimmt etwas für mich in meinem Leben*, weil ich mir meine Situation gut erklären kann. Antonovsky[64] gibt drei wesentliche Faktoren an, die ein Kohärenzgefühl, die Stimmigkeit einer Situation ermöglichen:

(1) *Verstehbarkeit* – Was immer in mein Leben eintritt, welche Situationen auch auf mich zukommen, ich bin sicher, ich kann sie verstehen und sie mir erklären. Ich bin in der Lage, mir meine Lebensrealität zu erklären. Ich bin auch in der Lage, vernünftige Vorhersagen zu machen und meine Vernunft für mich nützlich einzusetzen.

(2) *Handhabbarkeit* – Wenn etwas passiert, was mich belastet und in eine Krise stürzt, so bin ich sicher, dass ich genügend Möglichkeiten und Ressourcen zur Verfügung habe, eine gute Lösung zu finden. Das ist das Gegenteil einer Opferrolle. Ich erlebe mich also nicht als Opfer, sondern als Mensch mit einer hohen Selbstwirksamkeit.

(3) *Bedeutsamkeit* – Es gibt Dinge und Bereiche in meinem Leben, die mir sehr am Herzen liegen und die mir sehr sinnvoll erscheinen. Was immer jetzt auch gerade passieren mag, womit ich zu kämpfen habe, es ändert nichts daran, dass mein Leben einen Sinn hat.

Das Leiden und die Not als sinnvollen Teil des Lebens zu erkennen, das haben wir von *Viktor Frankl*[65] gelernt. Erst durch Leid und Schicksalsschläge gewinnt unser Leben an Form und Gestalt. Leiden, Krankheiten und Misserfolge sind nichts, was wir überwinden müssen, sondern sie sind schon im Augenblick des Erlebens Teil der Vollkommenheit eines Lebens, das süß schmeckt[66]. Mit seiner berühmten Frage, die wir uns nach einem als negativ empfundenen Ereignis stellen können, hat Viktor Frankl uns ein

Geschenk gemacht: *Wofür ist das jetzt eine Gelegenheit?*

Zum Ausprobieren: Heilung in meinen Lebensalltag holen

Ich möchte zum großen Komplex der Heilung ein paar ganz einfache Dinge anführen, die Heilung unterstützen. Es sind nur einige wenige Beispiele, die ich ausgewählt habe, es gibt noch viele, viele mehr. Es ist eine Einladung an Sie, in Möglichkeiten zu stöbern und dann inspiriert nach den eigenen Heilungswegen zu suchen. Natürlich sind wir bei der Heilung nicht ganz auf uns allein gestellt. Die drei Quellen des Lebens, die schöpferische Kraft, die universelle Liebe und der göttliche Segen, sind auch Quellen der Heilung. Wir können darauf vertrauen, dass die bewusste Verbindung mit den drei Quellen jede Form der Heilung – eine innere meiner Seele oder Psyche und eine äußere meines Körpers – sehr unterstützen wird. Es ist der Weg der Ganzwerdung, der Selbsterneuerung.

Zusätzlich zu den Leistungen der Medizin und der unterschiedlichen Therapieformen können wir weitere Heilungswege beschreiten. Wir können selbst unsere Heilung ermöglichen und unterstützen, wir können anderen Menschen bei ihrer Heilung helfen oder uns von anderen helfen lassen. In gewisser Weise kann jeder Mensch heilen. Aber der Weg der spirituellen oder ganzheitlichen Heilerinnen und Heiler steht uns natürlich zusätzlich offen.

Liebe kann heilen. Einen Menschen zu lieben und geliebt zu werden, erzeugt in uns eine sehr starke Heilkraft. Ein erster Schritt ist ein neues Verstehen der Menschen, das wir über unsere Achtsamkeit üben und ständig wachsen lassen können. Nichtverstehen schafft innere Knoten aus negativen Denkspiralen und Gefühlscocktails. Verstehen löst diese Knoten wieder auf und ebnet der Liebe ihren Weg. Wenn wir einander verstehen, lernen wir einander zu lieben. Die Liebe ist aber nicht auf Menschen beschränkt. Wir lernen das Leben an sich zu würdigen und zu lieben, die Tiere, die Pflanzen, die Welt an sich. Wenn wir zu wahrem Mitgefühl fähig sind, sind wir mit der universellen Liebe in Kontakt. Das heilt uns selbst und andere Menschen.

Handauflegen kann heilen. Eine alte Heiltradition der Menschen lebt wieder auf. Wenn wir einander sanft berühren und die Hände am Körper mit hoher Achtsamkeit auflegen, kann das die innere und äußere Heilung sehr unterstützen und beschleunigen. Handauflegen wird in vielen Therapieformen als zentrales Element eingesetzt. Als Beispiel möchte ich die *Cranio-Sacral-Therapie*[67] nennen. Hier legen professionelle Heiler ihren Patienten sehr bewusst die Hände auf. Dabei erfühlen und beeinflussen sie die rhythmischen Pulsationen der Gehirn-Rückenmarksflüssigkeit, den sogenannten *„kraniosakralen Rhythmus"*. Aber auch einfaches Handauflegen, ganz ohne weitere Absicht als die unterstützende Heilung, wird heute in der Medizin praktiziert. Wenn professionelle Heilerinnen ihren Patientinnen die Hände auflegen und Achtsamkeit von beiden Menschen aufgebracht wird, kann Heilung stattfinden. Meiner Erfahrung nach ist das Handauflegen aber auch unter Menschen ohne heilende Profession sehr wirkungsvoll. Wenn liebende Menschen einander berühren und die Hände achtsam auflegen, kann im Menschen immer ein Heilungsprozess in Gang kommen. Wir müssen das nicht verstehen, wir sollten es aber tun.

Die Stille kann heilen. Wenn wir lernen, mit uns allein zu sein und in Stille zu verweilen, nehmen wir mit uns selbst und mit unseren Gefühlen Kontakt auf. Am besten gelingt das in der Meditation, im Sitzen oder im Gehen[68]. Dabei können wir negative Gefühle betrachten, sie zulassen und annehmen und – wenn wir das üben – ihnen unser Herz öffnen. Wenn wir unserer Wut, unserem Zorn und unserer Aggression begegnen und sie als Teil von uns liebend annehmen, wird das einen Heilungsprozess in uns initiieren. Stille ist dann mehr als die Abwesenheit von Geräuschen, es ist der Raum, in dem unser Leben und unsere Ganzwerdung stattfinden.

Gesunde Gedanken können heilen. Negative Gedanken machen uns krank, positive heilen uns. Was liegt also näher, als unsere negativen Denkgewohnheiten zu erkennen und gegen positive Gedankenketten zu ersetzen?

Musik kann heilen. Musik hat eine große Wirkung auf uns Menschen. Musik ist Energie und Schwingung und somit ist sie uns ähnlich. Wenn wir Schwingung sind und uns Musik in Schwingungen versetzt, mit uns also in Resonanz tritt, dann wird sie eine Wirkung auf uns ausüben. Wir fühlen intuitiv, ob uns eine Musik guttut oder nicht. Wenn sie uns guttut und uns anspricht, dann fühlen wir sie im ganzen Körper. Sie löst positive Gefühlszustände aus, entführt uns in andere Welten der Wahrnehmung und des Genusses. Jeder Mensch braucht seine individuelle Heilmusik. Die aber kann jede und jeder nur selbst suchen und finden. Gehen Sie auf die Suche nach Ihren eigenen Klangjuwelen, Ihren heilenden Gesängen. Für mich beispielsweise sind die *Klangjuwelen der Großen Freude von Amrit Stein und Tsering Topten Nelung*[69] jedes Mal ein „Heilbad". Wenn ich auf der Suche nach einer Überdosis Gefühl bin, was ich auch als sehr heilsam empfinde, dann höre ich *Tom Waits*[70]. Kein anderer Künstler vermag es, vergleichbare Gefühle in mir auszulösen. Für viele Menschen wird es *Wolfgang Amadeus Mozart* oder vielleicht *Johann Sebastian Bach* sein. Von der Vielzahl moderner Musiker, die spirituelle Heilmusik komponieren, trägt jede und jeder ein Stück zur Ganzwerdung bei.

Klänge können heilen. Die Welt der Klänge können wir uns auch mithilfe von *Glocken, Klangschalen und Gongs* eröffnen. In fast jeder Wellnesseinrichtung gibt es heute ein Angebot an Klangschalentherapien, wohl deshalb, weil wir Menschen uns von Schwingungen leicht berühren lassen. Klänge können uns zur Bewusstheit führen, uns innerlich „stimmen" und auf diese Weise heilen. Darauf ist auch die Schulmedizin bereits gekommen. Musiktherapien haben in viele Gesundheitszentren Einzug gehalten und unterstützen klassische Therapien.

Ein Rhythmus kann heilen. Nah bei den Klängen finden wir den *Rhythmus.* Unser Herz ist ein rhythmisches Organ, es spendet uns den Puls des Lebens. Menschen haben sich immer schon mit Rhythmen beschäftigt, sei es im Tanz, in Ritualen oder im *Schamanismus*[71]. Wir lieben es, wenn unsere Welt voller Rhythmen ist. Wir geben dem Jahr einen Rhythmus, unserem Tag, unserem ganzen Leben. Ein Leben ohne regelmäßige Rhythmen, ohne Rituale, ist ein leeres Leben, weil uns gemeinsame Rhythmen verbinden. Wenn wir dem Rhythmus in unserem Leben eine Chance geben, wird es reicher, voller, lebendiger. Mehr Lebendigkeit ist ein Beitrag zu unserer Heilung, unserer Ganzwerdung.

Ein Gespräch kann heilen. Ein Gespräch in Achtsamkeit, in dem wir empathisch miteinander verbunden sind, kann eine heilende Wirkung entfalten. Je besser wir einander verstehen, je mehr wir uns ineinander einfühlen, desto stärker wirkt die Heilkraft. Wir sollten häufig gute Gespräche führen, mit Freunden, mit unserer Familie, mit Menschen, die wir im Bus treffen. Verstehen kann glücklich machen und unsere Leiden, innere und äußere, heilen.

Ein Gebet kann heilen. Ein Gebet ist eine Sonderform des Gesprächs. Es ist ein Zwiegespräch mit dem Universum, mit der Natur, mit der Schöpfung, mit Gott, mit einer Gottheit, mit Lichtwesen, mit Engeln, mit mir selbst. Dabei sind wir achtsam und fühlen etwas Heiliges. *Das Heilige ist auch zugleich das Heilende.* Wir verbinden uns dabei immer mit den drei Quellen des Lebens. Gott ist der Ursprung von allem, auch der Ursprung aller Quellen des Lebens.

Rituale können heilen. Mit dem Gebet sind sich häufig wiederholende Rituale verbunden. Das *Rosenkranz*gebet lebt von Gemeinschaft und Wiederholung. Ähnlich verstehe ich die *Mantras*, die heiligen Silben, Wörter und Verse, wie sie beispielsweise im Hinduismus und Buddhismus während der Meditationen und Gebete ständig wiederholt werden. Das ständige Rezitieren hilft uns Menschen, spirituelle Energien freizusetzen und uns mit den Quellen des Lebens zu verbinden. All das kann unsere Heilung unterstützen.

Der Glaube kann heilen. Er ist der Jolly Joker in all unseren Bemühungen um Heilung. Kein Mensch könnte Positives bewirken, wenn wir mit unserem Geist nicht an die Heilung glaubten. Schon ein Zweifel genügt, um den Heilungserfolg in Frage zu stellen. Was ich also auch versuche, ich muss zuerst daran glauben. Ich muss es nicht verstehen, aber ich darf dem Zweifel keine Chance geben.

Wasser kann heilen. Die Ursuppe des Lebens ist das Wasser. Ohne Wasser gäbe es kein Leben auf der Erde. Wir Menschen bestehen zu 80 Prozent aus Wasser. Wenn wir also Wasser trinken, nehmen wir unseresgleichen, unsere eigene Ursuppe, in unseren Körper auf. Das Wasser hat eine einfache chemische Formel, nämlich H2O, und dennoch ist es mystisch und voller Rätsel für uns Menschen. Wasser kann über *Clusterbildungen* Informationen speichern, was die Wissenschaft eben herauszufinden beginnt. Der berühmte japanische Forscher *Masaru Emoto*[72] zeigt uns mit seinen Bildern von Wasserkristallen, dass Wasser gesprochene Worte als Information aufnehmen kann. Auf seine Art *besprochenes* Wasser zeigt bei Schockgefrierung unterschiedlichste Kristallformationen: ästhetische bei positiven Worten der Liebe, deformierte, unästhetische bei negativen Worten des Hasses.

Wasser hat eine besondere Eigenschaft, es ist bipolar, es hat

also zwei Pole. Daraus ergeben sich eine ganze Menge besonderer Eigenschaften des Wassers, beispielsweise seine Oberflä-
chenspannung. Bipolar ist auch unsere Erde durch ihr Magnetfeld, bipolar ist unser Leben, weil es eine helle und eine dunkle
Seite hat, bipolar ist unser Ego, bipolar sind wir als Menschen.
Was immer daraus folgen mag, wir Menschen sind vom Wasser abhängig, sind mit ihm über die großen Kreisläufe der Erde
untrennbar verbunden, nicht umsonst sind wir vom Wasser von
jeher fasziniert. Wasser ermöglicht Leben. Der Anblick eines
Wasserfalls, eines Sees, des Meeres, die Farbenspiele des Wassers,
seine unglaubliche Macht, seine Sanftheit, seine vielfältigen Ausdrucksformen, all das macht Wasser zu einem besonderen, heiligen Element. Mit Wasser wird im Christentum gesegnet, geweiht,
getauft. Es gibt Heilquellen, deren Wasser wundersame Heilwir-
kungen zugesprochen werden. Wasser ist mit Leben, mit Lebendigkeit, mit Gesundheit und Heilung eng verbunden.

Seit vielen Jahren trinke ich am Morgen, gleich nach dem Aufstehen, ein Glas lauwarmes Wasser. Am liebsten verwende ich
bereits abgekochtes Wasser aus dem Wasserkessel, weil ich darin
Wasser in seinem Urzustand sehe, frei von negativen Informationen, nur einfache, pure Lebendigkeit. Beim Trinken können
wir uns mit den Quellen verbinden und ganz bewusst die Lebendigkeit in uns aufnehmen. Es fühlt sich wunderbar an, meinem
Körper diese einfache Reinigung zu gönnen. Wasser, so meine
Vorstellung, spült alle Giftstoffe und Verunreinigungen aus meinem Körper und belebt und energetisiert alle Zellen. Und was
meinen Zellen guttut, das tut mir gut. Das ist ein guter Start in
den neuen Tag. Um die positive Wirkung zu verstärken, gebe ich
ein Bioenergetikum ins Wasser. Persönlich verwende ich das basi-
sche Bioenergetikum von Urs Surbeck.[72b]

Eine Tasse mit feinem Kräutertee kann Ähnliches bewirken. Beim
Teekochen haben wir noch zusätzlich die Möglichkeit, die Zube-

reitung als bewussten Akt der Achtsamkeit zu genießen. Das muss nicht gleich eine *japanische Teezeremonie* sein, aber ein kleines, individuelles Ritual am Morgen, bietet ein helles Tor in einen bewussten Tag.

Tief schlafen kann heilen. Im tiefen, traumlosen Schlaf kommt unser Gehirn in einen Zustand langsamer Schwingung. Im *Delta-Zustand* schwingt unser Gehirn mit einer Frequenz von weniger als 4 Schwingungen pro Sekunde. Das ist der Bereich der Selbstheilung. Wir sollten uns den tiefen Schlaf regelmäßig gönnen und alles dafür tun, ihn möglich zu machen. Im *Theta-Zustand* (zwischen 4 bis 8 Schwingungen pro Sekunde) träumen wir. Diesen Zustand erreichen wir auch in leichter Trance und im schamanischen Bewusstsein, beispielsweise in einer schamanischen Reise[73]. Hier erleben wir ein erweitertes Bewusstsein und einen Zustand höchster Kreativität.

Schreiben kann heilen. Schreiben Sie Ihre Geheimnisse auf! Wenn Sie ein Woche lang täglich zehn Minuten aufschreiben, was Sie belastet, was Sie noch nie jemandem gesagt haben und auch nie jemandem sagen werden, dann wird Sie das innerlich stärken und heilen. Schreiben Sie auf, was eine Last für Sie ist. Und gleich danach können Sie den Zettel verbrennen oder wegwerfen. Geschrieben ist geschrieben, Sie brauchen Ihre Geheimnisse nicht aufzubewahren. Warum das wirkt? Unsere Zellen hören unsere Gedanken mit[74]. Alle Gedanken, die uns bedrücken, belasten und schwächen unsere Zellen. Wenn wir dies aufschreiben, kommt es einer „Beichte" vor uns selbst gleich und das entspannt unsere Zellen. Und es entspannt uns, den ganzen Menschen.

ſ

Zum Aussuchen: Kleine Häppchen zur weiteren Vertiefung

Werner Bartens[75] und seine Vorstellung von *Körperglück* möchte ich zu Beginn erwähnen. Das Buch ist pragmatisch und einfach. Es ist zudem frei von Wundern, Esoterik und Religion. Dennoch aber ist der Ansatz ganzheitlich und gibt einen guten ersten Einblick in das neue Verständnis von Gesundheit und Heilung.

Sondra Barett[76], eine Zellbiologin, führt in die Geheimnisse unserer Zellen ein und zeigt viele Ansätze, die unsere Heilung unterstützen. Wenn wir uns unsere Zellen als heilige Gefäße vorstellen, in denen der Funke des Lebens, das Leuchtfeuer Gottes, brennt, dann können wir uns und unseren Körper ganz anders wahrnehmen. Mit vielen schönen Übungen zeigt sie Wege zur Ganzheit. Die einfachste dabei ist das Summen. Der eigene Klang bringt unsere Zellen in Schwingung und schon das kann Heilung unterstützen.

Rüdiger Dahlke[77] geht einen Schritt weiter. Als integraler Mediziner und Therapeut nimmt er eine esoterische Grundhaltung ein. Persönlich finde ich seine Ansätze sehr bereichernd. Er ist mir mit seinen Lebensprinzipien ein großer Lehrer. Das Gesetz der Resonanz, das Gesetz der Polarität und andere mehr hat er umfassend beschrieben[78]. Er baut darauf, dass wir Menschen unsere Leiden durch ein tiefes Verständnis der Gesetzmäßigkeiten des Lebens verstehen und dadurch heilen können. Mit verschiedenen Meditationen und einer ganzheitlichen, gesunden Lebensweise verstärken wir die Heilkräfte in uns.

Frank Kinslow[79] ist mit seiner Quantenheilung – Quantum Entrainment® (QE®) – weltweit bekannt geworden. Diese Form der Heilung ist denkbar einfach. Mit der Aussage *„und jeder kann es lernen"* hat er den Gedanken ganzheitlicher Heilung weit verbreitet. Der zentrale Aspekt der Quantenheilung ist ein Zustand vollkommener Bewusstheit, den wir durch Meditationen erreichen können. Wenn es uns gelingt, diesen Zustand in kurzer Zeit herbeizuführen, wird es einfacher mit der Quantenheilung zu arbeiten. Dahin aber ist es ein längerer Weg. Ein Mensch, der in vollkommener Bewusstheit ein *Eu-Gefühl* in sich aufkommen lässt, kann durch Berührung eines anderen Menschen – dazu reichen schon zwei Finger – einen Heilungsprozess in Gang setzen. Ich interpretiere das so: Ein Eu-Gefühl ist das Gefühl der universellen Liebe, wenn wir unser Herz der Welt und dem Leben geöffnet haben. In diesem *verbundenen Zustand* durchströmt uns die *schöpferische Kraft des Universums*. Wir haben Zugang zu den Quantenfeldern unserer Welt, in denen das ideale Abbild des gesunden Wesens, gespeichert ist. Heilung passiert dann einfach. Es gibt nicht den heilenden Menschen im eigentlichen Sinne. Der Mensch, der Heilung ermöglicht, ist nur das Medium, durch das die Heilenergie ins Fließen kommt. Das ist zugleich das Schöne an der Quantenheilung. Sie braucht keine Gurus, sie braucht nur Menschen, die in voller Bewusstheit miteinander verbunden sind und andere Menschen lieben. Um den Zustand der vollkommenen Bewusstheit und das Eu-Gefühl zu erleben, bietet *Kinslow* auch Hörbücher mit spirituellen Übungen an[80]. Diese Übungen kann ich nur empfehlen.

Alex Loyd und *Ben Johnson*[81] sind ähnlich wie Frank Kinslow mit ihrem Buch und der Methode *„Healing Code"* weltberühmt geworden. Sie versprechen noch klarer als Kinslow, was wir Menschen hören wollen: Es gibt ein Geheimnis, das können wir dir offenbaren und damit wirst du in der Lage sein, dich und andere Menschen von allen Leiden zu befreien. Auch für Loyd und Johnson gilt der einfache Satz: Wer heilt, hat recht. Während sich die Quantenheilung stark auf die Quantenphysik bezieht, kommt der Healing Code mit der Religion und dem Glauben im Gepäck daher. Das sind Zutaten, die eine Heilung zweifellos unterstützen. Wir müssen nicht verstehen, wie oder warum der *Healing Code* wirkt, wir müssen einzig daran glauben und mit den einfachen Übungen, den *Codes*, beginnen.

Loyd und Johnson zufolge sind alte Zellerinnerungen, die Stress ausgelöst haben, in unseren Zellen abgespeichert. Diese Erinnerungen bringen unsere Zellen in ähnlichen Situationen immer wieder unter Stress. Die schädlichen Zellerinnerungen, jene also, die negativen Stress verursachen, sind der Ansatzpunkt der Healing Codes. Mit den Codes gelingt es uns, die negativen Zellerinnerungen durch positive Affirmationen und Gefühle zu überschreiben. Wir reinigen unsere Zellen – und damit auch uns – von negativen, schädlichen Erinnerungen, die als Energiemuster in unserem Zellgedächtnis verankert sind. Dadurch wird ein Heilungsprozess in Gang gesetzt. Die Healing Codes sind eine Form der Energiearbeit. Wir stärken uns selbst, indem wir die Selbstheilungskräfte unseres Körpers aktiveren. Damit heilen wir unsere Leiden an der Wurzel.

Nach anfänglicher Skepsis konnte ich mich mit den Healing Codes anfreunden. In einem akuten Bedarfsfall, während einer schweren Erkrankung meiner Mutter, haben wir gemeinsam mit dem Healing Code zu arbeiten begonnen. Die Erfolge waren eindrucksvoll und so ermutigend, dass ich die Healing Codes als Baustein in meine Übungen aufgenommen habe.

Es gibt ein paar Elemente, die vielen solcher Heilungsmethoden gemein sind. Wir brauchen zu Beginn Klarheit über unser Problem. Meist werden wir aufgefordert, das Problem auf einer Skala von eins bis zehn einzustufen, um es für uns besser fassbar zu machen. Dann folgen die klare Intention und ein gewünschtes Ziel der Heilung. Meist gibt es dann noch eine Bitte in Form eines Gebets.

Was genau will ich erreichen? Wir beschreiben unseren Wunschzustand mit klaren Worten. Meine Kollegin *Helga Prazák-Reisin-ger*[82] sagt immer, bündle deine Intention wie einen Laserstrahl! Mit dieser Intention gehen wir in den Prozess, der meist mit einer Art Meditation verbunden ist. Ohne einen bewussten Zustand und eine hohe Achtsamkeit werden wir nicht erfolgreich sein. Ob wir dann Quantenheilung, die Healing Codes oder eine andere Heilungsform praktizieren, ist unsere individuelle Entscheidung. *Woran glauben wir?* Nur diese Frage soll uns leiten. Am Ende folgen der Dank und oft wieder ein Gebet. Damit wir uns über den Fortschritt der Heilung bewusst werden, bewerten wir am Ende unser Problem wieder auf einer Skala von eins bis zehn. Hierin unterscheiden sich die verschiedenen Methoden kaum. Wenn mein Glaube stark genug ist und ich eine Heilungsform als Ritual in mein Leben hole und regelmäßig übe, werde ich mit großer Sicherheit Erfolge erzielen und einen Heilungsprozess in mir auslösen.

Ich persönlich gönne mir beispielsweise immer wieder ein *„Omega Health*®[83] Coaching" und ein *„Emotional Balance* Coaching". Damit habe ich sehr gute Erfahrungen gemacht. Mit diesen ganzheitlichen Methoden der Energiearbeit können persönliche Probleme und Leiden sehr zielgerichtet bearbeitet werden. Mit Methoden der *Kinesiologie*[84] können Körperinformationen sehr schnell und tiefgehend abgefragt werden. Gepaart mit einer Dosis spiritueller Intuition lassen sich in kurzer Zeit erstaunliche Erfolge erzielen[85].

Dass die Welt des alternativen Heilens eine unüberschaubare Vielfalt anbietet, werte ich als positives Zeichen unserer Entwicklung. Auch wenn das im scheinbaren Widerspruch zur *europäischen Aufklärung* stehen mag, so ist es vielleicht auch ein Wegweiser für eine bevorstehende und notwendige Transformation der Aufklärung in etwas Neues, Wirkungsvolleres, Ganzheitliches. Weltoffene Menschen sind auf dem Weg, sich aus der beklemmenden Box der Vernunft zu befreien und sich dem Universum zu öffnen. Was immer daraus auch entstehen wird, es wird uns Menschen weiterbringen.

Abschließend noch zwei weiterführende Anmerkungen: In der Schweiz finden wir den *Aura-Chirurgen Gerhard Klügl*[86]. Er meint, dass mit einer Aura-Analyse beeinträchtigende karmische Muster und energetische Blockaden zu finden und zu lösen sind. Für die Heilung ist eine Befreiung von Eiden, Gelübden, Versprechen oder Flüchen, egal ob sie aus dem eigenen Leben oder aus Vorleben stammen, notwendig. Erforderliche Operationen führt er in der *Aura* durch. Hier betreten wir jetzt das Feld der Geistheiler. Während bei der Aura-Chirurgie noch vieles mechanisch anmutet, bewegen sich andere Heiler nur noch auf der spirituellen Ebene.

João De Deus, bekannt als *John of God,* gilt als einer der größten Heiler unserer Zeit. Er wirkt als Medium in einem spirituellen Heilzentrum in Brasilien, im *Casa De Dom Inácio in* Abadiânia[87]. Dabei führt er selbst einige Operationen durch, meist aber operieren Lichtwesen in spirituellen Räumen oder die Menschen meditieren und beten.

Ich wollte hier mit wenigen Schlaglichtern aufzeigen, was uns die ganzheitliche Welt des Heilens anbietet. Ich lade Sie ein, selbst die Suche zu beginnen, selbst zu entscheiden, was Sie brauchen, und selbst zu entscheiden, wie weit zu gehen Sie bereit sind. Im Kern der Heilung geht es um den Glauben.

Aber setzen Sie sich bitte nicht unter Druck. Ich spreche hier von Leiden am Wege der Ganzwerdung. Sehr schwere Krankheiten oder Leiden nach Unfällen brauchen immer professionelle Hilfe. Und es existieren darüber hinaus Fälle, für die es leider keine irdische Heilung geben wird. Aber die Hoffnung soll uns immer bleiben.

Take three-Essenz: Befreiung von Zwängen
„Heilung zulassen"

Heilung ist der Prozess unserer Ganzwerdung!

Die Essenz lautet:

Ich muss zuallererst Heilung zulassen und zu der tiefen Einsicht gelangen: Ja, ich habe Heilung verdient! Ich bin würdig, Heilung zu erfahren! Dann ist es nur noch eine Frage der Zeit, der eigenen Anstrengung, der Hilfe anderer Menschen und des festen Glaubens.

Für Ihre persönliche Toolbox:

Eine Lebenshaltung: Mit heiterer Gelassenheit leben. Nicht bewerten, nicht alles tierisch ernst nehmen, über sich selbst lachen. Das vermindert den Stress erheblich. Eine gute Frage: *Wird dich diese Situation auch in sieben Jahren noch negativ beeinflussen?* Wenn nein, ist sie den Stress einfach nicht wert.

Eine Lebensfrage: Was immer auch passiert, es gibt eine Frage – wir verdanken sie Viktor Frankl –, die immer etwas Positives bewirkt: *Wofür ist das jetzt eine Gelegenheit?*

Heilung mit Händen: Die Hände auflegen, einen Menschen berühren oder sich berühren lassen. Das kann heilen.

Stille suchen: So oft es möglich ist, für einige Minuten in die Stille eintauchen. Das kann heilen.

Ein Gespräch führen: Mit einem Menschen ein gutes Gespräch führen, einander wirklich zuhören und es wert sein, miteinander Zeit zu verbringen. Das kann heilen.

Wasser trinken: Wasser ist Leben. Viel Wasser trinken, und wer will, kann das Wasser segnen. Wasser ist Reinigung. Es kann heilen.

Eine besondere Empfehlung: Schauen Sie sich die *Healing Codes* genauer an. Auch sie können heilen!

Dankbarkeit üben

Wir kommen jetzt zum schönsten Teil der Befreiung. Es gibt kein schöneres Gefühl als Dankbarkeit, die einem frohen Herzen entspringt. Dankbar zu sein – für das, was gerade ist, für die schönen und weniger schönen Ereignisse, für die kleinen und großen Dinge, die uns im Leben widerfahren. Dankbarkeit macht uns zu glücklichen Menschen.

Paulo Coelho[88] schreibt in seinem „Handbuch des Kriegers des Lichts": *„Ein Krieger des Lichts vergisst niemals, dankbar zu sein. Die Engel haben ihm im Kampf beigestanden; die himmlischen Heerscharen haben einem jeden Ding seinen rechten Platz zugewiesen und dem Krieger des Lichts erlaubt, sein Bestes zu geben. Seine Gefährten meinen: ‚Was hat er doch für ein Glück!' Denn ein Krieger des Lichts erreicht oft mehr, als seine Fähigkeiten erwarten lassen. Daher kniet er bei Sonnenuntergang nieder und dankt dem schützenden Mantel, der ihn umgibt."*

Die Ebenen der Dankbarkeit

Dankbarkeit können wir auf drei Ebenen verstehen und erleben. *Ebene eins der Dankbarkeit: Eine Reaktion.* Meist kennen wir Dankbarkeit als eine Reaktion, als ein Gefühl, wenn uns etwas Positives widerfahren ist. Wenn das Universum sich uns gegenüber großzügig zeigt, sind wir dankbar. Wir sind dankbar für eine Heilung, für einen glücklichen Moment, für einen vermiedenen Unfall, für einen Erfolg, für die Liebe eines Menschen, wenn wir mehr erhalten, als wir dachten.

Ebene zwei der Dankbarkeit: Eine Grundhaltung. Dankbarkeit können wir zu einer Grundhaltung in unserem Leben machen. Wir sind dann nicht mehr nur in dem Moment dankbar, in dem uns etwas Gutes widerfahren ist, sondern wir sind dankbar für das Leben an sich.

Ebene drei der Dankbarkeit: Eine spirituelle Wahrnehmung. Auf dieser Ebene ist Dankbarkeit das Mittel, mit dem wir die Quellen des Lebens wahrnehmen können[89]. Ein dankbares Herz ist ein Tor zur spirituellen Welt, eine Art Brille, mit der wir das Geschehen, das unseren Sinnen verschlossen bleibt, wahrnehmen können. *„Das Universum wirkt auf wundersame Weise, und Sie kommen unaufhörlich in den Genuss seiner Großzügigkeit"*[90].

Dankbarkeit aber bezieht sich nicht nur auf die spirituelle Welt. Es tut uns gut, für die vielen Dinge des Lebens dankbar zu sein, für die Menschen, die uns umgeben, für die Dinge, die uns erfreuen, für die Liebe, die wir empfangen, für die Erfahrungen, die wir machen, für die Erkenntnisse, die wir gewinnen, für die Ideen, die wir haben, einfach für alles. Anderen Menschen unsere Dankbarkeit zu zeigen, ist zwar nicht immer leicht, jedenfalls aber ein intensives Erlebnis, das verbindet und universelle Liebe erzeugt.

Zum Ausprobieren: Dankbarkeit in den Alltag holen

Immer wieder einmal danke sagen. Wir Menschen sind keine Inseln, wir leben, arbeiten und wirken in einem Verbund mit anderen Menschen. Dem einzelnen Menschen immer wieder einmal danke zu sagen, bringt eine neue Qualität in unser Leben. Ein ehrlich gemeintes Danke berührt, unterstützt das Verstehen und verbessert die Qualität unserer Beziehungen. Das können wir privat und beruflich sehr einfach anwenden. Nach einiger Übung wirken wir dabei auch authentisch.

Am Abend für den Tag bedanken. Wenn wir lernen, jeden Tag vor dem Einschlafen für den Tag und für alles, was wir erleben durften, danke zu sagen, bringt das eine neue Energie in unser Leben. Dabei können wir bei den vielen kleinen Dingen beginnen. Wir bedanken uns für all jene Dinge, die wir erleben, die wir haben dürfen und die wir auch morgen noch gerne hätten: Das ist das Dach über dem Kopf, die Lebensmittel, das frische Wasser, das Holz für unseren Ofen, das Geld für unseren Einkauf, die Bücher in unserem Schrank, die Blumen auf dem Balkon, die wärmende Badewanne, das saubere Bett, das weiche Kissen und, und, und. Hier wird es Ihnen leichtfallen, die Liste beliebig zu erweitern und für etwas anderes zu danken. Dann können wir für die größeren Dinge des Lebens danken: für unsere Arbeit, die uns nährt und die Basis für unser Leben darstellt, für den Frieden im Land, in dem wir leben, für die Gesellschaft und die Wirtschaft, die trotz vieler Krisen immer noch funktionieren, für die Schulen, die unsere Kinder besuchen, für die Krankenhäuser, in denen Menschen behandelt werden, für die Heime, die sich um Flüchtlinge kümmern, für die sozialen Einrichtungen, die in Not Geratenen helfen und, und, und. Auch hier ist unsere Liste beliebig erweiterbar. Und dann danken wir für die Menschen, mit denen wir leben: für unsere Freunde, für unsere Kolleginnen und Kollegen, für unsere Familie. Wir danken für die Menschen, die uns lieben und die wir lieben dürfen, für unser Zusammensein, für das Glück, das große und das kleine, für den gemeinsamen Alltag, für die Fürsorge, für die Umarmungen, für die Gespräche und, und, und. Zuletzt können wir noch auf der spirituellen Ebene danken, für die wunderbare Verbindung zu den drei Quellen, für die schöpferische Kraft, für die universelle Liebe, für den göttlichen Segen.

Am Morgen für den neuen Tag danken. Wenn wir am Morgen aufwachen, können wir gleich mit einem Dank beginnen. Noch bevor die Denkgewohnheit „Oh je, wirklich schon Zeit aufzustehen?" einsetzt, kann ich mich schon für den neuen Tag bedanken: für die Sonnenstrahlen, die durch das Fenster blinzeln, für den Regen, der auf das Dach trommelt, für die Zeit, die ich heute für mich habe, für die Arbeit, die heute ansteht, für die Menschen, die ich heute treffen werde, dafür, dass es mir gut geht und ich gesund, oder wenigstens gesund genug bin, den Tag zu beginnen. Ich kann für die Energie danken, die mich aufstehen lässt oder für die jetzige Situation, so wie sie ist, auch wenn ich mit

Problemen oder einem Leiden zu kämpfen habe. Manchmal werde ich vielleicht an meinen Dank eine Bitte für den Tag anschließen.

Dankbarkeit für die Erde und die Sonne. Als Mensch bin ich Teil von etwas Größerem. Ich lebe im Verbund mit anderen Menschen, mit der Natur, mit der Erde. Die Sonne ist unser wichtigster Lebensspender. Ohne Sonne gäbe es kein Leben auf der Erde. Ein bewusster Dank für die Wärme und die Energie der Sonne bringt mich in Kontakt mit dem Universum und lässt mich meine irdischen Kleinigkeiten vergessen. Die Sonne schenkt uns die Lebensenergie, sie schenkt uns die Erde als Lebensraum. Die Energie der Sonne treibt unseren Wasserkreislauf an, sie hält die Erde auf einer Temperatur, die für uns Menschen genau richtig ist, sie liefert uns alle Energie, die wir sonst noch brauchen. Auch die fossilen Energien, die Kohle, das Erdöl, das Erdgas, sind letztlich mit der Sonnenenergie vergangener Jahrtausende aufgeladen. Unsere Erde ist ein ganz außergewöhnlicher Planet. Ein solcher Lebensraum ist höchst unwahrscheinlich in unserem Universum. Ein bewusster Dank an Mutter Erde tut uns Menschen gut. Die Erde wird heute oft als *„Gaia"*[91] bezeichnet und als ein großer Organismus, der viele Eigenschaften eines Lebewesens aufweist, betrachtet. Die Erde schützt uns mithilfe der Ozonschicht vor tödlichen Strahlen, sie bietet uns eine Atmosphäre zum Atmen, sie bietet uns Wasser, Ackerflächen und Wälder. Sie schenkt uns eine unglaubliche Vielfalt an Pflanzen, Tieren und Organismen, die unser Überleben erst ermöglichen. Wir Menschen leben nicht *in* der Natur, sondern wir sind *Teil* der Natur. Es gibt einen unvorstellbaren Verbund an Lebenssystemen auf der Erde, die alle miteinander verwoben sind und voneinander abhängen. Mit dem Dank an die Erde machen wir uns dieses Wunder bewusst und verbinden uns mit der Kraft der Erde.

Eine Kerze anzünden. Eine Kerze zu entzünden, kann die Kraft der

Dankbarkeit sehr verstärken. Wenn wir dies an einem für uns heiligen Ort tun, dann wird uns auch die Kraft dieses Ortes in unserer Dankbarkeit stärken. In vielen Gotteshäusern gibt es die Möglichkeit, gegen eine kleine Spende eine Kerze anzuzünden. Ich mache das immer wieder. Ein Licht für die Welt, als kleines Zeichen meiner Dankbarkeit, kann ein wärmendes Gefühl in meinem Herzen erzeugen, ob in der Kirche oder zu Hause. Immer wenn wir Kerzen entzünden, geben wir dem Augenblick eine größere Kraft, eine höhere Bedeutung. Die Kerzenflamme unterstützt die Stille und versetzt uns in den gegenwärtigen Augenblick. Und dankbar können wir nur im Jetzt sein.

Zum Aussuchen: Kleine Häppchen zur weiteren Vertiefung

Ich möchte noch zwei Zugänge zur Dankbarkeit aufzeigen, mit denen ich gute Erfahrungen gemacht habe. Auch hier gibt es eine Fülle von Ansätzen. Lassen Sie sich einfach inspirieren und beginnen Sie die Suche nach Ihren eigenen Formen der Dankbarkeit. Dankbarkeit braucht ein offenes Herz. Mit der Verbindung zur universellen Liebe verhelfen wir jedem Tag zu einem guten Anfang.

Dankbarkeit öffnet uns das Herz und bietet uns eine direkte Verbindung zu unserem höheren Selbst und zu unserem Seelenleben. Dankbarkeit ist wie eine Abkürzung eines langen Weges. Mit bewusster Dankbarkeit spüren wir sehr schnell und sehr tief in uns hinein und erleben wunderbare Momente. Dankbarkeit wirkt verbindend. Sie schafft eine Qualität in den Beziehungen zu anderen Menschen, die kaum auf anderem Wege hervorzubringen ist. Das Schöne an dem Gefühl der Dankbarkeit ist die Wirkung, die es auf unser Ego hat. Mit der Wahrnehmung der Dankbarkeit schauen wir an unserem Ego vorbei.

Safi Nidiaye, eine der bekanntesten deutschen Autorinnen für psychospirituelle Lebenshilfe, hat sich in ihrem Buch „Die Stimme des Herzens"[92] ebenfalls mit dem Thema *Dankbarkeit* beschäftigt: *„Durch Annehmen wirst Du frei. Was das Schicksal Dir gibt: Nimm es an; nimm das Geschenk, das darin enthalten ist, in Dankbarkeit an. Dann bist Du frei, weiterzugehen. Wenn Du Dich loslösen möchtest von was auch immer: Erst nimm es an in Dankbarkeit, dann löse Dich. Nimm es vollständig an, das ganze Geschenk; nimm es auf in Dein Herz, danke Tag für Tag dafür; solange es währt. Und wenn die Zeit gekommen ist, dich zu lösen, so löse Dich vollständig. Schaue Dich nicht um. Es gibt keinen Weg zurück. Das ist der Lauf des Lebens. Das Wahre ist ewig: das Vergängliche unwahr. Fließe mit dem Vergänglichen, und Du bist eins mit dem Ewigen."*

Phil Stutz und Barry Michels[93], die beiden Therapeuten aus den USA, bieten ein konkretes Tool dafür an, Dankbarkeit ins Leben zu holen. Sie nennen es *„Das dankbare Herz"*. Die Übung ist im Grunde einfach: Zählen Sie bewusst Dinge auf, für die Sie im Leben wirklich dankbar sind. Mit der Zeit werden Sie das Gefühl der Dankbarkeit in Ihrem Körper spüren. Dankbarkeit ist eine Kraft, die aus Ihrem Herzen strömt. In diesem Moment sind Sie mit den Quellen des Lebens verbunden. Sie können die genaue Übungsanleitung im Buch nachlesen oder als Hörbuch anhören. Beides kann ich sehr empfehlen.

ſ

Take three-Essenz: Befreiung von Zwängen
„Dankbarkeit üben"

Dankbarkeit ist der schönste Teil der Befreiung!

Die Essenz lautet:

Dankbarkeit ist eine Qualität unseres Herzens. Ein dankbares Herz in der Brust macht uns glücklich, und andere Menschen auch! Unser Herz wird zur Quelle universeller Liebe.

Für Ihre persönliche Toolbox:

Eine Grundhaltung:

Machen Sie sich Dankbarkeit zur Lebenshaltung! Damit ist nicht nur die Dankbarkeit gemeint, die wir empfinden, wenn uns etwas Gutes widerfährt. Es ist die Dankbarkeit zu jedem Zeitpunkt.

Das Dankbarkeitsritual:

Morgens und abends einige Minuten der Dankbarkeit widmen. Dankbar sein für alles, was ist, was sein wird und was war.

Eine Empfehlung:

Martin Seligman[54] empfiehlt uns das „Dankbarkeitstagebuch". Schreiben Sie für einige Wochen ein Tagebuch über alles, wofür Sie dankbar sind. Das wird Ihre Wahrnehmung für die guten Dinge des Lebens schärfen und Ihnen zu einer guten neuen Gewohnheit werden.

TAKE FOUR
DER VIERTE SCHLÜSSEL

Take four: Meine einzigartigen Talente entfalten

Alle Menschen sind talentiert. Wenn ich mir im Internet, beispielsweise auf YouTube, ansehe, zu welchen unglaublichen Leistungen Menschen fähig sind, dann komme ich aus dem Staunen nicht mehr heraus. Menschen singen Lieder mit unglaublich reiner und kraftvoller Stimme, sie tanzen mit einem Ausdruck, der uns berührt, sie malen Bilder, die uns begeistern, sie laufen Wände hoch, machen Kunststücke auf Skateboards, klettern ohne Seil Felswände empor, so als gälten die Gesetze der Physik für sie nicht. In allen Bereichen des Lebens kennen wir Menschen, die Unglaubliches geleistet haben, in der Wirtschaft, in der Medizin, in der Kunst, im sozialen Leben, in der Politik, in der Wissenschaft, im Umweltschutz oder in der Entwicklungshilfe.

Wenn wir uns bewusst in solche Menschen hineindenken, können wir vielleicht fühlen, wie es ist, dieser Mensch zu sein. Es ist sehr wirkungsvoll, über die eigenen Vorbilder tiefer nachzudenken: Was fasziniert mich gerade an diesem Menschen? Was kommt in mir in Resonanz? Welche Haltung, welche Werte faszinieren mich an ihm? Viel weniger kann ich dem Versuch abgewinnen, die Erfolgsgeheimnisse dieser Menschen zu studieren und dann kopieren zu wollen.

Wir wissen intuitiv, dass wir großes Potenzial in uns tragen. Sehr häufig haben wir das Gefühl, unsere wahren Talente noch nicht gefunden zu haben. Und wenn wir sie gefunden haben, dann bleibt der Wunsch, sie im Leben zur Entfaltung zu bringen, oft unerfüllt. Wir fühlen in uns ein Defizit, das unserer persönlichen Reifung im Wege steht. Aus diesem Defizit generieren wir viele unserer Alltagsprobleme und einen riesigen Haufen an Unzufriedenheit.

Mein Weg zum erfüllten Leben

Wie gelange ich zu wahrer Größe? Wie kann ich das Richtige in meinem Leben tun? Was ist meine Berufung? Wie finde ich Erfüllung, Lebensfreude und Liebe? Und was ist mit meinem Erfolg? Was ist schief gelaufen in meinem Leben, dass ich nicht so weit gekommen bin, wie ich es gerne gewollt hätte?

Jetzt aber sind wir auf einer anderen Spur, hin zum erfüllten Leben. Wir haben gelernt, uns mit den Quellen des Lebens zu verbinden und uns schrittweise von unseren Beschränkungen zu befreien. Vergebung, Heilung und Dankbarkeit waren uns dabei eine große Hilfe. Der Entfaltung der eigenen Talente steht nichts mehr im Wege. Getragen werden wir von der Haltung, wirklich viel im Leben möglich machen zu können, ganz ohne Druck, einfach nur mit etwas Konsequenz im Tun. Es geht nicht um High-Performance, nicht primär um Erfolg. Wir lassen uns nicht von Egointeressen treiben und ins Burn-out führen, wir wollen einfach unser Leben bereichern und wir wollen reifen.

Müssen wir dazu wissen, *welche* Talente wir entfalten wollen? Es ist aus meiner Sicht eine zu einfache Vorstellung, unsere Talente auf ein Blatt Papier zu schreiben, zu gewichten und dann zu unseren Top 3 zu kommen. Wenn wir unser Leben als Entwicklungsprozess verstehen, Angst überwinden und lernen, auf unsere innere Stimme zu hören, dann sind wir auf einem guten Weg. Und ganz selbstverständlich wird sich im Zuge unserer langsamen Befreiung von Beschränkungen und Zwängen das ein oder andere Talent zu erkennen geben. Talente sind mehr als Stärken. Es sind Zugkräfte in unserem Leben, die uns nach oben ziehen wollen. Sie belasten uns in gewisser Weise, wenn wir sie nicht erkennen oder entfalten. Aber wenn wir an uns arbeiten, dann entwickeln sich diese Zugkräfte wie von selbst. Das, was uns das Leben dann an Möglichkeiten bietet, wird mit unseren Talenten wie von Zauberhand übereinstimmen.

137

Meinen Talenten auf der Spur

Auf meinem Weg werde ich meine Talente *aufspüren*, sie werden aus meinem Inneren auftauchen und ich werde sie erkennen. Diesen Prozess kann ich bewusst beeinflussen und intensivieren. Dazu sind folgende Fragen hilfreich, über die ich sinnieren und meditieren kann:

- Womit komme ich im Leben immer wieder in Resonanz? Was berührt mich? Zu welchen Vorhaben und Zielen fühle ich mich hingezogen?

- Welche Menschen faszinieren mich besonders? Was genau an Ihnen ist es, das mich anspricht? Was können sie besonders gut?

- Was liegt offen vor mir, ohne dass ich es klar sehen kann?

- Was wollte ich immer schon einmal sein? Was für ein Wunsch liegt dahinter?

- Was habe ich mich bisher nicht zu versuchen getraut?

- Was könnte ich stundenlang tun und dabei vollkommen stressfrei sein?

- Was sagt die Stimme meines höheren Selbst? Auch wenn ich sie nur schwach hören kann, worauf stoße ich immer wieder? Was, welche Erlebnisse, welche Bilder, welche Menschen, haben Spuren in meiner Seele hinterlassen?

Bernd Schmid[95], der bekannte Wissenschaftler, Trainer und systemische Coach hat mir in einem Vortrag beigebracht, nach inneren Bildern, nach Leitfiguren und Leitmotiven zu forschen. Er beginnt mit einer Reihe von Bildern aus seinem Leben, die irgendwie hängen geblieben sind und beschreibt sie mit den Worten: *„Es stimmt etwas für mich, wenn ..."*

Zum Hineinspüren: Bilder, die mich begleitet haben

Aus meiner Kindheit ist mir geblieben: *Es stimmt etwas für mich, wenn Freunde zu mir kommen und wir gemeinsam Legowelten bauen. Es ist aber auch gut für mich, wenn ich allein stundenlang tüftle und versinken kann. Und es stimmt etwas für mich, wenn es allen gut geht und wenn es gerecht zugeht.*

Aus meiner Schul- und Studienzeit als Keyboarder in Rockbands ist mir geblieben: *Es ist wunderbar, Teil einer Band zu sein. Ich liebe den Proberaum mehr als die Bühne, ich fühle mich im Hintergrund wohl, aber ich freue mich auf mein Solo. Es stimmt etwas für mich, wenn bunt zusammengewürfelte Menschen gemeinsam eine Performance entstehen lassen.*

Aus derselben Zeit als Schüler und Student ist mir geblieben: *Mit der Zeit werde ich immer besser und lerne von anderen. Am Ende bin ich gern unter den Besten. Mein Wissen aber gebe ich gern weiter. Es stimmt etwas für mich, wenn ich andere an meinem Wissen teilhaben lasse.*

Noch ein Bild aus der Studienzeit: *Ich verbrachte eine längere Zeit in San Francisco und in Vancouver. Es stimmt etwas für mich, wenn sich Widersprüche vereinen und Lebendigkeit zu spüren ist.*

Aus meinem frühen Arbeitsleben ist mir geblieben: *Es stimmt etwas für mich, wenn ich eigene Wege gehe, wenn ich eine Vielfalt von Ideen erkenne, eigene hinzufüge und große Zusammenhänge erforsche.*

Und zuletzt noch: *Es stimmt etwas für mich, wenn ich etwas Sinnvolles tun kann und sich am Ende meine Geschichte zum Guten wendet.*

Was kann ich daraus für meinen jetzigen Lebensweg erkennen? Ich beschäftige mich gern sehr intensiv mit einer Sache, teilweise mit anderen Menschen zusammen, aber phasenweise auch unbedingt allein. Ich eigne mir gern Wissen an und gebe es gern weiter.

Am Anfang bin ich bescheiden, doch später möchte ich wirklich gut sein und ein Solo spielen. Ein breiter Weg wird nie der meine sein. Ich suche die eigenartigen Wege, oft wider jede Vernunft. Ich fühle mich nur wohl, wenn ich eine Vielfalt von Ideen in mir trage. Und ich möchte mit Menschen arbeiten und etwas Gutes in ihr Leben bringen.

Vieles davon, sicher noch nicht alles, habe ich in meinem Arbeitsleben verwirklichen können. Meine Arbeit als Berater, Trainer und Buchautor ist vielfältig. Viele sagen: Konzentriere dich auf eine einzige Sache, aber das ist nicht mein Weg. Ich nehme viele Dinge in Angriff und verbinde sie, von Self-Leadership, Leadership, Strategie, Kultur, Human Development, Change bis hin zu Nachhaltigkeit und Spirit in Business lasse ich nichts aus. Ich schreibe zu vielen Themen Bücher, generiere Ideen und eigene Konzepte. Schwerlich könnte ich mich über viele Jahre auf ein Thema beschränken. Strategisch mag das nicht die beste Wahl sein, aber es ist meine Weise.

Der vierte Schlüssel, um unsere Talente zum Erblühen zu bringen, besteht wieder aus einem Dreischritt:

1. Gegenwärtigkeit erfahren

2. Zukunft visualisieren

3. Widersprüche entscheiden

Gegenwärtigkeit erfahren

„Gegenwärtigkeit erfahren" hat für mich viele Ebenen. Es geht um eine *Form der Achtsamkeit*. Achtsamkeit können wir dem Leben entgegenbringen, wenn wir uns auf das Jetzt konzentrieren. Achtsamkeit können wir auf unser *Gefühlsleben* richten, indem wir unsere Gefühle bewusst und intensiv erleben. Was wir mit guten Gefühlen machen, durchströmt unseren Körper, verändert unser Gehirn und damit auch unsere alten Gewohnheiten. Wir müssen lernen, intensive Gefühle wahrzunehmen. Und wir können unserem Körper mit Achtsamkeit begegnen. Dazu gibt es Körperübungen, die uns innerlich lebendig machen.

Achtsamkeit für das Leben üben

Der Begriff „Achtsamkeit" ist seit einiger Zeit auch in der westlichen Welt bedeutsam. Ich verbinde mit Achtsamkeit die Gegenwärtigkeit, die zugleich beobachtet, also die *beobachtende Gegenwärtigkeit*. Wir können Achtsamkeit als „Gewahrsein" bezeichnen. Wir sind uns des Augenblicks gewahr, alles wird beobachtet und alles passiert bewusst. Achtsamkeit ist somit das Gegenkonzept zu unseren Gewohnheiten des Alltags. Gewohnheiten laufen automatisiert und unbewusst ab. Wenn etwas mit Achtsamkeit passiert, dann sind wir uns den Ablaufs voll bewusst, wir vollziehen ihn mit Hingabe.

Die Übung der Achtsamkeit hat zwei wichtige Gründe. Erstens hilft uns die gesteigerte Achtsamkeit, unser Leben stärker an den Augenblick zu binden und gegenwärtiger, bewusster, hingebungsvoller zu sein. Wir können das mit drei Wörtern zusammenfassen: *Atme und lächle.* Unsere schnelllebige Zeit gibt uns allen Grund, den Augenblick bewusster zu leben.

Der zweite Grund liegt im Umgang mit unseren Gewohnheiten, den unterbewussten Programmen, die in uns ablaufen und unseren Alltag zu 95 Prozent bestimmen. Achtsamkeit ist in diesem Fall ein Werkzeug, um Gewohnheiten bewusst aufzuspüren und zu verändern. Dieser Aspekt ist für unsere Weiterentwicklung sehr wichtig.

141

Achtsamkeit – Leben im Augenblick

In den spirituellen Lehren geht es im Kern um die Konzentration auf den Augenblick, auf das Jetzt. Im Buch „*Jetzt! Die Kraft der Gegenwart*" bringt es Eckhart Tolle[96] auf den Punkt: *Lebe im Jetzt!* In unserem Sprachgebrauch verbinden wir mit dem Begriff „Augenblick" etwas Ähnliches, aus meiner Sicht aber nicht dasselbe. Im Alltag ist der Augenblick etwas sehr kurzes, vielleicht ein nur wenige Sekunden andauerndes Erleben. Wir sprechen von einem Augenblick des Glücks, von einem schönen *Moment* im Leben. Somit ist der Augenblick im Alltagsgebrauch auch schnell vergänglich, er ist nichts Bleibendes.

Im Sinne der spirituellen Lehren wird der Augenblick aber zum Leben an sich. Unser ganzes Leben finden wir im Augenblick. Es gibt überhaupt nichts anderes mehr als den Augenblick. Wenn wir von „Zeit" sprechen, dann nennen wir vergangene Phasen „*Vergangenheit*", auf uns Zukommendes „*Zukunft*" und unser gegenwärtiges Erleben „*Gegenwart*". Und was eben noch Gegenwart war, ist bald Vergangenheit. In meinem Verständnis folgt daraus: *Der Augenblick im spirituellen Sinne ist nicht die Gegenwart.* Denn der Augenblick ist unser Leben, er ist immerwährend und nicht an Zeit gebunden. Im Augenblick formt sich unser Leben, er ist somit ein *Raum*, in dem sich unser Leben entfaltet, kein Zeitpunkt. Der Augenblick wird unser Bezugspunkt zur Ewigkeit des Seins. Wir bringen diese Ewigkeit des Augenblicks zum Ausdruck, wenn wir sagen: *Ich bin.* Damit ist das göttliche, zeitlose „*Ich bin*" gemeint.

Achtsamkeit gegenüber unseren Gewohnheiten

Um uns in Achtsamkeit zu üben, können wir bei unseren Gewohnheiten beginnen. Gewohnheiten sind nach *Charles Duhigg*[97] *Routinen*, die in einen fixen Ablauf eingebettet sind. Am Anfang gibt es den Auslösereiz. Das kann beispielsweise ein bestimmter Mensch sein, den ich treffe, das kann eine bestimmte Uhrzeit sein, ein bestimmter Ort, ein Gefühl oder auch eine Tätigkeit. All diese Reize können in mir eine Routine in Gang setzen, auf die ich keinen bewussten Einfluss mehr ausübe. Mein Gehirn hat aus reinen Energieeffizienzgründen den Ablauf einstudiert und aus dem bewussten Denken des Neocortex ausgeschieden. Eine Gewohnheit ist ein durch Training gelernter Ablauf, den unser Gehirn in andere, weniger energieintensive Hirnareale verlegt hat. Das ist grundsätzlich gut. Erst Gewohnheiten machen uns als Menschen überhaupt richtig lebensfähig. Ohne Gewohnheiten wäre das Leben unerträglich mühsam und langwierig. Alles müssten wir uns immer wieder vollkommen bewusst machen, wie beim ersten Mal. Das würde uns unendlich viel Konzentration abverlangen und uns nach wenigen Minuten ermüden lassen. Denken Sie nur einmal an das Autofahren. Wären die Abläufe keine Gewohnheiten, führen wir wie Fahrschüler bei höchster Konzentration und wären dabei in hohem Maße fehleranfällig. Gewohnheiten haben nämlich einen wunderbaren Vorteil: Unter den bekannten Bedingungen, unter denen wir sie erlernt haben, laufen sie nahezu fehlerfrei ab. Je mehr wir nachdenken, umso mehr Fehler schleichen sich in unsere Abläufe ein.

Der Hauptteil einer Gewohnheit ist die Routine. Die Routine kann eine Art der Wahrnehmung, eine Gedankenkette, ein Gefühl, eine Handlung oder eine Kombination aus diesen Elementen sein. Angenommen, Sie verlassen Ihre Wohnung morgens ohne Ihre Geldtasche, die in einer anderen Jacke steckt, und fahren mit Ihrem Auto auf der Autobahn. In dem Moment, wo Sie auf die Tankanzeige blicken, fällt es Ihnen plötzlich ein: Ich habe meine Geldtasche vergessen! Ich bin so ein Trottel! Das darf doch nicht wahr sein, das gibt es ja gar nicht. Was mache ich jetzt nur? Leichte Panik kommt auf.

Was ist daran die Gewohnheit? Nun, Sie machen einen Fehler. Der

Moment, in dem Ihnen Ihr eigener Fehler auffällt, ist der Auslösereiz. Dann folgt eine Routine in Form einer Gedankenkette, die Sie schwächt und immer weiter nach unten zieht: *Ich bin so ein Trottel, das darf doch nicht wahr sein, wie konnte das nur schon wieder passieren* und so weiter. Diese Gedankenkette, die als Routine auf einen Ihrer Fehler folgt, erzeugt in diesem Beispiel dann noch ein Gefühl: Panik und Stress. Sie verlieren kurzfristig mindestens 50 IQ-Punkte und finden sich in einer ausweglosen Situation wieder. Erst einige Minuten später fällt Ihnen ein, dass Sie immer 100 Euro im Handschuhfach liegen haben, eben für den Fall der Fälle. Also gibt es keinen Grund zur Panik. Zu diesem Zeitpunkt aber haben Sie mit dem Satz *„Ich bin so ein Trottel!"* ein Stückchen Ihrer inneren Stärke verloren. Immer wenn Sie sagen *„ich bin"*, dann hat das für Ihr Bewusstsein eine besondere Bedeutung. Was mit *„ich bin"* beginnt, sollte immer einen positiven Ausgang haben.

Hier kann uns Achtsamkeit helfen, die Denkgewohnheit, die von einem eben erkannten Fehler ausgelöst wird, nach dem „ich bin" zu unterbrechen und statt dem „Trottel" einen guten Ausgang zu formulieren. *Ich bin ...* (Lücke im Denken durch Achtsamkeit) ... *intelligent und inspirierend ...* (ein positiver Glaubenssatz, wie wir ihn später noch formulieren werden). Der Vorteil ist offensichtlich: Statt an innerer Stärke zu verlieren, richten Sie sich auf und ersparen sich das nachfolgende panische Gefühl, das Stress erzeugt und Sie gesundheitlich schwächt.

Dem Auslösereiz folgt die Routine und der Routine folgt eine Belohnung. Ganz einfach. Ohne Belohnung keine Gewohnheit. Unser Gehirn ist strikt auf Belohnungen aus. Wenn eine Routine nicht mit einer Belohnung verbunden ist, wird daraus keine Gewohnheit. Was können nun Belohnungen sein? In einfachen Fällen liegt die Belohnung auf der Hand. Wenn ich morgens gewohnheitsmäßig als Erstes einen Kaffee trinke, ist das wunderbare Wachgefühl, das Koffein in mir auslöst, die Belohnung.

Wenn ich den Morgen mit einem Glas Wasser beginne, ist die Belohnung das wunderbare Gefühl, meinen Körper zu reinigen und mich vollkommen gesund zu fühlen. Und wenn ich den Wecker auf Schlummerfunktion stelle, dann ist es das wunderbare Gefühl, noch weitere fünf Minuten im warmen Bett verweilen zu können.

Was aber ist die Belohnung bei der Denkgewohnheit „Ich bin so ein Trottel"? Da müssen wir tiefer gehen und nachdenken. Eine mögliche Interpretation ist folgende: Wenn ich mich unmittelbar selbst beschimpfe, nehme ich anderen Menschen die Möglichkeit, mit als Trottel hinzustellen. Dann ist die Belohnung auch klar. Mit der Selbsterniedrigung habe ich mir eine weit schmerzvollere Erniedrigung durch einen anderen Menschen erspart. Der Hintergrund kann auch noch viel komplexer sein, aber hier könnte ein Faden zu finden sein, der zu meiner Belohnung führt.

Viele unserer schlechten Gewohnheiten, solche, die uns und anderen schaden, sind mit hinterlistigen Belohnungen verknüpft. Oft ist damit die Verdrängung eines schmerzhaften Gefühls verbunden. Ich trinke einen Whiskey und schalte den Fernseher ein, sobald ich allein zu Hause bin, um das Gefühl der Einsamkeit erst gar nicht aufkommen zu lassen. Belohnung ist oft ein ersparter Schmerz, der im Augenblick nicht an die Oberfläche kommt und mich quält. Es sind solche Gewohnheiten, die wir mit Achtsamkeit als Erstes aus unserem Leben verbannen sollten.

Hinderliche Gewohnheiten in meinem Leben aufspüren

Mit Achtsamkeit können wir jenen Gewohnheiten in unserem Leben auf den Grund gehen, die uns schwächen und die unserer Entwicklung im Wege stehen. Wie können wir das erkennen? Wenn wir achtsam sind, wird uns auffallen, dass wir in vielen Situationen unangemessen reagieren. Wenn ich meinen Tag reflektiere, werden mir Situationen einfallen, in denen ich überreagiert habe. Das Beispiel mit der vergessenen Geldbörse ist ein solcher Fall. Stress und Panik sind Überreaktionen, die der eigentlichen Situation nicht entsprechen.

Zum Hineinspüren: In das Opferland abtauchen

Es kommt vor, dass ich mich wegen einer Kleinigkeit, beispielsweise wegen einer unerwarteten Kritik, etwa, weil ich die Kaffeeküche unaufgeräumt verlassen habe, dermaßen angegriffen fühle, dass ich für Stunden vollkommen ins Opferland abtauche. Dann entwickle ich größtes Selbstmitleid und male mir meine Situation mit dicken Pinselstrichen extrem negativ aus. Ich finde dann die Kritik unglaublich unfair, weil ich ja sonst immer derjenige bin, der für andere sauber macht. Außerdem hätte gerade Susanne das nicht sagen dürfen. Sie ist wirklich die letzte, die mich kritisieren sollte. Aber der Tag hat heute schon so schlecht begonnen. Ich ging ohne Geldbörse aus dem Haus, dann der Stau und jetzt noch diese ungeheuerliche Kritik. Ich bin gespannt, wie dieser Tag weitergeht. Ich stelle mich gleich darauf ein, dass es einer jener Tage wird, an denen nur gestritten wird. Der Konflikt mit Christian wird heute sicher wieder aufbrechen, er hat mich schon so unfreundlich gegrüßt heute Morgen. Überhaupt ist die Arbeit hier nicht mehr das, was sie einmal war. Die Kollegen sind keine Unterstützung. Irgendwie habe ich das Gefühl, sie schließen mich immer mehr aus. Wahrscheinlich läuft da etwas hinter meinen Rücken. Naja, es würde mich nicht wundern, das erlebe ich nicht zum ersten Mal, und so weiter und so weiter. Ich setze also eine negative Gedankenspirale in Kraft und mache die Situation in meinem Kopf immer schlimmer[98].

Die Folge einer negativen Gedankenspirale ist ein negatives Gefühl. Gedanken sind Ursachen für Gefühle, negative Gedanken erzeugen daher negative Gefühle. Wir kommen durch die

Gedankenspirale in eine Gefühlsspirale hinein und verlassen dann den Boden der Realität. Wir ziehen uns in eine geheime Gedanken- und Gefühlslandschaft zurück, die für andere Menschen nicht mehr nachvollziehbar ist. Wir hören andere oft sagen: Sag mal, was ist denn mit dir los? So schlimm war das eben ja auch wieder nicht!

Letztlich können einem Auslösereiz auch Handlungen folgen, die der Situation nicht angemessen sind. Ein Beispiel: Wenn eine von mir akzeptierte Autorität etwas von mir will, lasse ich sofort alles andere liegen und werfe mich mit 150 Prozent auf diese eine Sache. Koste es, was es wolle, dieser Auftrag muss vollkommen perfekt ablaufen. Dafür opfere ich meine Freizeit und unterdrücke alle anderen inneren Stimmen. Ich lasse mich also von einer autoritären Person vollkommen ausnutzen.

Ein anderes Beispiel: Ich werde beim Joggen von einer Person verfolgt. Sie läuft offensichtlich schneller als ich. Das kann ich nicht auf mir sitzen lassen und erhöhe mein Tempo. Alles, was mich jetzt treibt, ist der Gedanke, mich auf keinen Fall überholen zu lassen. Dabei ignoriere ich alle Grenzen meines Körpers, meinen viel zu hohen Puls, meine beginnende Atemnot, alles ist mir egal. Mich überholen zu lassen, geht gar nicht. Solche Handlungsgewohnheiten sind auch im Autoverkehr häufig zu finden. So lassen sich Menschen auf Wettrennen ein und vergessen dabei alle Gebote der Sicherheit und des gesunden Menschenverstandes.

Wir haben also drei Felder für Gewohnheiten, die uns schaden können. Dem Auslösereiz folgen dann:

- Gedankengewohnheiten, also negative Gedankenspiralen

- Gefühlsgewohnheiten, also negative Gefühlsspiralen, die uns nach unten ziehen.

147

- Handlungsgewohnheiten, also negative Aktionen, die mich oder andere gefährden oder mir oder anderen schaden.

Zum Nachdenken: Fragen für eine kurze Selbstreflexion

Wann laufen bei mir solche Gedankenspiralen, Gefühlsspiralen oder Aktionen ab, die, wenn ich sie kritisch hinterfrage, der eigentlichen Situation nicht angemessen sind? Wann übertreibe ich mit meinen Reaktionen und lasse mich in ein Loch fallen? Wann passiert etwas in mir – im Denken, im Fühlen, im Handeln –, über das ich scheinbar keine Kontrolle habe, und das mir und anderen eher schadet?

Um das Verständnis für Gewohnheiten abzurunden: Was ist die Belohnung bei einer solchen negativen Spirale? Eine mögliche Interpretation ist folgende: Wenn ich mich so richtig in ein selbstgeschaufeltes Loch fallen lasse und tief ins Opferland eintauche, dann bin ich arm dran. Wenn ich arm dran bin, kann ich jammern und anderen mein Leid klagen. Dann bekomme ich mehr Zuwendung und Aufmerksamkeit von meinem Lebenspartner. Außerdem könnte mein Partner mitjammern und wir könnten uns dann gemeinsam über das Leben aufregen.

Zum Vertiefen: Unsere frühkindlichen Programme

Stellen Sie sich das vor: In nur gut fünf Prozent der Zeit des Tages sind wir Menschen in der Lage, unseren bewussten Geist achtsam über unser Denken, Fühlen und Handeln zu legen und somit uns selbst bewusst zu steuern. In 95 Prozent der Zeit steuern uns unsere Gewohnheiten und frühkindlichen Programme. Der bewusste Geist ist nämlich die meiste Zeit über abgelenkt, er denkt an die Zukunft, ärgert sich über die Vergangenheit, macht sich Sorgen, denkt sich etwas Neues aus, ist also stark beschäftigt und nicht mit voller Konzentration im Jetzt. Wenn wir nicht bewusst auf unser Sein Einfluss nehmen, läuft etwas ab, was wir vielleicht gar nicht wollen. Obwohl wir beispielsweise in wertschätzender Kommunikation geübt sind, schnauzen wir Menschen an. Obwohl wir in einem schönen Restaurant sitzen, lümmeln wir herum. Obwohl wir im Konflikttraining gute Lösungswege erlernt haben, geraten wir in Wut und Rage. Obwohl wir einem lieben Menschen gegenüber aufmerksam sein wollen, übersehen wir die neue Frisur, sagen wieder genau das Falsche, vergessen die lieben Worte und sind wieder ganz die Alten, die wir doch schon weit hinter uns gelassen zu haben glaubten. Ein typischer Fall von „Denkste!" Was läuft da in uns ab, das alle unsere Bemühungen verpuffen lässt und unsere Erfolge in Luft auflöst?

Jene Gewohnheiten, die wir uns im Laufe unseres Lebens selbst antrainieren, können wir uns auch wieder abtrainieren. Das ist aber ein kleines Feld von Gewohnheiten. Was also *Charles Duhigg*[99] als unsere Gewohnheiten beschreibt, ist nur die Spitze des Eisbergs. Sagen wir es so: Jene Gewohnheiten, die wir uns antrainiert haben, wenn wir also beispielweise zu viel fernsehen, zu viel Schokolade essen, zu wenig Sport treiben, schlampig schreiben, mit Facebook & Co zu viel Zeit verbringen oder unseren Tag mit unterschiedlichen Dummheiten vergeuden, können wir uns das auch wieder abtrainieren. Darauf haben wir Einfluss, auch wenn es manchmal langwierig ist. Natürlich sind diese Gewohnheiten unterbewusste Programme. In unserem Unbewussten aber können wir noch viel tiefer in den Keller steigen. Dort erst finden wir den Ursprung vieler unserer Wahrnehmungsmuster, Gedanken, Gefühle und Handlungen, die unser Leben bestimmen und die definitiv nicht bewusst steuerbar sind.

In unseren ersten Lebensjahren, grob gesagt in der Zeitspanne zwischen unserer Geburt und unserem sechsten Lebensjahr, sind wir im Modus des ungefilterten Lernens. Alles, was wir in dieser Zeit aufnehmen, was wir hören, sehen, schmecken, tun lernen, geht ohne den Filter des bewussten Geistes direkt in unser Unterbewusstsein ein. Dort wird alles, wirklich alles, gespeichert und bleibt uns ein Leben lang erhalten. Das ist gut und schlecht zu gleich. *Bruce Lipton*[100] erklärt den massiven Einfluss unserer frühkindlichen Programmierung mit der Entwicklung der Gehirnwellen bei Kindern. In dieser frühen Phase unserer Entwicklung gibt es in unserem Gehirn nur zwei Schwingungsfrequenzen: die *Delta-Wellen* (unter 3 Schwingungen pro Sekunde) und die *Theta-Wellen* (zwischen 4 und 7 Schwingungen pro Sekunde). Das sind die niedrigsten Frequenzen unseres Gehirns, die wir als Erwachsene nur noch im Tiefschlaf, in Meditation, in Tiefenentspannung oder in Hypnose- und Trancezuständen erreichen können. In diesem Zustand haben wir den direkten Draht zum Unterbewusstsein. Als Kinder werden wir so für das Leben programmiert. Wenn wir nützliche, nährende Programme erhalten, können wir uns ein Leben lang daran erfreuen. Wenn unser Programmpaket also beinhaltet, dass wir unglaublich lieb, gescheit, wunderhübsch, großartig begabt, freundlich, geschickt, lernfähig und talentiert sind und dass alle Menschen uns lieben und unterstützen, dann, ja, dann sind wir *Fürsten, Kaiser, Könige*.

Anders wird unser Leben aussehen, wenn unser Programmpaket schädigende Programme enthält. Wenn unser Speicher davon überzeugt ist, dass wir lästig und nervend sind, dass wir unmöglich, dumm und ungeschickt sind, wenn unser Programm sagt, wir seien nicht gut genug, wir seien es nicht wert, geliebt zu werden, dann sind wir *Leibeigene, Untertanen und Bettler*. Wie sehr sich unsere Eltern, Erzieherinnen und Erzieher auch bemüht haben mögen, es wird sich in unser Unterbewusstsein immer auch eine Fülle negativer Programme einschleichen, bei den einen mehr, bei den anderen weniger. Der eine meistert damit sein Leben ohne Probleme, der andere scheitert oder kommt nicht in die Gänge, bleibt sein Leben lang unzufrieden, lebt eremitisch im eigenen Opferland oder in anderen Sümpfen des Lebens.

In unserem späteren Leben haben wir vielleicht immer das Gefühl, für etwas nicht gut genug zu sein, leiden an mangelndem Selbstbewusstsein, fühlen uns manchmal minderwertig, klein und unterlegen. Andere fürchten Autoritäten, haben Angst vor vielen Menschen zu sprechen, trauen sich nicht zu singen, haben Scheu vor Kritik und fürchten, beschämt zu werden. Und wiederum andere wagen nicht, Gefühle zu zeigen, versteinern bei einer Umarmung oder meinen, mit protzigen Labels andere und sich selbst vom eigenen Wert überzeugen zu müssen. Viele unserer Programme halten uns jedenfalls davon ab, das beste Leben zu leben, das uns möglich wäre. Die Entfaltung unserer Talente und unsere Wirksamkeit in der Gesellschaft bleiben sehr oft weit hinter unseren Möglichkeiten zurück. Das ist für den einen vielleicht gut so und steht einem glücklichen Leben nicht im Wege, viele Menschen aber leiden darunter.

Wenn unser Leiden sehr schlimm ist, dann ist auf jeden Fall professionelle Hilfe zu empfehlen. Allein in der Psychotherapie gibt es viele Methoden, die genau auf diese Programme Einfluss nehmen können: Hypnotherapieformen, die auf *Sigmund Freud*[101] in Europa und später dann auf *Milton Erickson*[102] im angloamerikanischen Raum zurückgehen, sind hier ebenso zu erwähnen wie verschiedene Spielarten der Energetik.

Alles, was wir nach dem sechsten Lebensjahr lernen, wird nicht mehr unmittelbar und ungefiltert ins Unterbewusstsein verschoben. Unser Gehirn schwingt im wachen Zustand mit höheren Frequenzen, etwa Alpha- und Beta-Wellen. Somit sind spätere Programmierungen bei weitem nicht mehr so mächtig und bestimmend wie die frühkindlichen.

Unser bewusster Geist, der sich später herausbildet, ist von seiner Kapazität her leider nicht in der Lage, unsere unbewussten Programme maßgeblich zu kontrollieren und zu verändern. Je mehr wir uns aber in Achtsamkeit üben und unseren bewussten Geist im Augenblick des Lebens halten, umso stärker wird unser Einfluss auf unsere unliebsamen Programmierungen.

Mit Achtsamkeit allein wird uns die Auflösung unserer problematischen, frühkindlichen Programmierungen nicht ausreichend gelingen. Unser ganzes Üben, all unser Bemühen reicht dazu nicht aus. Zumindest nicht, wenn wir das Ganze im westlichen Stil durchführen und ganz nebenbei noch *ein normales Leben* im Wirtschaftstreiben führen. Für mich stellt daher die Verbindung zu den drei Quellen des Lebens (*Kraft, Liebe* und *Segen*) eine unverzichtbare Hilfe dar. Gönnen Sie sich jede Hilfe!

Mit Willenskraft, mit einer Verbindung zu den drei Quellen und mit Ihrer Befreiung von Zwängen und Beschränkungen kann es Ihnen gelingen: Sie können Ihr Leben voll verantwortlich in die eigene Hand nehmen!

𝒥

Gegenwärtigkeit durch Achtsamkeit für meinen Körper und meine Gefühle

Unser Körper ist mehr als der physische Träger unserer Seele, unseres höheren Selbst. Unser Körper ist die Brücke der spirituellen Welt in die Welt der Formen und der Gefühle. Alles fühlt in dieser Welt! *Andreas Weber*[103] hat in seinem wunderbaren Buch „*Alles fühlt!"* gezeigt, wie die moderne Biologie das Fühlen, das Empfinden als Basis des Lebens zu erkennen beginnt. *Natur ist vor uns ausgebreitetes Fühlen*[104].

Um Gefühle intensiv spüren zu können, müssen wir unser Herz öffnen. Der Schutzpanzer, der viele unserer Herzen umgibt und der vor tiefen Gefühlen schützt, ist zugleich ein Gefängnis für uns. Wenn wir die Hoch- und Tiefphasen des Lebens und die damit verbundenen Gefühle nicht auskosten, fehlt es uns an

Lebendigkeit. Es ist niemals das Normale, das uns in Kontakt mit dem Lebendigen bringt, es sind die Extreme, es ist die Vielfalt, das Außergewöhnliche, alles, was sich an den Grenzen unserer Komfortzone abspielt.

Von *Gerald Hüther*[105] wissen wir: *„So einfach ist das: Das Gehirn entwickelt sich so, wie und wofür es mit Begeisterung benutzt wird."* Wenn wir als erwachsene Menschen wirklich etwas Neues lernen wollen, dann muss es uns Freude bereiten. Ohne Freude, ohne Begeisterung ist unser Gehirn zu starr, um neue Verbindungen zu kreieren. Nur wenn wir etwas mit Begeisterung machen, ist unser Gehirn von den notwendigen *Weichmacherstoffen* durchdrungen und kann neue Verbindungen, die Synapsen, ausbilden. Mit Gefühlen also richten wir unser Bewusstsein und unseren Geist aus und geben unserem Leben eine Entwicklungsrichtung.

Wenn wir in einem Zustand der Begeisterung sind, wird unser ganzer Körper von Motivationsbotenstoffen durchströmt. Es scheint so, dass wir in diesem Zustand nicht nur zu großen Leistungen und großer Kreativität fähig sind, sondern dass sich unser Gehirn und somit wir als Menschen wirklich grundlegend verändern können. Das ist der Grund, warum die großen Motivationsgurus, allen voran *Antony Robbins*[106], so einen unglaublichen Zustrom erhalten. Sie versprechen die Transformation in kurzer Zeit, oft bei einem Wochenendseminar. Die Veränderung geschieht dabei durch die Kraft der Begeisterung.

Was immer wir im Leben tun, was wir tun müssen oder was das Leben für uns bereithält, es ist immer unsere eigene Entscheidung im Jetzt, wie wir darauf reagieren. Die erste und häufigste Möglichkeit ist immer der *Widerstand*. Wir weigern uns oft, etwas im Leben hinzunehmen. Etwas hätte nicht passieren dürfen oder etwas hätte passieren müssen, ist aber ausgeblieben. Leicht finden wir einen Grund für Ärger und Widerstand. Mit Achtsamkeit können wir unsere Reaktionsmuster besser beobachten und verändern. Zunehmend gelingt es uns, etwas zwar nicht mit Freude, aber zumindest mit *Bereitwilligkeit* anzunehmen. Dann kämpfen wir nicht mehr mit dem Leben. Über der Bereitwilligkeit steht die *Freude*. Wir tun gewisse Dinge mit Freude und wir lassen unsere innere Freude zunehmend in das einfließen, was wir tun. Die letzte Stufe ist die *Begeisterung*, der Enthusiasmus. Wenn es uns gelingt, Widerstand zu überwinden und *die drei Weisen des Tuns*[107], die Bereitwilligkeit, die Freude und die Begeisterung, in unser Leben zu holen, dann sind wir auf einem guten Weg. Für ein gutes Leben und für unsere Reifung sind aber auch all jene Gefühle wichtig, die wir als negativ erleben: Traurigkeit, Verzweiflung, Angst, Aggression oder Feindseligkeit formen uns als Menschen ebenso.

Zum Ausprobieren: Mit Gegenwärtigkeit meine Talente erkennen und entfalten

Es gibt sehr viele Möglichkeiten, Gegenwärtigkeit in unser Leben zu holen. Nehmen Sie diese ersten Skizzen nur als Quelle der Inspiration und gehen Sie auf die Suche nach Ihren persönlichen Übungen. Achtsamkeit – in welcher Form Sie das auch immer trainieren – wird immer eine wichtige Rolle spielen. Was das mit Ihren Talenten zu tun hat? Wenn Sie auf dem Weg einer achtsamen Entwicklung sind, dann können Sie darauf vertrauen, dass sich Ihre Talente wie von selbst entfalten.

Achtsamkeit im Leben - atme und lächle. Die Konzentration auf das Jetzt steht im Mittelpunkt vieler spiritueller Lehren. *Thich Nhat Hanh*[108] beschreibt dazu viele praktische Übungen und empfiehlt ein Leben zu leben, das einer Reise zum Frieden gleichkommt. Was immer uns im Leben passieren mag, welche Gefühle in uns aufsteigen, wir können uns auf unseren Atem konzentrieren und dabei lächeln. Das klingt nach einem einfachen Weg, ist aber in

Wirklichkeit eine jahrelange Übung. Ohne Konsequenz sind wir nichts, mit Konsequenz aber können wir uns und die Welt verändern.

Stille - der heilige Raum. Unser Leben ist laut, voller Störgeräusche und Ablenkungen. Wir sollten daher jeden Tag die Stille suchen. Stille ist nach *Eckhart Tolle* mehr als die Abwesenheit von Lärm. Stille ist der heilige Raum, in dem Leben stattfindet. Eine kleine Meditation, eine Minute des Abschaltens, ein kurzer Aufenthalt an einem für uns heiligen Ort, ein kurzes Innehalten oder ein Gebet, all das sind Möglichkeiten, der Stille in unserem Tag einen Platz zu geben.

Ein Spaziergang in Freude. Ein kleiner Spaziergang kann Wunder wirken. Wir können lernen, im Gehen zu meditieren. Auf dem Weg halten wir kurz inne, bestaunen eine Blume, einen Baum, einen Schmetterling, ein Kind, eine Katze oder einen Hund. Auch in der Stadt gibt es dazu viele Möglichkeiten. Wir können einen Menschen bewusst beobachten, der einen anderen Menschen trifft, und die Freude dabei spüren. Beim Spazierengehen bewusst atmen, langsame Schritte tun und innerlich Freude empfinden, das kann uns sehr helfen. Wenn ich mit unserer Whippet-Hündin Rose spazieren gehe, kann mich das sehr froh stimmen.

Einfach lieben. Liebe ist eines der stärksten Gefühle, die zu fühlen wir imstande sind. Die universelle Liebe ist die große Kraftquelle für uns und in uns Menschen. Wir lieben aber auch auf ganz andere Weise. Wir verlieben uns in Menschen, wir verlieren uns in Dingen und Tätigkeiten, wir können Dinge lieben, Handtaschen, Uhren, Autos, Häuser, wir können Erlebnisse lieben, ein heißes Bad, die aufgehende Sonne, den Sonnenuntergang, einen Nachtspaziergang, den Wind oder die Erfrischung im See. Eine besondere Form der Liebe manifestiert sich in der körperlichen Liebe zwischen zwei Menschen. Die tiefe Verbindung lässt uns

Hochgenüsse erleben und ermöglicht uns vollkommene Hingabe. Durch die Verschmelzung können wir eine Form der Einheit erleben. Solche intensiven Gefühlserlebnisse können uns ebenso innerlich heilen. Unser Leben wird zu einem Fest.

Sich mit einem Tier umgeben. Wir können von Tieren so viel lernen. Eine Katze oder ein Hund – natürlich auch viele andere Tiere – können eine ungeheure Bereicherung für unser Leben sein. Persönlich habe ich mich immer wieder an ein, zwei Katzen erfreuen dürfen. Sie sind die wahren großen Lehrmeister der Lebenskunst. Heute bereichert mich unsere Hündin. Sie bringt so viel Unmittelbarkeit, so eine unvoreingenommene Liebe, so viel Lebensfreude und Lebendigkeit in unser Haus und die Familie, wie es ein Wesen nur tun kann. Es sind so viele kleine Gesten der Freude, die mich täglich mit dem Gefühl der universellen Liebe verbinden.

Eine bewusste Übungseinheit. Wir sollten unserem Körper immer wieder eine ganz bewusste Übungseinheit gönnen. Damit meine ich keinen Sport, sondern ein bewusstes Üben, wie es uns das Yoga, das Tai Chi, das QiGong und viele andere Möglichkeiten anbieten. Persönlich liebe ich die *Fünf Tibeter*[109] und einige ausgewählte *Tai Chi-* und *QiGong*-Übungen.

Eine sportliche Übungseinheit. Dazu bedarf es nicht vieler Worte. Über den Wert der Bewegung sind sich die meisten Menschen einig. Ein Waldlauf, eine Runde mit dem Fahrrad, eine Bergwanderung, eine Einheit im Fitnessstudio, ein kurzes Training zu Hause, was immer zu uns passt. Jeder Mensch sollte hier eine Wahl treffen und im Training bleiben, so gut es eben geht.

Die tägliche Aufgabe. Ich halte es für sehr wichtig, mit großer Konsequenz zu trainieren und zu üben. Das Leben aber lässt es meist nicht zu, alle wichtigen Übungen, und derer gibt es viele, jeden Tag zu machen. Mögen es einige Menschen schaffen, ich schaffe es nicht. Ich schlage Ihnen daher vor, alle für Sie wichtigen Übungen zu sammeln, diese Liste symbolisch-visuell aufzubereiten und täglich zu betrachten. Je nach Laune und Möglichkeiten, die der Tag bietet, suchen Sie sich eine oder einige wenige davon aus.

Take four-Essenz: Entfaltung ermöglichen
„Gegenwärtigkeit erfahren"

Achtsamkeit ist das Tor zum bewussten Leben!

Die Essenz lautet:

Unser Körper ist eine zur Form gewordene Gefühlswelt. Mit guten Gefühlen verändern wir uns, mit guten Gefühlen lernen wir, mit guten Gefühlen heilen wir uns, physisch und psychisch. Unser Körper aber verlangt noch nach etwas anderem, er will auch in einen Zustand freudiger, physischer Erregung kommen. Er will durchblutet und mit Sauerstoff versorgt werden, er will bewegt werden. Er will auch mit den uns umgebenden Lebensenergien verbunden sein, er will das *Qi (oder Chi)*[110] in sich aufnehmen und in sich fließen lassen.

Für Ihre persönliche Toolbox:

Die besondere Gewohnheit: Ich kann aus jeder Gewohnheit eine ganz besondere Gewohnheit machen, ich kann sie mit Freude erfüllen und sie heilig machen. Aus der täglichen Fahrt mit der U-Bahn kann ich Freude gewinnen: Ich lese zehn Minuten in meinem Lieblingsbuch. Wenn ich keinen Sitzplatz bekomme, schließe ich die Augen und freue mich über mein schönes Leben. Oder ich schärfe meine Wahrnehmung, indem ich mich immer auf etwas ganz Spezielles konzentriere: Einmal achte ich nur auf das Lächeln anderer Menschen, einmal nur auf freundliche Gesten, dann wiederum nur auf das, was zwischen den Menschen passiert. Aus dem kurzen Fußweg zur Arbeit mache ich eine Gehmeditation und bin in diesen Minuten ganz achtsam. Wirklich jede Gewohnheit kann ich zu einer besonderen, freudvollen Gewohnheit machen!

Ein Tagesbeginn in Stille: Gleich nach dem Aufstehen trinke ich ein Glas Wasser, um mich innerlich zu reinigen. Mit einer Tasse Kräutertee ziehe ich mich auf meinen „heiligen" Platz zurück, setze mich auf mein Kissen und verbringe einige stille Minuten, in Vorfreude auf den Tag.

Zukunft visualisieren

In vielen Schriften der Weisheitslehren wird die Gegenwärtigkeit als das einzige Ziel dargestellt. Jeder Gedanke über die Zukunft lenkt uns nur vom Wesentlichen ab. Ist es dann nicht ein Widerspruch, wenn wir uns intensiv mit der Zukunft beschäftigen? Ja, das ist es, und das ist auch gut so. Unser Leben ist voller Widersprüche und wir müssen das aushalten.

Die Beschäftigung mit der Zukunft bringt uns von der Gegenwärtigkeit weg. Wenn wir aber in Achtsamkeit geübt sind, kann uns ein Ausflug in eine gewünschte, und damit im Rahmen der Möglichkeiten liegende Zukunft nur helfen. Wenn wir in die Zukunft blicken, dann nur aus einem Grund: Wir wollen für unser Leben ein Bild entwerfen, das uns höchst attraktiv erscheint. Dieses Bild der Zukunft wird in unserem Leben in der Gegenwärtigkeit, im Jetzt, eine Kraft entwickeln, die uns dorthin zieht, wo wir hinwollen, nämlich nach „oben". Wir zeichnen ein Bild unserer Zukunft und lassen uns dann von seiner Attraktivität magisch anziehen. Das Bild beansprucht uns aus der Zukunft her, aber es wirkt im Jetzt. Somit verschmelzen in jedem Augenblick unsere gewünschte Zukunft und unser Jetzt zu einer Synthese. Die Zukunft wirkt im Jetzt, frei von Sorge, aber voller Kraft.

Wichtig ist das vollkommene Vertrauen in die *drei Quellen des Lebens*, die uns leiten, stärken und beschützen. Es geht nicht um den Weg zu diesem Bild, nicht um die Mühen des Weges, nicht um die Gefahren, die uns auf dem Weg begegnen könnten. Ganz im Gegenteil: Wenn wir über unsere Zukunft nachdenken, dann können wir das aus dem Gefühl des *Pioniergeistes* heraus tun und uns an der eigenen Entwicklung erfreuen. Freilich könnten wir es auch aus dem *Geist der Sorge* heraus tun und uns ängstlich auf den Weg machen. Letzteres sollten wir vermeiden, Sorgen und Ängste sollten nicht unsere Begleiter sein. *Gregg Braden*[111] drückt das so aus: *„So denkt er aus dem Zustand der Vollendung heraus und* *nicht an die Schwierigkeiten, die ihm auf dem Weg dorthin begegnen könnten.*"[112]

Wirksam wird unser Zukunftsbild dann werden, wenn wir vollkommen darauf vertrauen, dass sich unser Leben nach unseren Wünschen entfalten wird. Und wenn die Wünsche des Universums andere sind als die unseren, dann wird auch das gut für uns sein. Ich bin aber überzeugt, dass wir unsere Zukunftsbilder sehr im Einklang mit dem Universum ausrichten werden, wenn wir auf unsere innere Stimme der Intuition hören und die drei Quellen des Lebens ganz für uns nutzen. Es geht um unseren Glauben an diese gewünschte Zukunft, der uns heilt und der uns zu unseren Zielen führt.

Zum Nachdenken: Das Gesetz der Resonanz

Resonanz ist ein physikalisches Phänomen. Schwingungsfähige Körper haben eine Eigenfrequenz, die durch die Schwingung anderer Körper, deren Eigenfrequenz ähnlich ist, zum Mitschwingen angeregt werden. Wenn Sie Klavier spielen, ist Ihnen das Prinzip der Resonanz vielleicht vertraut. Das rechte Pedal ist meist das Dämpfungspedal. Wenn wir es betätigen, dann heben sich die Dämpfer von den Saiten des Klaviers ab. Sobald eine Taste angespielt wird, schwingt zuerst die eben aktivierte Saite. Ohne Dämpfung aber beginnen bald viele andere Saiten, die durch diese Schwingung angeregt werden, mitzuschwingen. Es kommen mehrere Saiten in Resonanz, das gibt dem Klavier einen vollen Klang.

Resonanz wirkt auch bei der Übertragung von Radiowellen. Der Sender überträgt ein Programm in einer bestimmten Frequenz-Bandbreite. Damit wir das Programm mit unserem Radio empfangen können, müssen wir unseren Empfänger genau auf die Frequenz des Senders einstellen. Andernfalls hören wir nur ein lästiges Rauschen.

Auch wir kommen mit Klängen in Resonanz. Wir fühlen die Musik in uns, weil unser Körper mitschwingt. Das höchste Gefühl haben wir bei jener Musik, mit der wir am stärksten in Resonanz kommen. Resonanz kann aber auch unangenehm für uns sein. Wenn wir im Auto unterwegs sind, dann schwingt unser Motor mit einer bestimmten Frequenz, abhängig von der Motordrehzahl. Wenn sich im Auto irgendein Ding befindet, das mit dieser Frequenz in Resonanz kommt, dann beginnt es zu schwingen und macht Geräusche, die uns stören können.

Resonanz tritt auch in Gemeinschaften auf, beispielsweise bei Konzerten, bei denen die Zuschauermengen mitschwingen und -singen. Negative Resonanzen in Gemeinschaften können dazu führen, dass Menschen ihre individuelle Intelligenz ausschalten und einem Gruppenzwang folgen. Wir wissen sehr genau, wohin das führen kann.

Wenn wir das Resonanzphänomen frei interpretieren, können wir viel für uns lernen. Wir Menschen bestehen ja nur aus Schwingungen und Energien. Damit ist klar, dass wir auf Schwingungen in unserer Umwelt stark reagieren. Unsere Reaktion ist aber nur dann intensiv, wenn wir mit der Schwingung in der Umwelt in Resonanz kommen. Wir hören Klänge innerhalb eines bestimmten Frequenzbereichs. Werden die Töne zu hoch und erreichen den Ultraschallbereich, dann hören wir nichts mehr davon, weil unsere Hörorgane mit diesen hohen Schwingungen nicht in Resonanz kommen. Das gilt auch für Lichtschwingungen. Unsere Augen können nur bestimmte Lichtspektren sehen, andere nicht. Wir können unsere Umwelt also nur in jenen Bereichen wahrnehmen, für die wir „auf Empfang" gehen können. Wir sehen nicht alles, wir hören nicht alles, wir riechen und schmecken nicht alles, wir fühlen nicht alles.

Resonanz tritt auch in Beziehungen auf. Bei einigen Menschen fühlen wir eine Verbundenheit und sind innerlich in Resonanz, bei anderen weniger. Wenn wir uns glücklich fühlen, entspricht unser Glück einer inneren Resonanz.

In der esoterischen Literatur wird *Resonanz*[113] noch viel weiter gedeutet. Es gibt ein *„Gesetz der Resonanz"*, das auch „Gesetz der Anziehung" oder „Affinitätsgesetz" genannt wird[114]. Dahinter verbergen sich einige Annahmen über Wirkkräfte in unserem Universum. Es ist nicht notwendig, diese Kräfte zu verstehen, wir müssen nur ihre Wirkung erkunden, um uns selbst davon zu überzeugen, dass sie wirken, und dann können wir näher treten oder eben Abstand nehmen. Die Wirkungen des Gesetzes der Resonanz sind vielfältig:

(1) Wir können unsere gesamte **Wahrnehmung als Resonanzphänomen** verstehen. Dabei agieren wir wie ein Radiogerät. Wir empfangen aus der Umwelt nur jene „Programme", auf die wir eingestellt sind. Dem, worauf wir innerlich eingestellt sind, nur dem und eben nichts anderem, können wir in unserer Außenwelt auch begegnen. All das, was wir in uns angelegt haben, können wir wahrnehmen. Diese Annahme hat wirklich weitgehende Konsequenzen. Eines wird klar: Die Welt bietet uns eine viel größere Bandbreite an Möglichkeiten für unser Leben an, als wir je in der Lage wären, für uns erfahrbar zu machen. Und wenn wir nur das erkennen, was in uns angelegt ist, dann wird die Welt für uns zu einem Spiegel. Im Äußeren nehmen wir wahr, was in uns ist. In der Welt können wir daher auch immer nur uns selbst begegnen. Jeder Mensch, jede Situation im Leben, wird zum Spiegel unserer selbst und somit zum Lehrmeister für uns.

(2) Wir können **lernen, mehr von der Umwelt wahrzunehmen**, als wir es derzeit tun. Das ist eine gute Nachricht. Es ist uns immer möglich, unsere Wahrnehmung und unsere

Sinne zu schärfen. Wenn wir das üben, können wir bald Gerüche besser unterscheiden und vielfältiger wahrnehmen, wir können Musik besser hören, einzelne Töne und Instrumente unterscheiden, wir können mit einiger Übung unseren Geschmack so schärfen, dass wir in der Lage sind, unterschiedlichste Gewürze, Speisen und Geschmacksnoten zu unterscheiden. War es zuvor einfach nur Rotwein, dann kann es einige Monate später ein Chateau Petrus sein.

(3) Wir können **mit unserem Geist unseren Empfänger selbst einstellen und verändern.** Damit öffnen wir uns einen neuen Zugang zur Welt. Wenn wir innerlich für eine neue Sache reifen, dann können wir sie irgendwann wahrnehmen. Es scheint dann, als könnten wir uns etwas Neues in unser Leben holen. Im Grunde ist das auch so. Erst wenn wir für die große Liebe innerlich bereit sind, können wir unseren Wunschpartner finden, erst wenn wir innerlich auf Erfolg vorbereitet sind, kann er sich einstellen, erst wenn wir uns dem wahren Leben öffnen, wird es sich uns zeigen. Hier sind wir beim zentralen Punkt angekommen: Wir Menschen sind in der Lage, mit unserem Geist, mit den Gedanken, die wir uns machen, unsere erlebte Welt, also unsere persönliche Wirklichkeit, wesentlich zu beeinflussen. Darauf beruht auch die Wirkung des positiven Denkens.

Das Gesetz der Resonanz liefert uns die Grundlage für das Verständnis, warum wir uns mit der Zukunft beschäftigen sollten, und welchen Nutzen wir daraus ziehen können. Wenn wir mit dem Leben, das wir derzeit führen, nicht ganz einverstanden sind, dann liegt es an uns, unseren inneren Empfänger anders einzustellen. Am besten geht das, indem wir unseren Geist auf eine wünschenswerte Zukunft ausrichten und damit in Resonanz bringen. Wir malen uns eine *Lebensvision* aus, wir setzen uns *attraktive Ziele* und versuchen, so gut es uns möglich ist, mit diesen Vorstellungen in eine tiefe und intensive Resonanz zu kommen. Die Resonanz ist am größten, wenn wir innerlich felsenfest davon überzeugt sind, dass es so sein wird, wenn also unser Glaube am größten ist. Mit unserem Glauben können wir Berge versetzen.

In der Praxis werden wir erkennen, dass unsere Vision, unsere Lebensziele und positiven Zukunftsvorstellungen nicht immer genügend Kraft entwickeln, um in unserem Leben in Erfüllung zu gehen. Da liegt der Schwachpunkt jener Bücher, die einen einfachen Weg über positives Denken versprechen. Wir finden das zwar unerhört anziehend und sind daher vielleicht von *„The Secret"*[115] begeistert, aber in den meisten Fällen hält das nicht lange an. Das Gesetz der Resonanz überlagert sich mit anderen Gesetzmäßigkeiten in unserem Leben. Es gibt auch das *Gesetz der Polarität*, das uns immer mit dem Gegenteil von dem konfrontiert, was wir anstreben. Jedenfalls gibt es in unserem Leben immer zwei Seiten und daher geht auch unsere Resonanz immer in zwei Richtungen, einmal in die gewünschte, dann wieder einmal in die unangenehme Richtung. Das ist auch gut so, weil ein Leben, das nur auf Glück, Erfolg und Wohlbefinden aufbaut, einseitig und unerträglich wäre. Wir brauchen das Leid, den Misserfolg, die Krankheit, um innerlich zu reifen. Was wir aber nicht brauchen, sind die sinnlosen, uns schwächenden Bilder, Programme und Glaubenssätze in uns. Diese können wir nur mit dem Gesetz der Resonanz aus unserem Inneren verbannen. Das bedeutet, dass wir uns stärken, weiterentwickeln und auf ein positives Leben einstellen, dort, wo es sinnvoll für uns ist. Es bedeutet nicht, dass wir dadurch immun gegen alles Leid wären oder sein sollten.

Wenn wir keine einseitigen Wunder erwarten, dann können und sollen wir das Gesetz der Resonanz für unseren Entwicklungsweg nutzen. Es ist einfach viel sinnvoller, von unserem Leben eine positive Zukunftsvorstellung zu haben, als eine negative. Wenn wir es schaffen, uns unsere gewünschte Zukunft bunt auszumalen und dann sorgenfrei unser Leben, mit allen Höhen und Tiefen, zu leben, dann sind wir auf einem guten Weg.

Es ist gut für uns, wenn wir unseren Geist positive Gedanken denken lassen. Mit lustvollen Bildern unseres Lebens können wir darauf vertrauen, dass es sich zu unserem Wohle entfalten wird.

Diese inneren Bilder, die unsere Gedanken erschaffen, werden mit der Zeit eine große Kraft ausüben und uns wie von selbst „anziehen". Oder besser gesagt ziehen wir dann, entsprechend dem Gesetz der Resonanz, genau das in der Welt an, was unseren inneren Bildern am besten entspricht und mit ihnen in Resonanz kommt.

Meine Lebensvision

Wir konstruieren uns unsere Wirklichkeit in jenem Rahmen, den uns das große Spiel des Lebens vorgibt, selbst. Dabei werden wir zu dem, was wir und andere Menschen, die Einfluss auf uns haben, langfristig von uns glauben. Ich stelle sicher, dass ich den Teil, der mir frei zur Gestaltung gegeben ist, positiv und für mich förderlich gestalte. Unter einer „Vision" verstehe ich ein langfristiges, großes Ziel, das mir im Leben Orientierung gibt. Die Vision schenkt mir in jedem Augenblick des Lebens Kraft und Freude. Sie wirkt sozusagen aus der Zukunft auf mich ein und zieht mich in ihre Richtung. Die Vision beansprucht meinen Geist aus der Zukunft her und gibt daher anderen, negativen Gedankenspiralen weniger Chancen, sich zu verwirklichen.

Damit aber unsere Vision eine Chance auf Erfüllung hat, orientieren wir uns am besten an unserer *inneren Stimme des höheren*

Selbst. Die Vision muss stimmig für unser Leben sein und darf uns nicht auf Irrwege schicken. Es kann nämlich leicht passieren, dass wir bei der Entwicklung unserer Vision auf die innere Stimme des Egos hereinfallen und unser Leben so ausrichten, dass wir mehr Schaden als Nutzen daraus ziehen. Eine Egovision bringt uns nur weiter von unserem wahren Leben weg. Wenn wir gelernt haben, auf unsere Intuition zu achten, der Stimme unseres höheren Selbst zu lauschen und unsere Entwicklung als Prinzip, im Zyklus der liegenden Acht, zu verstehen, dann sind wir auf einem guten Weg. Dann wird unsere Vision die richtige sein.

Zum Ausprobieren: Leitsterne, Leitmotive und Vorbilder

Leitsterne und Leitmotive im Leben

Bernd Schmid[116] hat mir mit seinen Schriften und Vorträgen viele wertvolle Einsichten mitgegeben, die alle zu einer Lebensvision beitragen können. Seine Arbeit mit seelischen Bildern und Schlüsselerlebnissen kann mich anleiten. Eine besonders wichtige Frage lautet: Was sind deine *Leitmotive* im Leben? Was wolltest du als Kind werden? Und wie hast du dir dein Leben als z.B. *Architekt* vorgestellt? Aus der zweiten Frage folgen die tiefen Erkenntnisse für mein Leben. War mir dabei das Leben in Kreativität wichtig, wollte ich einfach nur spielerisch schöne Modelle bauen, ging es mir um die großen Erfolge oder vielleicht darum, die Wünsche der Menschen zu erkennen und zu erfüllen? Was will mir dieses Leitmotiv des Lebens für meine Vision sagen? Welche Richtung will es mir weisen? Ich kann den wenigen *Schlüsselerlebnissen* in meinem Leben nachspüren. Was lehren mich diese Ereignisse? Worauf wollte mich das Leben hinweisen?

Meine Vorbilder im Leben

Um meinem Leben bewusst eine Richtung zu geben, können mir auch meine *Vorbilder* von großem Nutzen sein. Welche Menschen habe ich besonders bewundert und tue es noch? Was genau fasziniert mich an Ihnen? Wenn ich selbst darüber nachdenke, dann fällt mir ein Vorbild ein: *Tom Waits*[117], ein amerikanischer Ausnahmekünstler, beschäftigt mich seit zwanzig Jahren. Es ist besonders seine unglaubliche Konsequenz, einen ganz eigenen Weg zu gehen, genauer gesagt, nach dem eigenen Weg zu suchen, dabei mehrfach alles neu zu erfinden und neben der Musik auch das Theater und den Film zu erkunden. Dennoch ließ er sich von anderen Menschen immer wieder stark beeinflussen, besonders von seiner Frau *Kathleen Brennan*[118]. Sein Leben war gepflastert mit kleinen Erfolgen und vielen Misserfolgen. Erst nach mehr als dreißig Jahren seines Schaffens gilt er heute als legendärer Musiker und herausragender Songwriter. Die Aufnahme in die *„Rock and Roll Hall of Fame"*[119] im Jahre 2011 kam vierzig Jahre nach seinem ersten Album *„Closing Time"*. Aus dem Leben meines Vorbilds Tom Waits, das sich nicht am Mainstream orientiert, ziehe ich für mich folgende Lehre: Ich will kreativ sein, meine Ideen verwirklichen und dabei immer wieder neue Wege erkunden. Mit genügend Konsequenz wird das seine Früchte tragen, wenn es auch nicht die ganz großen sind und wenige *„low hanging fruits"* dabei sind.

Leitfragen, die bei der Suche hilfreich sind

Welche dieser Fragen sprechen Sie am meisten an?

- Was sind meine Sehnsüchte? Die Sehnsucht ist eine sehr starke positive Kraft, auf die ich hören sollte. Was ist es, das ich unbedingt noch erleben möchte? Welche Gefühle sollen mich durchströmen?

- Was sind meine Lebensträume? Träume sind Wunschbilder, die sich zu unserer Lebensvision formieren können. Welche Rolle spielen dabei Beziehungen, Familie, Beruf, materielle Wünsche, Reisen in andere Länder und Kulturen?

- Was ist mir persönlich wirklich, wirklich wichtig? Was ist mir immer schon wertvoll und heilig gewesen? Was schätze ich über alle Maßen? Ich kann meine Erinnerungen durchforsten und meine Talisman- und Trophäensammlung betrachten: Was haben mir all diese Dinge zu sagen?

- Was bereitet mir Freude im Leben? Was bewegt mich am meisten? Was macht mir Gänsehaut? Wofür habe ich Energie und wofür entwickle ich göttliche Begeisterung, Enthusiasmus?

- Was sind die wichtigsten Momente in meinem Leben gewesen? Welche Erlebnisse sind mir in Erinnerung geblieben und welche Erfolge, welche Misserfolge, haben mich innerlich wachsen lassen?

- Wohin gehen meine Energien? Wofür kann ich mich immer wieder engagieren? Was lehrt mich mein Hobby?

- Was spricht meine Sinne an? Was regt meine Kreativität an? Welche Rolle spielt Spiritualität?

Mit diesen Fragen können Sie an die Erarbeitung Ihrer Lebensvision gehen. Setzen Sie dabei viele kreative Mittel ein: Hören Sie Musik, zeichnen Sie, malen Sie Bilder, kreieren Sie ihre Lebenscollage. Besonders empfehlen kann ich für die Einstimmung die wunderbaren Bilder des *„Zürcher Ressourcen Modells"* (ZRM®)[120]. Die Bilder, die man zusammen mit einem Buch[121] erwerben kann, inspirieren und erleichtern die Aktivierung Ihrer inneren Ressourcen.

ʃ

Meine Lebensgeschichte

Wir Menschen sind narrative Wesen. Wir lieben es, aus unserem Leben eine Geschichte zu machen und diese immer wieder zu erzählen. Durch die Geschichten über uns bekommt unser Leben einen Sinn. Die Geschehnisse finden eine Erklärung, wir können unser Leid und unser Glück in einen Gesamtzusammenhang einbetten. Unser Leben, und damit wir selbst, sind dem Zufall entronnen und in eine Geschichte gegossen worden. Bei jedem unserer Gespräche mit anderen Menschen werden wir unsere Geschichte weiterschreiben und immer wieder verändern. Schritt für Schritt, wie bei einem Stille-Post-Spiel, geben wir unsere Geschichte von Augenblick zu Augenblick weiter. Vieles wird dabei verzerrt, aber im Kern bildet sich etwas heraus, das letztlich wir selbst geworden sind. Wir sind heute, was wir gestern über uns erzählten. Beginnen Sie heute, Ihrer Geschichte einen neuen Verlauf zu geben. Erzählen Sie nicht aus der Opferperspektive, erzählen Sie Ihr Leben aus der Rolle des Drehbuchautors und des Regisseurs heraus. Beide Rollen sollten Sie selbst einnehmen! Wir können so viel für unser Leben frei bestimmen. Es ist wie beim Film: Es gibt einen Produzenten, der uns einen Rahmen vorgibt, wir aber sollten uns alle Freiheiten für unseren Film nehmen, die wir kriegen können!

Meine Ziele abbilden

Wir leben in einer Welt, in der uns Ziele auf Schritt und Tritt verfolgen. Fast können wir von einem „Zielewahn" sprechen. Wer heute keine Ziele hat, kann leicht zum absoluten Loser werden. Sie kennen den Spruch: *Wer keinen Hafen sein Ziel nennt, für den ist kein Wind der richtige.* Eine andere Sicht ist aber: *dann ist jeder Wind der richtige.* Wenn ich mein Leben mit Zielen zu sehr einenge, dann kann es leicht sein, dass mir der nächste Wind gar nicht gelegen kommt. Ich rate daher zu einem sinn- und maßvollen

Umgang mit Zielen.

Was ist der größte Wert, den uns ein Ziel im Leben einbringen kann? Das Ziel hilft uns, unsere Energien für etwas einzusetzen, das uns wichtig ist. Ein Ziel zwingt uns, eine Entscheidung zu treffen. Wir wollen das eine verfolgen und entscheiden uns damit automatisch gegen viele andere Möglichkeiten. Das schont unsere Ressourcen und erleichtert uns das Leben.

Eine Vision ist ja auch ein Ziel, ein sehr langfristiges allerdings. Die Vision gibt uns nur eine Richtung vor, lässt aber die Details offen, und die Wege auch. Bei Zielen ist das schon viel konkreter. Ziele werden meist für einen Zeitraum von wenigen Monaten oder einem Jahr formuliert. Das zwingt uns zu konkreten Handlungen.

Meine Empfehlung im Umgang mit Zielen ist folgende: Setzen Sie sich ganz wenige Ziele. Sie sollten nur so konkret wie nötig sein, aber konkret genug, dass Sie damit arbeiten können, und offen genug, um im Spiel des Lebens noch flexibel zu bleiben. Es gibt Menschen, die ein ganz konkretes Ziel brauchen, um zur Höchstform aufzulaufen. Überlegen Sie kurz, fühlen Sie in sich hinein und finden Sie heraus, wozu Sie persönlich neigen.

Zum Nachdenken: Was sind meine Neigungen?

Sind Sie in Ihrem Verhalten eher konvergent oder divergent? *Konvergente* Menschen können gut auswählen, sie können aus zehn Punkten drei auswählen und bearbeiten. Sie können sich einen Plan für den Tag machen und ihn meist ohne Probleme umsetzen. Und sie lieben klare Strukturen und To-do-Listen. Wenn Sie sich mit einer Idee beschäftigen, bleiben sie konsequent und fangen nicht parallel mit etwas anderem an. Was heute wichtig ist, bleibt es auch morgen. Wenn Sie *divergent* veranlagt sind, dann fällt Ihnen all das sehr schwer. Wenn Sie fünf Ideen haben, dann werden daraus gleich sieben. Wenn Sie heute eine Entscheidung für etwas Bestimmtes treffen, kann das morgen schon nicht mehr so wichtig sein. Es fällt Ihnen schwer, nach Listen und Plänen zu arbeiten, aber es inspiriert Sie, spielerisch zu agieren. Sie können an mehreren Ideen gleichzeitig arbeiten und lieben die Abwechslung. Im ersten Fall, wenn Sie konvergent veranlagt sind, können konkrete Ziele sehr hilfreich sein. Im zweiten Fall, wenn Sie divergent veranlagt sind, können Ziele kaum etwas bewirken. Entscheiden Sie bitte selbst, was am besten zu Ihnen passt.

Eine zweite wichtige Frage ist: *Was steht im Zentrum Ihrer Entwicklung?* Wenn es Ihnen besonders um High-Performance geht, wenn Sie in kurzer Zeit einen großen Erfolg anstreben, wenn Sie sich selbst bezwingen oder in einem Wettkampf gewinnen wollen, dann sind wenige, aber ganz konkrete Ziele genau das Richtige für Sie. In diesem Fall meine ich sogar, wird es ohne klare Ziele gar nicht gehen. Stecken Sie sich ein konkretes Ziel und setzen Sie alle Kraft daran, es zu verwirklichen. Das ist ein bekannter und vielversprechender Weg. Wenn Sie aber ein Mensch werden wollen, der im Einklang mit den Kräften des Universums sein Leben lebt, dann sind Ziele nicht so wichtig. Es ist dann dieser Wunsch, der zur Vision wird. Daraus gewinnt Ihr Leben eine Richtung. Zu konkrete Ziele passen nicht dazu.

Zum Vertiefen: Ziele richtig formulieren und bewerten

SMARTE Ziele für konvergente Menschen

Was sind „smarte" Ziele? Wir verstehen darunter Ziele, die so formuliert sind, dass sie eine gute Chance auf eine erfolgreiche Umsetzung haben. SMART ist ein Akronym und bedeutet: S = Specific, M = Measurable, A = Accepted, R = Realistic, T = Timely. In der deutschen Übersetzung heißt das dann meist so: SMARTe

Ziele sind konkret formuliert, sodass sie klar und leicht verständlich sind. Die Ziele sind messbar. Wir wissen also, ob wir erfolgreich waren oder nicht. Das Ziel sollte attraktiv, also leicht akzeptierbar sein. Realistisch meint nur, dass es auch erreichbar sein muss, und zwar innerhalb der Zeit, die für die Zielerreichung festgelegt wurde. Oft wird noch das „E" hinzugefügt. Damit ist dann gemeint, das Ziel muss möglichst eigenständig, also unabhängig von äußeren Umständen und anderen Menschen, umsetzbar sein.

Dazu ein einfaches Beispiel: *Am Ende dieses Jahres habe ich drei Praktiken, die fünf Tibeter, den Healing Code und den täglichen Spaziergang, als neue Gewohnheiten in mein Leben integriert. Eine der drei Übungen führe ich täglich aus.* Das ist aus meiner Sicht ein sehr konkretes, messbares Ziel (drei Übungen, eine davon täglich), attraktiv (das kann nur ich selbst entscheiden), realistisch und schaffbar, in einem Jahr kann ich mir das leicht zur Gewohnheit machen. Auch die Eigenständigkeit ist gegeben, weil ich dazu keine Unterstützung brauche. Benutzen Sie die SMARTE-Regel als Werkzeug, wenn Sie sich Ziele setzen. Überprüfen Sie Ihr Ziel mit den SMARTE-Kriterien und reformulieren und ergänzen Sie so lange, bis das Ziel angemessen und *smart* ist.

C.A.R.V.E.R. – „Unleash the Warrior"

Mein Freund *Stefan Vetter* hat mich vor Jahren auf ein Buch[122] und auf die wirksame CARVER-Methode zur Zielebewertung aufmerksam gemacht. Die Methode kann helfen, aus mehreren Zielen das eine, mir besonders wichtige Ziel herauszufiltern. Die Fragen sind einfach, aber wirkungsvoll:

C	Criticality	**ENERGIE** - Wie groß ist mein Wille, das Ziel zu erreichen?
A	Accessibility	**WEG** (Erreichbarkeit) - Wie leicht kann ich das Ziel erreichen?
R	Recognizability	**BILD** (Vorstellung) - Wie klar ist mein Bild des Ziels?
V	Vulnerability	**UNABHÄNGIGKEIT** - Wie leicht kann ich das Ziel (allein) finalisieren?
E	Effect on the overall mission	**EFFEKT** - Wie radikal ändert sich mein Leben zum Guten?
R	Return on Effort	**RETURN** - Wie sehr und wie lange werde ich mich daran erfreuen?

Die Zielebewertung erfolgt am einfachsten mit einem 10-Punkte-System. Für jede der sechs Fragen kann ich pro Ziel einen Wert zwischen 1 und 10 vergeben. Jenes Ziel, welches die höchste Punkteanzahl erhält, wird mein Leben am meisten bereichern.

Meine Zukunft durch Glaubenssätze formen

Unser Leben ist durch ein System von Glaubenssätzen bestimmt. Wir können diese Glaubenssätze auch die Summe unserer Grundannahmen über die Wirklichkeit und unser Leben nennen. Sie helfen uns dabei, unser Leben gut zu leben. Die wichtigste Aufgabe von Glaubenssätzen ist es, uns viele Entscheidungen abzunehmen, uns Sicherheit zu vermitteln und Vertrauen in unsere Welt aufzubauen. Glaubenssätze reduzieren die Komplexität in unserem Leben, weil die Welt uns dadurch einfacher erscheint, als sie tatsächlich ist. Sie steuern auch unsere Wahrnehmung. Wir fokussieren unsere Aufmerksamkeit auf jene Dinge, die wir erwarten, also auf das, woran wir glauben. Dabei nehmen wir das eine, das wir erwarten, stärker und intensiver wahr als das andere, das wir nicht erwarten. Somit verzerren Glaubenssätze unsere

Wahrnehmung. Und ganz unabhängig davon, ob unsere Glaubenssätze uns stärken oder schwächen, sie beeinflussen unsere Entwicklung und somit unser ganzes Leben. Glaubenssätze sind hartnäckige Wahrnehmungs- und Denkgewohnheiten. Sie sind das Organ unserer inneren Stimmen, über die wir schon nachgedacht haben. Sie übertönen aber jede Stimme der Vernunft, weil wir an unsere Glaubenssätze, wie es der Name schon ausdrückt, unbedingt glauben. Wir glauben an sie mit dem Gefühl der größten Sicherheit, meint *Anthony Robbins*[123]. Sie beeinflussen unser Denken, unser Fühlen, unser Handeln und letztlich alles, was wir sind. An ihrer Bedeutung können wir erkennen, dass wir mit den Glaubenssätzen ein großes Kapitel aufschlagen, über das eine eigene kleine Bibliothek an Büchern geschrieben wurde.

Die wichtige Frage ist: *Sind wir in der Lage, unsere Glaubenssätze zu erforschen und jene, die uns in unserer Entwicklung behindern, zu verändern?* Die Antwort ist: Ja, es ist möglich. Ich sehe dazu zwei Wege:

1) Wenn Sie zwar an einigen Ihrer Glaubenssätze leiden, aber nicht das Gefühl haben, einen großen psychischen Brocken heben zu müssen, dann füttern Sie Ihren Geist mit einem wirklich attraktiven, neuen Glaubenssatz.

2) Wenn Sie an großen Problemen leiden und Sie den Glaubenssätzen tiefer auf den Grund gehen wollen, dann bietet es sich an, dies professionell begleitet zu tun. Ein Coach oder Therapeut kann Ihnen da sehr helfen. Für eine vertiefende Arbeit mit Glaubenssätzen im Selbststudium empfehle ich das Buch von *Klaus Grochowiak* und *Susanne Haag*.[124]

Zum Ausprobieren: An meinen Glaubenssätzen arbeiten

Mit Glaubenssätzen arbeiten

Die Grundidee ist einfach: einen Glaubenssatz, der uns schwächt, durch einen neuen, uns innerlich nährenden Glaubenssatz ersetzen. Wir programmieren dabei diesen Teil unserer Wahrnehmung neu. Die Erarbeitung eines neuen Glaubenssatzes dient einem einfachen Zweck: Der neue Satz soll helfen, unseren Geist mit inspirierenden und positiven Dingen zu beschäftigen. Nach und nach wird der alte Glaubenssatz für uns an Bedeutung verlieren.

In vielen Fällen sind unsere Glaubenssätze einfache Lebensregeln, die für uns einen Sinnzusammenhang zwischen Ereignissen bilden. Ein Beispiel: *„Wenn ich eine Prüfung gut schaffen will, dann muss ich viel mehr lernen und mich mehr anstrengen als alle anderen."* Oder: *„Wenn ich vor einer großen Anzahl von Menschen stehe, dann verschlägt es mir die Sprache und ich bin übernervös."* Eine andere Art von Glaubenssätzen sind Grundannahmen über uns und das Leben. Ein Beispiel: *„Ich bin eben nur durchschnittlich begabt. Den großen Erfolg werde ich nie haben."* Oder: *„Ich bin nicht konsequent genug, um etwas in meinem Leben zu verändern."* Es gibt unzählige Glaubenssätze. Eine ganz einfache Frage kann uns helfen, einmal über unsere versteckten Grundannahmen nachzudenken und einige davon aufzuspüren: *„Was denke ich gerade über mich?"* oder: *„Was haben Eltern, Geschwister, Lehrerinnen und Lehrer oder andere Beziehungspersonen oft zu mir gesagt? Was hat sich ganz fest in mich eingeprägt? Was höre ich noch heute?"*

Einen attraktiven Glaubenssatz formulieren

Wenn es Ihnen fürs Erste ausreicht, sich einen neuen attraktiven Glaubenssatz in Ihr Leben zu holen, dann können Sie mit der Formulierung beginnen. Ich biete dazu eine Hilfestellung in Form eines *E-Workshops*[125] an. Die Idee dahinter beruht auf dem

Geist-Herz-Bewegung-Form-Zyklus entlang der liegenden Acht. Für jeden der vier Quadranten in der liegenden Acht wird dabei ein *Teil* eines Glaubenssatzes formuliert. Ein Beispiel kann das am besten erklären:

1. QUADRANT	GEIST (Denken)	Ich bin universell intelligent und inspirierend
2. QUADRANT	HERZ (Fühlen)	Ich bin strahlend glücklich und liebevoll
3. QUADRANT	BEWEGUNG (Tun)	Ich bin umfassend konsequent und kommunikativ
4. QUADRANT	FORM (Erkennen)	Ich bin vollkommen gesund und erfolgreich.

Der ganzheitliche Glaubenssatz – ein neues Mantra für Ihr Leben – lautet dann im Ganzen gesprochen:

∞

Ich bin universell intelligent und inspirierend,

strahlend glücklich und liebevoll,

umfassend konsequent und kommunikativ und

vollkommen gesund und erfolgreich.

∞

Das ist nur ein Beispiel. Sie können sich einen für Ihre Situation und für Ihr Leben passenden Glaubenssatz formulieren und einprägen. So ein Glaubenssatz ist gesunde Nahrung für Ihren Geist. Nutzen Sie jede Gelegenheit, sich diesen Glaubenssatz vorzusprechen. Das geht auch in Gedanken, beispielsweise im Bus, in der U-Bahn, vor dem Einschlafen, im Badezimmer und bei jeder anderen Gelegenheit. Besonders wichtig wird der Glaubenssatz in jenen Momenten, in denen sich ein alter, destruktiver Glaubenssatz öffnet und Ihr Geist beginnt, sich damit zu beschäftigen. Unterbrechen Sie sofort, denken Sie „Stopp!" und beginnen Sie ruhig, Ihren neuen Glaubenssatz zu „denken".

Zum Ausprobieren: Eine attraktive Zukunft in mein Leben holen

Ich biete Ihnen wieder einige Wege an, durch die Sie eine attraktive Zukunftsvorstellung für Ihr Leben und Ihre persönliche Entwicklung gewinnen können. Die Übungen habe ich selbst ausprobiert und in meiner Arbeit in Trainings und Workshops intensiv getestet.

Mein persönliches Lebensbuch kreieren. Immer wieder habe ich an Lebensvisionen und großen Zielen gearbeitet. Dabei bin ich auf eine einfache Möglichkeit gestoßen, eine Ordnung in mein Leben, in meine Wünsche und Sehnsüchte und in meine wichtigsten Erlebnisse zu bringen. Ich habe die Kraft eines Fotoalbums genutzt und mit meiner Imagination verbunden. Das Ganze geht so: Nehmen Sie sich ein schönes Fotobuch zur Hand. Durchwühlen Sie Ihre Fotosammlungen, Papierfotos und digitale, und zwar von allem, was Ihnen im Leben je wertvoll und heilig gewesen ist. Folgen Sie dann Ihrer Inspiration und gehen Sie in digitale Fotobibliotheken – beispielsweise eignen sich *Pinterest®, Instagram®*, aber auch die *Google®*-Bildersuche. Suchen Sie Bilder, Fotos und Symbole aus, die Ihre Sehnsüchte, Ihre geheimen Wünsche, Lebensziele und Vorbilder visuell darstellen. Das können Menschen sein, Handlungen, Dinge, Erfolge, was immer Ihnen wichtig genug ist, um es in Ihr Leben zu holen. Drucken Sie alles aus, wählen Sie die *„Best-of"* aus und kleben Sie diese Bilder in Ihr Lebensbuch. Bringen Sie *Ihre* eigene Ordnung in das Buch. Sie können die Zeit als Ordnungsrahmen nehmen und

Vergangenes, Gegenwärtiges und Zukünftiges trennen. Sie können aber auch alles vermischen und beispielsweise nach Wünschen (Beziehung, Familie, Beruf, Hobbies, Außergewöhnliches, Geheimes) gruppieren. Je deutlicher Sie Ihre Wünsche abbilden, desto wirkungsvoller wird das Buch für Sie werden. Vergessen Sie nicht Ihre ganz geheimen Wünsche, auch solche, über die Sie nicht sprechen wollen. Dazu gehören auch Ihre sexuellen Phantasien. Dadurch gewinnt das Lebensbuch an *Bedeutung*. Es ist dann Ihr *„Geheimbuch"*. Ich kann nur sagen: Es war eine unglaublich wertvolle Übung für mich. Der Prozess der Entstehung selbst ist ebenso wichtig wie das wiederholte Eintauchen in Ihre Lebenswelt. Mit der Zeit wird und soll es auch Änderungen geben. Einiges lässt sich vielleicht verdichten und zu Essenzen zusammenfassen. Nehmen Sie sich ein einsames Wochenende dafür Zeit!

Das digitale Lebensbuch. Die gleiche Übung können Sie natürlich auch digital durchführen. Der Vorteil: Änderungen sind einfach möglich. Der Nachteil: Ausdrucke auf Druckerpapier sind in der Anmutung nicht so werthaltig wie ein Buch.

Zum Aussuchen: Kleine Häppchen zur weiteren Vertiefung

Zur weiteren Arbeit mit Lebenszielen möchte ich noch zwei Bücher empfehlen. Beiden habe ich Aufmerksamkeit geschenkt und beiden kann ich wegen ihrer Einfachheit viel abgewinnen:

John Strelecky[126] empfiehlt in seinem Buch „The Big Five for Life", sich die fünf wichtigsten Dinge im Leben zu überlegen. Einfache Fragen helfen herauszufinden, was mir wirklich wichtig ist: Was möchte ich noch erreichen, was möchte ich noch lernen, was noch erleben, wohin noch reisen, was noch tun, was noch besitzen? Strelecky stellt dabei auch die Frage nach dem „Zweck der Existenz". Ich finde diese Frage sehr stark: *Was ist dein einzigartiger Zweck in deinem Leben?*

Manfred Winterheller[127] bietet ein empfehlenswertes 6-Wochen-Training an, das uns helfen soll, unsere Grenzen zu überwinden. Auf dem Weg zum Erfolg ist für Winterheller die erste Stufe das *Formulieren* eines klaren Ziels. Die zweite Stufe verlangt von uns inneres *Vertrauen*, dieses gesteckte Ziel auch erreichen zu können, und die innere Erlaubnis dazu. Die dritte Stufe erreichen wir schließlich durch unsere *Beharrlichkeit*, unseren Mut und die Kraft, mit der wir unser Ziel verfolgen. In Summe unterteilt er das Programm in zehn „Just-to-do"-Aufgaben.

Meine Zukunft und meine Talente

Was aber hat die Visualisierung meiner Zukunft mit der Entfaltung meiner Talente zu tun? Dahinter liegt eine einfache, aber wichtige Grundannahme. Wenn ich mir kraft meiner Intuition eine wünschenswerte Zukunft ausmale und mein Leben darauf ausrichte, dann werden sich auf dem Weg meine Talente wie von selbst entfalten. Meine Talente sind nicht etwas, das ich finden muss. Ich trage sie immer schon in mir. Es ist kein Finden, sondern vielmehr ein *Aktivieren unbewusster Kräfte* in mir, die mich zu besonderen, einzigartigen, lebensfördernden Leistungen ermächtigen.

Vertraue Sie also ganz auf den Lebensweg. Ihre Talente werden sich bereits im Zuge der Gestaltung Ihrer Zukunft wie durch Zauberhand einbringen und letztlich werden sie Ihren Weg mit kraftvollen Impulsen steuern und zu einem guten Leben führen.

Take four-Essenz: Entfaltung ermöglichen
„Zukunft visualisieren"

Durch das Gesetz der Resonanz können wir lernen, mehr von dem in unser Leben zu holen, was uns wichtig ist. Wir können uns innerlich auf eine attraktive Zukunft einstimmen und diese dann wie ein Magnet anziehen und in unserem Leben manifestieren.

Neville meint: *„Durch die beharrliche Annahme, dass unser Wunsch bereits erfüllt ist, beugt sich die Welt unausweichlich unserer Erwartung."*[128]

Wir können uns eine Vision wie ein Kraftfeld vorstellen, das auf uns einwirkt!

Die Essenz lautet: Wenn meine verschiedenen inneren Stimmen mich ständig kritisieren, mich glauben machen, dass ich meine Ziele nicht erreichen werde, mir einreden, ich sei klein und nicht würdig, erfolgreich zu sein, mich davon überzeugen wollen, dass Pech das Leitmotiv in meinem Leben sei, dann werde ich mein Leben nach diesen Gedanken leben. Wenn ich es schaffe, diese Gedanken durch schöne, stärkende, bunte Gedanken zu ersetzen, dann kann mir das nur guttun und ich sollte besser heute als morgen damit beginnen.

Für Ihre persönliche Toolbox:

Eine Lebensvision erarbeiten! Gehen Sie auf die Suche nach Ihren Leitmotiven, nach Ihren Vorbildern und schreiben Sie die Geschichte Ihres Lebens neu. Dort, wo Sie die Geschichte hinführt, finden Sie Ihre Lebensvision.

Formulieren Sie sich einen neuen Glaubenssatz! Nutzen Sie die vier Quadranten des Geist-Herz-Bewegung-Form-Zyklus. Teil 1 – Geist: Beschreiben Sie Ihren Geist! Was zeichnet Sie aus? Beispiel: Ich bin ein kreativer und inspirierender Mensch. Teil 2 – Herz: Beschreiben Sie Ihre Gefühlswelt! Was will Ihr Herz fühlen? Beispiel: Ich bin liebevoll und feinfühlig. Teil 3 – Bewegung: Beschreiben Sie Ihr Tun! Beispiel: Ich bin mutig und konsequent. Teil 4 – Form: Beschreiben Sie Ihre Erkenntnisse, das Ergebnis, den gewünschten neuen Zustand! Beispiel: Ich bin gesund, freudvoll und glücklich.

Widersprüche entscheiden

Wenn wir unsere Talente entfalten, kommen wir mit unseren Widersprüchen des Lebens in Kontakt. Der Grund dafür liegt in unserem Ego verborgen. Wenn wir unsere Talente entfalten, dann hat das immer auch etwas mit unserem Ego zu tun. Und eines können wir mit Sicherheit annehmen: Unser Ego ist voller Widersprüche.

Unsere Welt ist eine duale. Es gibt von allen Dingen immer zwei Seiten. Für uns ist etwas gut oder schlecht, richtig oder falsch, weiß oder schwarz, weiblich oder männlich. Wir leben ein Leben der Gegenpole. Auch unsere Umwelt nehmen wir dual wahr. Unsere Erde hat ein Magnetfeld mit einem Nord- und einem Südpol, wir erleben Tag und Nacht, Helligkeit und Finsternis und elektrische Energie fließt nur zwischen dem Plus- und Minuspol einer Batterie. Unser Leben findet also zwischen zwei Polen statt, als ein Spiel von Licht und Schatten, das sich zwischen Geburt und Tod vor uns aufspannt.

Wir stecken seit unserer Geburt im Widerspruch zwischen *Werden* und *Sein*. In den jungen Jahren dominiert das Werden. Wir wachsen, wir lernen dazu, wir entwickeln uns ständig weiter. Das Sein hat auch seinen Platz, aber nur im Spiel und in Tagträumen. Dafür aber können wir als Kinder mit ganzer Hingabe einfach *sein*, die Zeit, die Bedingungen um uns herum, die Forderungen der Erwachsenen einfach vergessend, ohne böse Absicht, versunken im Augenblick. Im Jugendalter wird das Werden noch wichtiger. Die ersten Ziele tauchen auf, wir treten in einen neuen Lebensabschnitt ein, verändern uns grundsätzlich, physisch und psychisch, und *werden* zu erwachsenen Menschen. Dieses Werden im Zentrum unseres Lebens kann sich über viele Jahre erstrecken. Die Karriere wird wichtig, der Status in der Gesellschaft, der Erfolg, gemessen an den Wertmaßstäben der Gesellschaft, all das dominiert das Leben. Wir wachsen, expandieren, schaffen

Formen in der Welt und wollen einen Beitrag leisten zu dem, was wir als Einflussraum für uns erkennen.

Wir lösen den Widerspruch in unserem Leben häufig durch eine klare Trennung zwischen Arbeit und Freizeit auf. Oft geht das so weit, dass wir die beiden Domänen *Arbeit* und *Leben* nennen, Work-Life-Balance. Ganz so, als wäre Arbeit etwas vom Leben Abgrenzbares, Eigenständiges. Wenn wir aber den Widerspruch in uns durch Trennung in Leben und Arbeit lösen, dann können wir nur schwer ein erfülltes Leben führen. Wir sind aufgerufen, *Werden* und *Sein* als Entwicklungsprozesse zu verstehen und beide Pole in unser Leben, in unsere Arbeitswelt und in unsere Freizeit zu holen. *„Die goldene Mitte mag sich oft bewähren, aber sie ist kein Lebensweg, kein gangbarer Pfad, weil das Leben von uns mehr verlangt und uns – wenn auch manchmal unfreiwillig – alle Höhen und Tiefen auskosten lässt ... Dann wird Balance zu einem faulen Kompromiss. Entwicklung findet nicht in der Balance statt, sondern nur in der vollen Energie zwischen den Polen. Dazu müssen wir die Pole erkunden und die Balance hinter uns lassen. Die Suche nach Balance ist ein Irrtum, ein fehlgeleiteter Versuch, einen Ausweg aus dem alten Spiel zu finden.“*[129]

Der Widerspruch löst sich, wenn wir den Satz *„Wir werden, was wir sind!“* innerlich ganz verstanden haben. Und um zu werden, was wir sind, müssen wir einfach nur sein. Das wahre Sein ist das Werden. Klingt das verwirrend? In uns steckt immer schon das höhere Selbst, der Teil, der schon vollkommen ist, der sich nie verändert. Und dieses höhere Selbst sind wir. Wir müssen die hemmenden und störenden Schichten unserer Persönlichkeit ablegen, um ganz zu werden. Und dieses Ablegen braucht kaum Aktivität, also kaum ein *Werden*, sondern einfach Gewahrsein und Hingabe. Dann nämlich erkennen wir, wer wir sind.

Unser Ego ganzheitlich – bipolar – entwickeln

Bei unserer Weiterentwicklung gibt es eine große Aufgabe zu lösen, die ebenso einen Widerspruch darstellt. Wir müssen uns mit unserem Ego beschäftigen. Ich nenne die Entwicklung des Egos eine *bipolare Entwicklung*. Ganz einfach deshalb, weil das Ego zwei Pole hat, eine helle und eine dunkle Seite. Unter dem Ego verstehe ich jene erdachte *Persönlichkeit*, die unser Geist durch Identifikation mit sich selbst erschafft. Unser Ego ist langfristig das, was wir über uns selbst denken. Es ist somit ein erdachtes Ich. Das Ego ist nicht das höhere Selbst. Es kennt kein *Sein*, es ist reines *Werden*. Dieses Werden orientiert sich nicht am höheren Selbst, sondern an weltlichen Entwicklungszielen. Das Ego repräsentiert all das, was wir sein könnten, sein sollten und schon immer sein wollten. Die Werte dazu schreiben wir uns selbst ins Stammbuch.

Ich nenne die altruistische Seite des Egos die *„Selbstverwirklichung durch Sinnstiftung"*. Ein Mensch kann den Sinn seines Daseins darin finden, einen Beitrag zur Entwicklung der Gesellschaft zu leisten und sich zu verwirklichen. In seiner reinen Form wird das als *Altruismus* beschrieben und meint eigentlich das Gegenteil von Egoismus. Das Ego bildet ein starkes Gewissen aus, das mich als Mensch dann beispielsweise zu einem Kämpfer für mehr Gerechtigkeit werden lässt. *Das ist ein Mensch mit Gewissen! Das ist ein wertvolles Mitglied der Gesellschaft!* Es ist dann wichtig für uns, beliebt und angesehen zu sein sowie wertgeschätzt zu werden.

Der Gegenpol im eigenen Ego ist die Selbstbezogenheit, der Egoismus. Das ist es, was wir oft als „gesunden Egoismus" bezeichnen. Es ist die *„Selbstverwirklichung durch Selbstdefinition"*. Auf dieser Seite entwickelt das Ego ein gesundes Bild von mir als Mensch und von meinen Qualitäten. Im Zentrum der Entwicklung stehe dann ich selbst. Rückmeldung auf meine Entwicklung erhalte ich durch den Vergleich mit anderen. Ich bin besser oder schlechter als andere. Der Wettkampf führt zur Entscheidung und hilft bei der Selbstdefinition. *Das ist ein interessanter Mensch! Das ist ein attraktiver Mensch! Das ist ein finanziell erfolgreicher Mensch!* Es ist dann wichtig, stark, intelligent oder schnell zu sein.

Beide Seiten des Egos sind für unsere Entwicklung wichtig. Wir können nur *ganz* werden, wenn wir das Ego mit seinen Polen annehmen und in unser Leben integrieren. Wir müssen im ersten Schritt beide Seiten auskosten und wir dürfen in unserer Entwicklung auch die *Schattenseiten* einnehmen und ausleben. Am Ende ist wichtig, dass wahres Selbstbewusstsein, wahrer Selbstwert und letztlich ganzheitlicher Erfolg weder das Resultat aus Altruismus noch Egoismus sein können. Es müssen beide Pole zusammenspielen, damit wir ein starkes Selbstbewusstsein und einen Seinserfolg, einen bleibenden, ganzheitlichen Erfolg haben können.

Zum Nachdenken: Die Schattenseiten des Egos

Beide Seiten des Egos haben eine negative Überhöhung, eine Schattenseite, mit scheinbar negativen Folgen. In unserer Selbstverwirklichung gibt es keinen Weg um diese Schattenseiten herum. Auch diese wollen erfahren und erlebt werden. Wir finden dort genügend Gründe, diese Schattenreiche wieder zu verlassen. Das Eintauchen aber und seine eigenen Erfahrungen damit zu machen, gehört zu einem reifen Menschen. Die Schattenseite der altruistischen Seite des Egos ist die Selbstaufgabe, der Fall ins Opferland. Die Schattenseite des gesunden Egoismus ist die Selbstsucht, gepaart mit Arroganz.

Im Laufe meiner Entwicklung wird es wichtig sein, alle Facetten des Egos kennenzulernen und meine Erfahrungen damit zu sammeln. Dazu gehören gerade auch die negativen Überhöhungen. Es gilt dann einfach folgende, praktische Regel:

Ich kann ruhig eine Zeit lang richtig egoistisch sein, nur auf mich selbst schauen und andere ignorieren. Und ich kann auch eine Zeit lang das Opferlamm spielen und mich für andere aufgeben, auch wenn sie meine Hilfe gar nicht wollen. Es werden in beiden Fällen wertvolle Erfahrungen für meine Entwicklung und die der anderen Menschen sein. Wichtig ist nur: Machen Sie sich bewusst, was Sie tun, machen Sie es mit Absicht und tragen Sie die Konsequenzen. Besonders wichtig ist: *Hören Sie bald wieder damit auf!*

Entscheiden mit Entschiedenheit

Wenn es um Widersprüche im Leben geht, dann geht es automatisch auch um Entscheidungen. Jedes Leben wird von Entscheidungen mitbestimmt. Die erste Entscheidungsebene ist immer unser Denken. Das, was wir auf der feinstofflichen, also geistigen Ebene durch unsere Gedanken in unser Leben holen, ist in gewisser Weise eine Entscheidung. Was wir denken, bekommt nämlich die Chance, Teil unserer Lebenswirklichkeit zu werden. Somit entscheiden wir uns, unsere Gedanken zu verwirklichen, egal ob uns das bewusst ist oder nicht. Die zweite Entscheidungsebene ist die unserer Gefühle. Damit sind wir mitten in der Lebenswirklichkeit angekommen. Unsere Gefühle sind die Verbindung zwischen unserer Gedankenwelt und unserem wahren Leben. Jene Gedanken, die wir mit starken Gefühlen aufladen, werden Realität, weil Gefühle unsere wahre Gestaltungskraft sind. In der Kombination von Geist und Herz wird unser Denken ein erschaffendes Denken.

Das Leben besteht aus vielen stabilen Phasen, in denen sich nichts Grundsätzliches verändert, und in denen wir keine relevanten Entscheidungen zu treffen haben. Dann aber kommt Unruhe ins Leben und etwas beginnt sich zu verändern. Wenn unser Leben in

185

eine instabile Phase übergeht, steht am Anfang immer ein Punkt der Entscheidung. Das Leben ringt uns eine Entscheidung ab. Je näher wir uns selbst sind, je besser wir uns selbst spüren können und je klarer die Stimme unseres höheren Selbst zu uns spricht, desto spielerischer werden wir gute Entscheidungen treffen.

Ignatius von Loyola[130] zeigt mit seinen Exerzitien einen Weg, wie wir uns als Menschen befähigen, gut zu entscheiden und mit Entschiedenheit zu leben. Jede wichtige Lebensentscheidung können wir in drei Stufen durchlaufen.

1) *Unterscheiden (die Unterscheidung der Geister)*: Wir müssen lernen zu unterscheiden. Welche Möglichkeiten stehen mir überhaupt zur Wahl? Was unterscheidet diese Möglichkeiten? Wo liegen die größten Unterschiede?

2) *Entscheiden*: Jetzt erst können wir zur eigentlichen Entscheidung kommen. Zuvor also haben wir unterschieden und die Möglichkeiten betrachtet. Jetzt gehen wir zur Entscheidung über und treffen unsere Wahl.

Ignatius von Loyola rät dabei, die drei Instanzen Bauch, Herz und Kopf zu befragen. Der Bauch entscheidet intuitiv und daher sehr schnell. Also frage ich mich zuerst: Was sagt mein Bauch? Was war mein erster Gedanke dazu? Mein Herz entscheidet nach Gefühl und nutzt dabei meine Herzintelligenz. Das Herz braucht mehr Zeit als der Bauch. Ich frage also: Was sagt mein Gefühl? Wo fühle ich mich stärker hingezogen? Und am Schluss frage ich noch meinen Kopf. Was sagt mein rationaler Geist? Der Kopf ist der langsamste Teil im Entscheidungsprozess. Ich frage: Was spricht für das eine, was für das andere? Welche Vorteile sind womit verbunden? Erst wenn ich von allen drei Instanzen, Bauch, Herz, Kopf, ein klares JA erhalte, kann ich eine gute Entscheidung für mein Leben treffen.

3) *Entschiedenheit*: Was wäre eine Entscheidung wert, wenn wir nicht entschieden zu ihr stünden? Wenn wir nach dem Herz-Kopf-Bauch-Modell von *Loyola* entschieden haben, ist es sehr wahrscheinlich, dass wir ein gutes Fundament gelegt haben und mit Entschiedenheit unseren Weg verfolgen werden.

Zum Ausprobieren: Intuitives Entscheiden

„Intuitives Prozessieren" *(Vorgehen)*: Hier kommen wir wieder zur Intuition, zu unseren inneren Stimmen, zurück. Wenn wir uns mit einer wichtigen Frage für unser Leben beschäftigen und nach einer guten Lösung suchen, können wir das „intuitive Prozessieren" aktiv für uns nutzen. Die Idee dabei ist einfach: Wir beschäftigen uns mit einer Lebensfrage sehr intensiv, wir tauchen so richtig tief in die Materie ein. Symbolisch können wir sagen: „Wir baden in unserer Frage an das Leben". Nach einigen Tagen hören wir ganz bewusst auf, uns mit der Sache zu beschäftigen und geben unserem Unterbewusstsein eine klare Aufgabe: *„Ich bitte um eine gute Lösung für mein Problem, innerhalb von drei Tagen".* In der nun folgenden Zeit müssen wir das „Nichtdenken" üben. Wir können schlafen, spazieren gehen, uns mit Freunden treffen, irgendetwas tun, das uns nicht bewusst an unser Problem denken lässt. Drei Nächte später können wir uns wieder an den Tisch setzen, die Dinge aus der Lade holen und auf eine Lösung, die einfach aus unserem Inneren aufsteigt, hoffen. Manchmal dauert es etwas länger und vielleicht fällt uns die Lösung plötzlich bei einer ganz anderen Tätigkeit, beispielsweise beim Autofahren oder bei einer Wanderung, ein.

ſ

Take four-Essenz: Entfaltung ermöglichen
„Widersprüche entscheiden"

Unser Ego braucht Beachtung. Wir können alle Seiten, die hellen und die dunklen, auskosten. Zwei Wege sind gleichzeitig zu gehen: Die Selbstverwirklichung durch Sinnstiftung und die Selbstverwirklichung durch Selbstdefinition. Und beide Wege bieten uns die Chance zur negativen Übertreibung – einerseits tief hinein ins Opferland und andererseits weit hinab in die Selbstsucht, die gepaart ist mit Arroganz.

Die Essenz lautet: Wir werden, was wir sind!

Für Ihre persönliche Toolbox: Eine wirklich schwierige Entscheidung für unser Leben treffen!

Phase 1: *In meinen Möglichkeiten baden*

Wir können in all unsere Möglichkeiten gedanklich eindringen und sie von allen Seiten beleuchten. Symbolisch nehmen wir ein Vollbad in unserem Problem und in ihren Lösungsmöglichkeiten. Wichtig ist eine wirklich tiefgehende, substanzielle Beschäftigung mit allen Optionen.

Phase 2: *Das Unterbewusstsein um eine Entscheidung bitten*

Nach der ersten Phase legen wir alle unsere Notizen weg, hören auf, uns damit zu beschäftigen und geben unserem Unterbewusstsein eine klare Aufgabe: *„Ich bitte um eine gute Entscheidung für mein Problem"*. Es ist gut, auch einen genauen Zeitpunkt zu nennen, bis wann Sie die Entscheidung erwarten.

Phase 3: *Durchhalten im Raum der Ungewissheit*

Wenn unsere Gedanken immer wieder um das Problem kreisen, dann brauchen wir Ablenkung. Jede rationale Beschäftigung wird die Qualität der Entscheidung eher verschlechtern, sicher aber nicht mehr verbessern. Auch wenn der Prozess des Wartens lange dauert, wir brauchen das absolute Vertrauen in den intuitiven Lösungsprozess.

Phase 4: *Mich über die Entscheidung freuen*

Irgendwann, in einem vielleicht unerwarteten oder gar unpassenden Moment, kann die Lösung für mein Entscheidungsproblem aufsteigen. Dann ist die Entscheidung gefallen und ich bin mir plötzlich ganz sicher. Es braucht dann keine weiteren Gedanken mehr, keine Begründungen, weil ich es innerlich weiß. Jetzt kann ich mich für die gelungene Entscheidung bedanken und mich einfach freuen! Es gibt nur eine Sache, die ich nicht von diesem intuitiven Prozess verlangen darf: Er kann keine rationale Begründung geben. Am besten ist es somit, erst gar nicht darüber nachzudenken. Tiefes Vertrauen in unsere Intuition kann auf Begründungen verzichten.

Phase 5: *Mit Entschiedenheit den neuen Weg gehen*

Wenn ich nicht versuche, im Nachhinein Begründungen zu finden und den Entscheidungsprozess gedanklich wieder zu öffnen, dann kann ich mit großem Vertrauen den neuen Weg gehen. Die Entschiedenheit für den neuen Weg folgt aus dem Vertrauen in die eigene Intuition. Und noch eine Frage: Wussten Sie, dass intuitiv getroffene Entscheidungen glücklich machen?

TAKE FIVE
DER FÜNFTE SCHLÜSSEL

Take five: Schöpferisch wirken und an der Welt beteiligen

Bisher ging es in der Hauptsache um uns selbst, um unsere Entwicklung, unsere Reifung und unsere inneren Ziele. Was aber hätte das alles für einen Sinn, wenn wir am Ende unsere Talente, alles, was wir zu geben haben, nicht für die Welt einsetzten? Was wäre das für ein Leben, wenn wir nur für uns selbst kämpften? Ein sinnerfülltes Leben beginnen wir in uns erst dann zu spüren, wenn wir in der Welt wirksam werden. Das müssen keine großen Taten sein, die in die Geschichte eingehen. Jeder gibt, was er kann. Meist ist das viel mehr, als wir je dachten. Die Folge des Gebens ist ein Überfluss an Geschenken, die wir vom Leben erhalten. Wie können zwar nehmen, ohne zu geben, aber wir können nicht geben, ohne beschenkt zu werden.

Der fünfte und letzte Schlüssel bringt uns in ein wirkungsvolles Zusammenspiel mit der Welt. Ich empfehle, für das schöpferische Wirken wieder drei Stufen zu durchlaufen. Wenn wir uns auf diesen Weg machen, wird ein sinnvolles Leben wie von selbst entstehen und uns erfüllen.

1. Teil einer Gemeinschaft werden

2. An der Entwicklung beteiligen

3. Eine Mission leben

Teil einer Gemeinschaft werden

In der Soziologie wird unter einer *Gemeinschaft* eine soziale Gruppe verstanden, deren Mitglieder auf besondere Weise miteinander verbunden sind. Eine Gemeinschaft braucht ein *Wir-Gefühl*, etwas, das ihr *Identität* gibt. Die Familie oder der Freundeskreis sind Beispiele für Gemeinschaften, die fast jeder Mensch genießt, oder zumindest einmal erleben durfte.

Gemeinschaften verstehen

Es gibt ein Innenleben der Gemeinschaft, das Wir-Gefühl und die Summe der gemeinsamen Erlebnisse. Es geht um gemeinsame Handlungsmuster, an denen wir uns wiedererkennen, es geht um gemeinsame Werte, die wir teilen, um Überzeugungen und Einstellungen, um gemeinsame Aufgaben oder um ein gemeinsames Wissen. Oft werden auch gemeinsame Symbole benutzt, seien es Logos oder einfach eine bestimmte Art sich zu kleiden. Dieses gemeinsame Innenleben der Gemeinschaft schafft die Bande, die alles verbinden.

Wenn es ein Innenleben der Gemeinschaft gibt, dann muss es natürlich auch eine Außenwelt geben. Gemeinschaft hat etwas mit Grenzen zu tun. Jemand gehört dazu oder nicht. Gemeinschaften definieren sich über den Ausschluss jener Menschen, die nicht Teil der Gemeinschaft sind. Die Grenzen können allen bewusst sein oder sie sind unausgesprochen und unbewusst angelegt. Nicht selten sind Aufnahmerituale ein Wesensmerkmal von Gemeinschaften. Wenn unsere Kinder ihre ersten Partnerinnen und Partner in die Familie mitbringen, wird schnell klar, wie wichtig eine bewusste Aufnahme neuer Mitglieder ist.

Es gibt eine liberale Auffassung von Gemeinschaft: Wir gehen als rationale Menschen weitreichende soziale Bindungen ein und verpflichten uns zu einer Gemeinschaft, wenn uns das im Sinne unserer Wünsche, unserer Lebensvorstellungen vorteilhaft erscheint. Eine andere Auffassung geht auf Aristoteles zurück. Diese geht davon aus, dass der Mensch ein wesenhafter Teil einer Gemeinschaft ist und zur Entfaltung des eigenen Menschseins eine Gemeinschaft braucht. Unsere Wünsche und unsere Identitäten sind dann nicht die Basis des sozialen Zusammenlebens, sondern vielmehr seine Folge[131]. Dazu passt ein berühmter Ausspruch von *Hillary Rodham Clinton*[132]: *„It takes a village to raise a child."* Zur vollständigen Menschwerdung brauchen wir als

Kinder und als Erwachsene viele Menschen um uns herum, wir brauchen ein ganzes Dorf.

Die modernen Wissenschaften zeigen den Menschen als ein in seiner Natur auf Gemeinschaft und Kooperation hin angelegtes Wesen. Es ist uns neurobiologisch von der Evolution mitgegeben, Teil einer gelingenden Gemeinschaft zu sein und für einander wirksam zu werden. Neben der Mutation und Selektion – zwei Begriffen aus der Evolutionstheorie von *Charles Darwin* – gibt es noch die Kooperation. Dabei ist die Kooperation die Hauptarchitektin der Evolution, die eigentliche Zauberhand, die unsere Entwicklung erst möglich machte[133]. Wir Menschen sind kooperative Wesen.

Die Quellen der Motivation in Gemeinschaften

Aus der neurobiologischen Forschung ist uns zugetragen worden, dass Anerkennung, Zugewandtheit und Vertrauen die Treibstoffe für jede Form von Motivation sind. In unseren Gemeinschaften entstehen diese Treibstoffe aber nicht von selbst. Wir müssen eine besondere Form der zwischenmenschlichen Beziehungen entwickeln, damit wir diese Treibstoffe frei Haus geliefert bekommen[134]. Grundlage jeder Gemeinschaft sind *gelingende* Beziehungen, die einem kooperativen Verhalten entspringen und das notwendige Vertrauen erzeugen. Aufeinander zugehen, einander berühren, energetisch, physisch, geistig, durch Interesse und Verständnis die Herzen öffnen und universelle Liebe schöpfen, so könnten wir die Welt des Lebendigen beschreiben. *Andreas Weber* kreiert aus den Verbindungen des Lebendigen eine „erotische Ökologie".[135]

Zum Nachdenken: Bausteine gelingender Beziehungen

Joachim Bauer[136] beschreibt fünf Aspekte, die für jede Form der gelingenden Beziehung notwendig sind.

1. *Sehen und gesehen werden*
   Menschen wollen wahrgenommen und gesehen werden.
   Dazu sind zwei Voraussetzungen nötig. Als Teil einer
   Gemeinschaft zeige ich mich offen und verstecke mich nicht.
   Wer das Gefühl hat, in Gemeinschaften übersehen zu wer-
   den oder übersehen werden will, der ist eingeladen, an sich
   selbst zu arbeiten und mit der eigenen Öffnung zu beginnen.

2. *Gemeinsame Aufmerksamkeit gegenüber etwas Drittem*
   Beziehungen entstehen durch gemeinsame Interessen. Wenn
   ich einen Menschen auf etwas hinweise, dann möchte ich
   natürlich sein Interesse wecken und es auch authentisch
   spüren. Interesse empfinden wir als Anteilnahme, fehlendes
   Interesse als Geringschätzung.

3. *Emotionale Resonanz*
   Wir verbinden uns über gemeinsam empfundene Gefühle
   und Stimmungen. Es ist in Gemeinschaften ein hochgradig
   motivierendes Element, wenn ich mit meiner Stimmung auf
   Resonanz stoße. Wenn ich erfreut bin, erwarte ich in einer
   guten Beziehung, dass meine Gegenüber sich von meiner
   Freude erfassen lassen und ich sie damit anstecken kann.
   Gleiches gilt, wenn ich traurig bin. Gemeinschaften leben
   auf, wenn Menschen einander begegnen, die ihre Gefühle
   und Stimmungen aufeinander abstimmen und so in emotionale Resonanz kommen.

4. *Gemeinsames Handeln*
   Gemeinsam etwas zu unternehmen, eine gemeinsame Aufgabe anzunehmen, die Lösung eines gemeinsamen Problems
   zu meistern oder einen gemeinsamen Ausflug zu machen,
   all das ist stark beziehungsstiftend. Es tut der Gemeinschaft
   gut, wenn alle Mitglieder bereit sind, sich für eine gemeinsame Sache zu engagieren und etwas in Bewegung zu brin-

gen. Gemeinsames Handeln stärkt die Beziehungsqualität.

5. *Das wechselseitige Verstehen von Motiven und Absichten*
Das fünfte Element der gelingenden Beziehungen nennt
Joachim Bauer die „Königsklasse". Wechselseitiges Verstehen
wird nur dann möglich, wenn die Punkte eins bis vier schon
erfüllt sind. Das Problem mit dem Verstehen ist die damit
verbundene Anstrengung. Wir alle haben schnelle Bewertungen parat und sind mit Vorurteilen belastet. Wozu also
die anderen Menschen verstehen wollen, wenn wir doch
gewohnheitsmäßige Bewertungen sofort zur Verfügung
haben? Verstehen von Motiven und Absichten verlangt von
uns eine besondere Form der Aufmerksamkeit. Es reicht
nicht aus, Standpunkte zu vertreten. Ich muss den anderen
Menschen meine Grundannahmen offenlegen, die zu meinen Standpunkten führen. Ich erkläre mich als Mensch vollständig. Die anderen müssen bereit sein, mir zuzuhören und
umgekehrt.

Marco Iacoboni sagt: *„Unsere Neurobiologie – unsere Spiegelneuronen
– verbinden uns vor allem mit anderen. Spiegelneuronen reflektieren
die innerste Ebene, auf der wir einander begegnen und verstehen: Sie
belegen, dass wir zur Empathie geschaffen sind, und das sollte uns dazu
anregen, unsere Gesellschaft zu formen und zu einem besseren Ort zum
Leben zu machen."*[137]

Ich muss mich nicht bewusst für Kooperation entscheiden. Meine
neurobiologischen Anlagen stimmen mich wie von Zauberhand
auf Kooperation ein. Ich muss mich also bewusst für die Abkehr
von einer Gemeinschaft entscheiden, wenn ich mich ausschließen
will. Kooperation ist unser biologisch festgelegtes Grundbedürfnis.

Leider gibt es zwei schlechte Nachrichten. Erstens verleiht dieser Umstand Menschen in Gemeinschaften die Macht, andere Menschen mit weitreichenden Konsequenzen auszuschließen. Die Folgen des *Mobbings*, wie das heute meist genannt wird, sind für die Betroffenen viel furchtbarer, als vielfach angenommen wird. Immerhin wird ein biologisches Grundbedürfnis verletzt. Zweitens ist bekannt, dass die neurologischen Prozesse der Spiegelneurone auch ungünstig wirken können. Unsere angeborene Fähigkeit zum Aufbau empathischer Beziehungen verfolgt kein Ziel. Die Prozesse sind einfache Prozesse der Nachahmung und entziehen sich unserer bewussten Reflexion. Somit funktionieren sie auch im negativen Bereich der Macht und Gewalt sehr gut. Gewalt führt über unreflektierte Nachahmung zu noch mehr Gewalt. Hier unterstützt uns die emotionale Resonanz mit negativen Folgen. Erschwerend kommt hinzu, dass gelingende Gemeinschaft eine gute Kommunikation voraussetzt. In so vielen Bereichen unseres gesellschaftlichen Lebens aber entziehen wir uns einander und kommunizieren nicht. Ohne diese Kommunikationsbereitschaft können die Prozesse der Spiegelneuronen den Aufbau empathischer Beziehungen nicht unterstützen. Wir wissen heute sehr genau, wie wichtig intensive, empathische Beziehungen für die Entwicklung von Babys und kleinen Kindern sind. Wir müssen sehr früh damit beginnen, bei Kindern die Entwicklung von Beziehungsintelligenz und Herzintelligenz zu fördern. Dazu brauchen sie vor allem unsere Anteilnahme, den intensiven Augenkontakt und die innige, empathische Beziehung zu anderen Menschen[138].

Kooperation und Vertrauen

Unsere kooperative Intelligenz ist weit gediehen und dennoch defektieren (das genaue Gegenteil von kooperieren) wir oft. Das tun wir, weil wir unseren kurzfristigen, egoistischen Vorteil höher bewerten als den Vorteil einer langfristigen Kooperation.

Vertrauen ist mit Kooperation untrennbar verbunden. Wir Menschen fühlen uns nur wohl, wenn wir in einem vertrauensvollen Klima leben. Vertrauen entsteht immer dann, wenn Menschen bereit sind, ihren Einsatz dafür zu leisten. Wir nennen das den „Vertrauensvorschuss". Wer darauf wartet, dass andere ein Verhalten zeigen, welches er mit Vertrauen beantworten kann, der wartet bis zum Sankt Nimmerleinstag. Alle Menschen wünschen sich Vertrauen. Aber das ist nicht der kritische Punkt. Es geht einzig um die Frage, wie viele Menschen bereit sind, den Preis des Vertrauens zu bezahlen und sich verwundbar zu machen.

Ich sage nicht, überschreiten Sie die Grenzen des sinnvollen Vertrauens und stellen Sie sich blind gegenüber der Welt. Ich sage nur, lassen Sie sich immer wieder darauf ein, einem Menschen zu vertrauen. Seien Sie großzügig, vergeben Sie Fehler, auch wenn sie sich schon wiederholt haben. Auf Ihrem Weg zur Entfaltung Ihrer Talente brauchen Sie Klarheit. Wenn Sie andere Menschen führen müssen, liegt es an Ihnen, eine Vertrauenskultur aufzubauen. Dazu braucht es den Großmut, Fehler zu vergeben. Es braucht die Klarheit, Kooperation immer mit Kooperation zu beantworten. Weiterhin braucht es auch Ihre Konsequenz, nichtkooperatives Verhalten anzusprechen und klarzustellen, dass Sie das nicht tolerieren. Aber bitte, laden Sie Menschen immer wieder ein, geben Sie ihnen immer eine weitere Chance. Das Wichtigste dazu haben wir bereits gelernt. Es sind die drei Schritte der Befreiung von Zwängen: Vergebung, Heilung und Dankbarkeit. Damit haben Sie das Rüstzeug für einen sinnvollen Kooperierer, bzw. eine Kooperiererin, längst in der Tasche.

Interbeing, ein ganzheitliches ZusammenSein

Der Begriff „Interbeing" meint die wechselseitige Verbundenheit allen Seins. Unsere gesamte Welt und das Universum sind nicht teilbar, es ist alles eins. Viele Dinge, die uns in unserer dualen Wahrnehmung und unserer unvollständigen Wahrnehmung getrennt erscheinen, sind es nicht. *Thich Nhat Hanh*[139] zeigt uns dafür ein wunderbares Beispiel. Wenn wir vor einem Blatt Papier sitzen und es ansehen, dann sehen wir vielleicht nur ein Blatt Papier. Aber das einfache Blatt Papier ist auch Wolke, ist auch Regen, ist auch Baum, ist auch Fabrik, ist auch Mensch und Arbeiter, ist auch Techniker und Entwickler, ist auch Meer. Ohne Meer gäbe es keine Wolken, ohne Wolken keinen Regen, ohne Regen keinen Baum, ohne Baum keinen Zellstoff, ohne Bedarf nach Zellstoff keine Fabrik, ohne Fabrik kein Papier und letztlich ohne Menschen kein Blatt auf meinem Tisch. Das Blatt Papier ist also alles zusammen. Das eine gäbe es ohne das andere nicht. Die Dinge brauchen einander, sie sind viel mehr *eins*, als unser Geist sich das vorzustellen vermag. Wenn wir noch genauer hinschauen, dann können wir uns in diesem Blatt Papier auch selbst erkennen. Das Blatt Papier wird zum Teil unserer Wahrnehmung, es ist auch in unserem Geist, es ist ein Teil von uns geworden. Am Ende erkennen wir die ganze Welt in diesem Blatt Papier. Und so ist es auch. Wo immer wir auch hinsehen, wir sehen immer und in allen Dingen die ganze Welt. Wir können als Menschen gar nicht alleine sein, wir sind immer in einer Form des Zusammenseins mit der ganzen Welt verbunden. In diesem Sinne erhält das Wort „Zusammensein" eine neue Bedeutung: ZusammenSein meint Interbeing.

„… dieser Stein ist Stein, er ist auch Tier, er ist auch Gott, er ist auch Buddha, ich verehre und liebe ihn nicht, weil er einstmals dies oder jenes werden könnte, sondern weil er alles längst und immer ist."[140]

Damit sich unser Geist ein *Interbeing* vorstellen kann, müssen wir uns viel abverlangen. Wir müssen akzeptieren, dass die Zeit, der die Menschen unterliegen, eine Illusion ist. Wir müssen weiterhin akzeptieren, dass der Raum eine Illusion ist. Und all das, was uns mit der Welt verbindet und uns eint, entzieht sich unserer Vorstellungskraft. Es gibt nur eine Sache, eine Form der Verbindung, die alle Menschen erfahren, erspüren, erleben können. Der sich uns öffnende Teil aller Verbundenheit ist die universelle Liebe. Sie verbindet uns Menschen untereinander und mit dem Universum selbst. In der buddhistischen Tradition ist es das Mitgefühl. *„Dabei ist Mitgefühl sowohl eine Kraft des Universums als auch eine menschliche Erfahrung.*[141]*"*

Zum Ausprobieren – Stufe 1: Gemeinschaften im Leben stärken

Meine Beziehungen bewusster leben. Die meisten von uns leben in Beziehungen, mit Lebenspartnerinnen und -partnern, Familien und Freunden. Was tragen wir dazu bei, diese Beziehungen gelingen zu lassen? Wir investieren viel. Am wichtigsten scheint die Zeit zu sein. Zeit ist ein schönes Geschenk für andere Menschen. Und in der Zeit, die wir gemeinsam verbringen, geht es um Aufmerksamkeit, um Konzentration, um ein Hineinfühlen in den anderen, um eine Qualität und Intensität der Kommunikation, die den Raum zwischen uns füllt und zu einem wertvollen, schwingenden Raum der Resonanz macht. Wir können in unsere Beziehungen noch mehr Bewusstsein, mehr Achtsamkeit und das Gefühl verbindender Liebe einfließen lassen. Wenn wir aktiv den Fluss der universellen Liebe und den göttlichen Segen in unsere Beziehungen einbringen, verändert sich deren Qualität. Alle Gründe sprechen dafür, das zu tun. Es ist die Natur des Menschen, gelingende Beziehungen zu schaffen. Nebenbei stärken wir damit unsere *Resilienz*[142] und werden damit widerstandfähiger gegen die Widrigkeiten des Lebens.

Umarmungsmeditation. Bei *Thich Nhat Hanh* habe ich über die Umarmungsmeditation gelesen. Das ist eine wunderbare Möglichkeit, mehr Achtsamkeit und Bewusstsein in unsere Beziehungen zu bringen. In unserer Kultur umarmen sich engere Freunde bei der Begrüßung häufig. Diese kurze Umarmung ist von einem wechselseitigen Klopfen auf den Rücken begleitet. Diese Geste will unterstreichen, ich bin da, bitte spüre mich. Wenn wir auf das Klopfen verzichten und stattdessen eine Minute in der Umarmung verweilen, um drei bewusste Atemzüge zu nehmen, entsteht etwas Wunderbares. Ein gemeinsamer Moment der Achtsamkeit, Herz an Herz gelegt. In dieser kurzen Zeit fließt universelle Liebe im Kreis und bringt uns in innige Verbindung. Lassen Sie es sich bitte nicht nehmen, es zu versuchen.

Die Menschen mögen, die Menschen lieben. Trage ich ein positives Menschenbild in mir? Neige ich dazu, anderen Menschen offen zu begegnen und zu vertrauen? Oder lebe ich das genaue Gegenteil? Wenn das negative Bild überwiegt, zahlt es sich aus, die eigene Haltung zu verändern. Die fünf Schlüssel werden das ihre dazu beitragen.

Ein nützlicher Gedanke dazu: Was immer ich für Erfahrungen negativer Art mit Menschen gemacht habe, war das immer nur ihr Verhalten unter bestimmten Bedingungen. Nie habe ich ihre wahre Natur wahrnehmen können. Und Verhalten von Menschen ist situationsabhängig. Jeder Mensch trägt den göttlichen Funken in sich, jeder ist zugleich Heiliger und Sünder. Nie ist ein Mensch ganz am Pol der guten Welt, und nie ganz am Pol des Schlechten. Weil wir aus reinem Licht geboren wurden ist alles gut an uns. Und wenn wir uns später im Leben schlecht – entgegen den Regeln der Gesellschaft – verhalten, dann ist uns schon vergeben. Der „Sünder" trägt immer schon die Gnade in sich. Eines hilft mir und anderen Menschen auf jeden Fall: *Menschen kann ich mögen, Menschen kann ich lieben.* Mit dieser Haltung bringe ich meine Beziehungen, auch die seichten, sachlichen, beruflichen, auf eine neue Ebene der Qualität. Damit geht es mir besser, und den anderen auch.

Vertrauen entwickeln. Wir kennen die Volksweisheit „*Vertrauen ist gut, Kontrolle ist besser"*. Diesen Satz muss ein Fahrscheinkontrolleur erfunden haben. Oder es ist ein Übersetzungsfehler aus dem Russischen, weil der Spruch *Lenin* zugeschrieben wird. [143] In unseren Beziehungen ist Vertrauen ein heiliges Gut. Wenn ich an mich, meine Fähigkeiten, meine Selbstwirksamkeit und meine Werteklarheit glaube, dann ist mein Vertrauen in mich selbst sehr groß. Welchen Grund sollte ich haben, anderen Menschen weniger zu vertrauen als mir selbst? Wenn ich in den Genuss vertrauenserfüllter Beziehungen gekommen bin, wird meine Bereitschaft, mit einem riesigen Vertrauensvorschuss in Beziehungen zu gehen, hoch sein. Stimmt, das macht mich verletzlich, stimmt, ich muss zuerst investieren, ohne gleich auf eine Gegenleistung hoffen zu können. Manchmal werde ich enttäuscht werden. In Summe aber wird mein Leben dadurch reicher und die Welt fühlt sich besser an.

Der Dialog nach David Bohm[144]: Den Dialog als Instrument habe ich vor vielen Jahren kennengelernt[145] und in meine Arbeit als Berater und Trainer integriert. Der Dialog zieht sich auch als Empfehlung für gelingende Kommunikation in Teams durch alle meine bisherigen Bücher. Somit scheint der Dialog etwas für mich sehr Wichtiges anzusprechen und darzustellen, das ich gerne weitergeben möchte. Der Dialog ist eine beziehungsbildende Kommunikationsform und Symbol für eine ganzheitliche Kommunikation. Der miteinander geteilte Gedankenraum, der mehr ist als die Summe der individuellen Gedanken, wird schrittweise vergrößert. In der Praxis erfolgt das über eine Kommunikation, die keine Standpunkte vertritt, sondern die dahinterliegenden Annahmen offenlegt. Und es gilt die Regel: *Sprich von Herzen. „Wie fast immer in Kommunikationen, in denen es um etwas Wichtiges geht, sitzen die Menschen im Sesselkreis. Selten hat die Welt ihre ganzheitliche Kraft in anderen Formen so stark zum Ausdruck gebracht wie im Kreis."*[146]

Zum Ausprobieren – Stufe 2: Gemeinschaften für den gesellschaftlichen Wandel

Eine Keimzelle gesellschaftlicher Entwicklung gründen. Unsere Welt ist in ihrer Zukunftsfähigkeit gefährdet. Das Paradigma der nachhaltigen Entwicklung erfordert einen tiefgehenden gesellschaftlichen und wirtschaftlichen Wandel. Was wir brauchen, sind möglichst viele und vielfältige „Inseln der Nachhaltigkeit"[147] (Islands of Sustainability[148]). Deshalb müssen wir uns überlegen, wie wir Gemeinschaften bilden, die den Wandel unterstützen können. Wichtig ist ein positives, evolutionäres Handeln und Wirken einer möglichst großen Anzahl von Gemeinschaften. Jeder Mensch, der sich auf einen ganzheitlichen Entwicklungsweg macht, wird irgendwann das Bedürfnis verspüren, seine Talente und seine Kraft für eine bessere Welt einzusetzen. Die Möglichkeiten, die sich unter der Oberfläche der Welt öffnen, sind tausendfältig.

Eine Zukunftszelle bilden – Mihaly Csikszentmihalyi[149] definiert die Zukunftszelle so: *„Die ideale soziale Gemeinschaft zur Realisierung eines Ziels ist eine Gruppe, die klein genug ist, um einen intensiven persönlichen Austausch zu gewährleisten, die auf einer freiwilligen Teilnahme basiert und jedem Mitglied die Möglichkeit gibt, zum gemeinsamen Ziel beizutragen, indem die Person das tut, was sie am besten kann"*[150]. Eine solche komplexe soziale Gemeinschaft bietet ihren Mitgliedern ein Höchstmaß an möglichen *Flow-Erlebnissen*[151]. Damit eine Gemeinschaft als Zukunftszelle wirksam werden kann, müssen nach *Mihaly Csikszentmihalyi* vier Funktionen erfüllt sein: 1) Sie muss Ressourcen in der Umwelt erschließen, um am Leben zu bleiben. 2) Bei der Verfolgung der eigenen Ziele muss sich die Zukunftszelle mit anderen Gruppen koordinieren. 3) Auch intern muss sie die Ressourcen und Aufgaben sinnvoll verteilen und dabei die Harmonie und die Kooperation stärken. 4) Jede Zelle muss eigene Wertvorstellungen und Überzeugungen entwickeln, die alle Mitglieder teilen.

Einem Netzwerk beitreten. Wer keine eigene Gemeinschaft aufbauen will, kann vorhandene Plattformen nutzen. Es gibt unzählige Möglichkeiten, sich einem Netzwerk anzuschließen. Vereine, NGOs, Kooperativen, Klubs sind nur einige Beispiele. Wenn ich meine Talente in einem Netzwerk sinnvoll einbringen kann und dabei etwas Gutes für die Welt entsteht, dann ist es die Sache wert. Persönlich bin ich ein großer Fan von Netzwerken, die sich mit unserer Zukunftsfähigkeit als Wirtschaft beschäftigen. Jedes Netzwerk mit dem Label „nachhaltige Entwicklung" ist einen Versuch wert. Selbst bin seit vielen Jahren Vorstandsmitglied in einem Netzwerk für „Sustainable Leadership" (B.A.U.M. Austria[152]). In einer Gruppe engagierter Menschen unterstützen wir Dialoge für eine zukunftsfähige Wirtschaft.

ſ

Take five-Essenz: Wirkung entfalten
„Teil einer Gemeinschaft werden"

Wir Menschen sind zur Kooperation geboren. Es ist in uns angelegt, Teil einer gelingenden Gemeinschaft zu sein. Es stärkt uns innerlich, wenn wir uns der Welt und den Menschen zuwenden und uns verbinden. Zugewandtheit, Anerkennung, wechselseitiges Interesse und Vertrauen schaffen lebendige Beziehungen und Gemeinschaften. **Die Essenz lautet:** Unsere Lebendigkeit, die uns innerlich stark macht, ergibt sich aus unseren Verbindungen. Es ist gut, wenn wir uns von der Welt berühren lassen. Es ist gut, wenn wir die Welt berühren.

Für Ihre persönliche Toolbox: **Die eigene Verbundenheit stärker wahrnehmen:** Wir Menschen sind keine Inseln, wir leben in einem Verbund. Es liegt immer an uns selbst, wie sehr wir diese Verbundenheit wahrnehmen und wie viel wir in Beziehungen investieren. Daher ist es wertvoll für uns, vorhandene Beziehungen zu intensivieren. Das braucht keine zusätzliche Zeit. Es reicht vollkommen, mehr an andere Menschen zu denken, uns stärker in ihre Rolle zu versetzen, stärker wahrzunehmen, was unsere Gegenüber fühlen und ihnen mehr Achtsamkeit und mehr Interesse zu schenken.

Die Verbundenheit anderer wahrnehmen: Auch das verlangt keine zusätzliche Zeit. Wann immer wir unter Menschen sind, können wir unsere Wahrnehmung auf die Beziehungen richten: In der U-Bahn können wir die Verbundenheit einer Mutter mit ihrem Kind, die spielerische Beziehung von Jugendlichen, die reife Beziehung zweier alter Menschen, den scheuen Blickkontakt zweier fremder Menschen oder auch einen Konflikt streitender Erwachsener wahrnehmen. Wir sind umgeben von Bezogenheit. Wir können gar nicht anders, als mit anderen Menschen in Beziehung zu treten. Selbst wenn wir uns bewusst abwenden, entsteht eine Form der Beziehung. Wir können mit dieser Übung unsere Wahrnehmung gegenüber der Welt und ihrer Lebendigkeit schärfen.

Das eigene Vertrauen stärken: Mit ein wenig mehr Willenskraft, verbunden mit den Quellen und von Beschränkungen befreit, wird es uns leichterfallen, unser Vertrauen in die Welt wieder zu stärken. Warum es nicht wieder versuchen und einem Menschen unser ganzes Vertrauen schenken? Warum nicht heute, warum nicht gerade jetzt?

An der Entwicklung teilhaben

Seit den frühen Neunzigerjahren beschäftige ich mich mit der nachhaltigen Entwicklung der Welt.[153] Wir verstehen darunter eine Form der Entwicklung unserer Gesellschaft und Wirtschaft, die im Einklang mit den natürlichen Ressourcen unseres Planeten steht, und die alle Menschen in diesen Entwicklungsprozess aktiv und fair einbezieht. Durch die langfristige Denkweise wird oft von einem Generationenkonzept gesprochen. Was hinterlassen wir den nachfolgenden Generationen? Unser Wirtschaften muss einen positiven Beitrag zur Entwicklung der Welt leisten. Dazu gehört einerseits ökologische Nebenwirkungsarmut und andererseits sozialer Wirkungsreichtum.

Im Buch *„Inseln der Nachhaltigkeit – Logbuch für ein neues Weltbild"*[154] haben *Michael Narodoslawsky* und ich eine Definition einer nachhaltigen Wirtschaft und Gesellschaft auf Basis eines ganzheitlichen Weltbildes vorgelegt. Wir gehen davon aus, dass wir unsere Probleme nicht mit den alten Denkweisen lösen können, aus denen sie entstanden sind. Der neue Denkrahmen ist für mich die ganzheitliche, spirituelle, quantenphysikalische Weltinterpretation. Ohne ein radikal neues Denken werden unsere Lösungen nur zu neuen Problemen führen. Wir laufen im Hamsterrad, das von innen wie eine Leiter nach oben aussieht. Etwas später haben *Kurt Schauer, Dodo Kresse* und ich gemeinsam das Buch *„Erfolg mit der Business Agenda 21"*[155] publiziert. Damit haben wir einen Weg aufgezeigt, wie Unternehmen und Organisationen die nachhaltige Entwicklung strategisch bewältigen und umsetzen können. Auch hier zieht sich die ganzheitliche Denkweise durch und bildet die Basis für den neuen Denkrahmen. Was ich aus den vielen Jahren im Tanz mit der Nachhaltigkeit gelernt habe, ist freud- und leidvoll zugleich. Viele Dinge sind gelungen, viele leider nicht. Es gibt ein paar Essenzen, die mir bis heute unendlich wichtig erscheinen. Ein paar davon möchte ich aufzeigen.

Ohne eine neue Spiritualität, ohne eine spirituelle Ökologie, ohne ganzheitliche Paradigmen für unsere gesellschaftliche und wirtschaftliche Entwicklung führt unser Weg nur noch bergab. Wir Menschen lernen gerade wieder, uns als Teil der Natur zu verstehen, oder besser, als Natur selbst. Wir lernen die Verbundenheit allen Seins kennen und besinnen uns der hohen Komplexität und der Nichtsteuerbarkeit unserer Welt. Wir lernen Vielfalt und Vernetzung als Aspekte der Komplexität wieder mehr zu lieben. Wir lernen das alte Wissen wieder mehr zu schätzen und erkennen langsam, was wir immer schon gewusst haben. Heute begegnet uns das alte Wissen der Menschheit wieder Stück für Stück in Form der modernen Wissenschaften. Es ist eine einfache Grundhaltung, die uns Menschen zur Nachhaltigkeit führen kann: *Aldo Leopold* hat in einem berühmten Zitat diese Haltung sehr einfach, aber tiefgehend beschrieben: *„Examine each question in terms of what is ethically right, as well as what is economically expedient. A thing is right when it tends to preserve the integrity, stability, and beauty of the biotic community. It is wrong when it tends otherwise."* [156]

Es gibt eine weitere Sache, die ich für essentiell halte. Wir Menschen müssen uns aktiver in den Evolutionsprozess einbringen. *Mihaly Csikszentmihalyi*[157] stellt folgende klare These auf: *„Eine aktive Teilnahme am Evolutionsprozess ist die beste Methode, um seinem Leben Sinn zu geben und jeden Augenblick entlang des Weges freudig zu genießen."* Damit uns das auch gelingen kann, sind wir mit der Kraft der Schöpfung ausgestattet und nun mit der Kraftquelle verbunden. Zusätzlich sind wir Schöpfer der universellen Liebe und verfügen über den Zugang zur Quelle des göttlichen Segens. Im Alltagsleben aber sind es noch ein paar Dinge mehr, die es Menschen erst ermöglichen, sich an der Entwicklung der Welt zu beteiligen. Ein Mensch, der nicht über genügend Wasser verfügt, der kaum Nahrung hat und dem keine Bildung zur Verfügung steht, wird schwerlich einen aktiven Beitrag zur Evolution der Welt leisten können. Hier sehe ich unsere große Aufgabe.

Es geht um Möglichkeiten und somit auch um Besitz und dessen Verteilung auf der Welt. Nicht mehr und nicht weniger. So, wie wir es derzeit angelegt haben, kann es keine Nachhaltigkeit auf der Welt geben. Die Macht aber liegt in den Händen jener Gruppen, die heute von der Schieflage der Vermögenswerte am meisten profitieren.

Am Evolutionsprozess teilnehmen können

Was Menschen besitzen müssen, um aus ihrer Perspektive einen sinnvollen Beitrag zur Entwicklung der Welt leisten zu können, mag sehr verschieden sein. Ein Mensch in den Zonen der westlichen und östlichen Industriegesellschaften wird das anders beantworten als ein Mensch, der einem indigenen Volk angehört und ein ganz eigenes, ganzheitliches Verständnis von der Welt und ihrer Entwicklung hat. Es ist also unmöglich, für andere zu entscheiden. Wir können andere nur einladen, sich am Dialog zu beteiligen und dazu möglichst vielfältige Möglichkeiten anbieten. Es ist wichtig, den Versuch zu wagen, alle Menschen, wirklich alle, mit der Möglichkeit auszustatten, an der Entwicklung der Welt teilzuhaben und – wenn es der Wunsch des jeweiligen Menschen ist – auch einen aktiven Beitrag zu leisten.

Unter dem gesellschaftlichen Evolutionsprozess verstehe ich einen gemeinsamen Entwicklungsprozess, in dem Menschen wechselseitig aufeinander einwirken, einen bestimmten Einfluss ausüben und dem Einfluss anderer ausgesetzt sind, mit dem Ziel, als Kollektiv im sozialen Zusammenhalt mehr zu erreichen, als es einem einzelnen Menschen je möglich wäre. Wir können noch so sehr auf unsere individuelle Entwicklung aus sein. Unser Wirken wird niemals mehr als ein Einflussnehmen auf die Welt sein, deren Teil wir sind. Jedes Tun und jede Absicht einer Veränderung wird immer Widerstände in anderen Menschen auslösen und so für eine Behinderung sorgen. Je mehr Engagement Menschen in die Welt bringen, umso stärker wird auch der Widerstand sein, den sie erzeugen. Damit wir aber als Menschheit eine gute Zukunft haben, brauchen wir alle faire Möglichkeiten, uns an der Entwicklung zu beteiligen.

In der realen Welt scheint mir aus heutiger Sicht die Demokratie die beste Möglichkeit dazu zu bieten. Es geht um die gelingende Partizipation an der Politik. Im öffentlichen Raum gewinnt die Zivilgesellschaft immer mehr an Bedeutung. Es geht um ein aktives Gestalten von Gesellschaft, das von Individuen ausgeht, die sich in Gruppen, Verbänden und Organisationen zusammenschließen und einen Beitrag zu einer besseren Welt leisten. Jeder Mensch findet hier Möglichkeiten, sich aktiv an der Entwicklung zu beteiligen.

Der freie Zugang zum Internet ist eine wichtige Grundbedingung. Das Internet bietet ein schier unendliches Wissensreservoir, das allen Menschen zur Verfügung stehen sollte. Der Zugang schließt das Grundwissen der Bedienbarkeit mit ein. Dann ist es für die Beteiligung unermesslich wichtig, im Dialog zu sein. Das World Wide Web stellt dazu alles bereit, was Menschen brauchen. Blogs und andere Plattformen für die Publikation und den Wissensaustausch, die Welt der Social Media für den Dialog und die notwendige Vernetzung. Jeder Mensch hat die Möglichkeit, eigene Aktivitäten zu starten, Themen frei zu wählen, Breitenwirkung zu erzielen, die Chance, Followers zu gewinnen, sogar eine virale Verbreitung von Ideen ist denkbar. Natürlich bietet das Web jede Menge Möglichkeiten, sich an laufenden Initiativen zu beteiligen. Kurzfristig oder langfristig, es stehen alle Wege der Einbringung offen. Spontane Zusammenkünfte sind ebenso möglich, wie organisierte MOOCs (Massive Open Online Courses), Barcamps oder viele andere Dialogevents, die Begegnung, Wissensaustausch und gemeinsames Lernen unterstützen.

Wenn wir also die Frage stellen, welche Grundrechte ein Mensch haben muss, dann wird aus meiner Sicht die Möglichkeit der Beteiligung an der gemeinsamen Entwicklung immer wichtiger. Sie sollte ein Grundrecht aller Menschen sein. Die Frage also lautet: Was muss ich wirklich besitzen, um in dieser Welt ein vollwertiges Mitglied zu sein, das Einfluss auf die Geschehnisse des Ganzen nehmen kann?

Zum Ausprobieren: Sich aktiv beteiligen

Sich selbst befähigen. Der *Take Five-Weg* mit Unterstützung der drei Quellen ist genau diese Befähigung meiner selbst. Wer mit Kraft, Liebe und Segen durchs Leben geht wird immer fähig sein, seinen Beitrag zur Welt zu leisten. Es gibt für uns – in unserer Kultur – immer Mittel und Wege aktiv zu werden. Und den Menschen am Rande der Gesellschaft müssen wir das auch ermöglichen. Die Frage der aktiven Beteiligung ist somit im ersten Schritt eine Frage der eigenen Willenskraft.

Empowerment. Das ist das neue Zauberwort. Menschen befähigen Menschen. Es ist das Ziel, den Grad an Selbstbestimmung im Leben eines Menschen zu steigern und es ihm möglich zu machen, seine Interessen zu wahren und in der Gesellschaft wirksam zu werden. Natürlich ist das ein Megathema für Führungskräfte in Organisationen. Aber auch in vielen anderen Situationen im Leben haben wir auf die Entwicklung anderer Menschen Einfluss. Am stärksten bei den eigenen Kindern. Wenn wir daran mitwirken, aus Menschen selbstständige und verantwortliche Mitglieder der Gesellschaft zu machen, wird für uns Zukunftsfähigkeit kein Wunsch bleiben.

Lokale Agenda 21. Viele Gemeinden nehmen die eigene Entwicklung in Richtung Nachhaltigkeit ernst. Sie erarbeiten ein Handlungsprogramm für die nachhaltige Entwicklung unter Einbindung der Bürgerinnen und Bürger. Das Vorbild der „LA21" ist ein im Jahre 1992 von 178 Staaten der Welt unterzeichnetes UNO-Programm mit dem Titel „Agenda 21". Natürlich ist es nicht die Mehrzahl der Gemeinden, aber es sind doch erstaunlich viele. Fragen Sie einfach nach, ob es in Ihrer Gemeinde eine Lokale Agenda-21-Initiative gibt. Das ist zugleich ein Check, ob die Politik Ihrer Gemeinde etwas taugt.

5

Take five-Essenz: Wirkung entfalten
„An der Entwicklung teilhaben"

Wir Menschen empfinden unser Leben als sinnerfüllt, wenn wir zur Entwicklung der Welt etwas beitragen können. Selten sind es große Dinge und noch seltener wird die Welt davon Notiz nehmen. Jedenfalls nicht der Teil der Welt, der Nachrichten verfasst und Zeitungen füllt. Aber darum geht es nicht. Jeder von uns kann einen Beitrag leisten, jetzt, heute, morgen, jeden Tag. Es sind die vielen kleinen Dinge, die unsere Welt zu einem besseren Ort machen.

Die Essenz lautet: Glück und Sinn im Leben finden wir dort, wo wir wirksam werden, und die Welt, in der wir leben, aktiv mitgestalten. Kein Beitrag ist zu klein. Jeder Mensch kann etwas tun.

Für Ihre persönliche Toolbox:

Anderen Menschen eine Freude bereiten: Es sind die Kleinigkeiten, die unser Herz erfreuen und die Welt ein bisschen besser machen. Beginnen Sie gleich heute. Wenn eine Street-Sheet-Verkäuferin vor Ihrem Supermarkt steht, kaufen Sie ein Exemplar und reden Sie ein paar Worte mit ihr.

Etwas für die nachhaltige Entwicklung tun: Klimaerwärmung, Umweltverschmutzung, Ressourcenverschwendung, wir tun der Welt mehr an, als sie vertragen kann. Was ist Ihr persönlicher Beitrag, gerade heute, damit die Welt ein klein wenig „nachhaltiger" wird? Kaufen Sie heute doch einmal ein Fair-Trade-Produkt. Schalten Sie die Klimaanlage nicht ein, fahren Sie mit dem Fahrrad, lassen Sie Ihre Schuhe reparieren, verzichten Sie auf das extrem billige Kleidungsstück, lassen Sie das Gras noch ein paar Zentimeter wachsen, duschen Sie etwas kühler und kürzer, verzichten Sie auf giftige Chemikalien. Was fällt Ihnen heute ein?

Meinen „ökologischen Fußabdruck" berechnen: Vor gut zwanzig Jahren habe ich an der University of British Columbia (UBC) in Vancouver, Canada, *Mathis Wackernagel* kennengelernt. Er hat gemeinsam mit Professor *William Rees* den „ökologischen Fußabdruck" entwickelt. Berechnen Sie einfach einmal Ihren persönlichen Fußabdruck. Sie werden staunen, wie viel „Landfläche" Sie wirklich brauchen[158]!

Eine Mission leben

Was ist mein Beitrag zur Entwicklung der Welt? Was ist mein Wunsch, was ist mein Vorhaben? Die Frage nach dem eigenen, einzigartigen Zweck der Existenz geht ans Eingemachte. Es ist die Frage nach dem weltlichen Sinn des Lebens. Gelingt es mir in meinem Leben, meine Eigeninteressen mit den Interessen des großen Ganzen, mit der Entwicklung der Menschheit, mit der Entwicklung der Welt zu verbinden?

Wenn ich sage, wir Menschen sind dazu auf der Welt, um das Licht des Universums in gefühlte Liebe umzuwandeln, dann ist das meine persönliche Vorstellung vom Sinn des Lebens. Es ist unser Herz, das in der Lage ist, Gefühle in die Welt zu bringen und somit dem Universum etwas zu schenken. Wir sind Transformatoren, die Licht in Liebe verwandeln können. Damit kommt die Schöpfung in den Genuss des Fühlens. Leben ist Fühlen, Leben ist Liebe. Einzig darin kann ich einen Sinn erkennen. Wie uns *Andreas Weber*[159] gezeigt hat, gibt es kein Leben ohne das Fühlen. Mag die Schöpfung eine Alleinheit sein, mag sie das Allwissen repräsentieren, das ewige und immer schon dagewesene, reine Licht, die Wahrheit, so bleibt sie doch frei von Liebe. Erst durch das Leben beginnt das Universum zu fühlen und lernt die Liebe kennen. Das allein reicht mir vollkommen aus, meinem Leben einen Sinn zu geben.

Eckhart Tolle[160] sieht den Sinn des Lebens im Erwachen des Bewusstseins. Auch das gefällt mir sehr. Der Sinn des Lebens ist es, das eigene Bewusstsein zu erhöhen und so – vielleicht unbewusst – einen Beitrag zur Komplexität der Welt zu leisten. Einen Menschen mit einem komplexen Bewusstsein nennt *Mihaly Csikszentmihalyi*[161] einen Transzendierer. Das ist ein Mensch, der seine Energie mit großer Freude in wirklich komplexe Ziele investiert. Wer zu größerer Harmonie beitragen will, muss ein komplexes Bewusstsein entwickeln. Ein komplexes Bewusstsein umfasst kognitive Eigenschaften, Emotionen und Handlungen eines Menschen. Das eigene kreative Potenzial zu erkennen, ist der Beginn der Reise. Die Potenziale dann in Fähigkeiten zu gießen und sie einsetzen zu lernen, um Wünsche in komplexe Ziele zu verwandeln, bringt uns in den Flow. Es wird ein erfülltes Leben, wenn es uns gelingt, die eigenen Wünsche zu erfüllen, und zum Wohle der Menschheit beizutragen.

Leben ist Ausdruck höchster Komplexität und so ist es auch mit unserem Bewusstsein. Wir sind als Menschen angetreten, die Komplexität der Welt zu erhöhen. Die ganze Evolution tut nichts anderes, als Entropie – das Maß für Unordnung im Universum – zu vermindern und somit die Komplexität zu erhöhen. Wir müssen lernen, die Welt mit ihren Widersprüchen zu lieben. Einer dieser Widersprüche ist folgender: Je komplexer mein Bewusstsein wird und je besser ich mit Komplexität umgehen lerne, desto einfacher erscheint mir die Welt. Die Welt an sich ist komplex. Wenn wir dieser Welt mit einem komplexen Bewusstsein begegnen, dann erscheint die Welt einfach. Reduzieren wir aber die Komplexität, wird die Welt für uns weniger wahrnehmbar, schwerer fassbar und komplizierter als notwendig.

Eckhart Tolle gilt als der wichtigste spirituelle Lehrer unserer Zeit und er meint, den Sinn des Lebens im Erwachen zu finden. Und wenn wir als Menschen den Weg des Erwachens – kurz gesagt ist das der Weg des *„Atme und lächle!"* – gehen, dann werden wir Sinn finden. Es mag sehr wahrscheinlich sein, dass wir in unserer Außenwelt, in der Welt der Formen, einen Sinn und eine Aufgabe finden. Viele würden das eine Berufung nennen. Dort, wo ich mich als Mensch voll mit meinen Talenten für die gute Entwicklung der Welt einsetzen kann, dort liegt meine Berufung. Ohne aber die Liebe und ohne den Weg des Erwachens ist das alles nichts. Windhauch, nichts als Windhauch, würden die alten Weisen sagen.

Eine Mission zu leben heißt:

Liebe die Menschen, liebe die Welt.

(*Erfülle deinen Zweck der Existenz.*)

Gehe den Weg des Erwachens.

Entwickle ein komplexes Bewusstsein.

(*Leiste deinen Beitrag zur Evolution.*)

Lass deine Talente ihre Aufgabe übernehmen.

Das ist deine Berufung, das ist deine Mission.

(*Leiste deinen Beitrag in der Gesellschaft, damit es gut wird.*)

Zum Ausprobieren: Was ist mein einzigartiger Zweck?

Purpose Quest. Was will das Universum von mir? Was kann ich auf dieser Welt für einen Unterschied machen, der Wert für alle hat? Wann nehmen wir uns schon Zeit, über diese Frage nachzudenken? Es gibt gute Gelegenheiten, das zu tun. Immer wenn das Leben uns vor eine Entscheidung stellt und unser Leben für einen Moment instabil wird, ist so ein Zeitpunkt gekommen. *Nick Udall und Nic Turner*[162] beschreiben drei Phasen für einen Purpose Quest:

(1) *Recapitulation*: Rekapitulieren wir im ersten Schritt unser bisheriges Leben: Alles, was uns in unserem Leben widerfahren ist, hat seinen Sinn. Alles, was wir erlebt und gemacht haben, hat uns zu dem gemacht, was wir heute sind. Wenn wir alle Ereignisse in unserem Leben ansehen, die wir in Erinnerung behalten haben: Was zieht sich durch? Welche Muster können wir erkennen? Was ist das Besondere? Was

215

sind Zeichen und Hinweise, die uns unserem Sinn des Lebens – unserer Mission – näher bringen?

(2) *Questing*: Stellen wir die Frage an das Universum. Dazu müssen wir uns vorbereiten und gute Bedingungen schaffen. Zunächst müssen wir uns geistig, psychisch und körperlich wohlfühlen. Eine Zeit der Einsamkeit, eine Zeit in der Natur, eine Zeit des Fastens sind erste Möglichkeiten. Das „Buch des Lebens", wenn Sie bereits eines begonnen haben, wird Ihnen jetzt sehr hilfreich sein. Halten Sie die ganze Zeit über bewusst die eine Frage im Bewusstsein: Was ist mein einzigartiger Zweck?

(3) *Incorporation*: Wie können wir nun die Antwort des Universums in uns aufnehmen? Fein ist ein Dialog mit anderen Menschen, die ebenso einen Purpose Quest durchlaufen haben. Gemeinsam können wir dann unsere Erfahrungen verarbeiten und in unser Leben übersetzen. *Nick Udall und Nic Turner*[163] meinen, dass der Zweck in uns auftaucht und wir es dann einfach wissen. Wissen, was zu tun ist, ist die Konsequenz. Sie nennen den Ort, an dem der Purpose Quest stattfindet, *Sacred Mountain*. Und sie empfehlen, nach einem Jahr an genau diesen Ort zurückzukehren und Einkehr zu halten. Wie sehr ist mein Zweck in mich eingedrungen? Wie sehr bin ich mein Zweck geworden?

5

Take five-Essenz: Wirkung entfalten
"Eine Mission leben"

Wir sind nun am Ende der kleinen Reise angekommen. Mit dem letzten Schritt „Eine Mission leben" runden Sie Ihr reifes Dasein ab und geben ihm Sinn. Wir müssen nicht so weit gehen, unbedingt den einen einzigartigen Zweck für unsere Existenz zu finden. Es reicht auch, wenn wir bewusst *einen* Zweck erfüllen. Ganz am Ende, wenn wir den letzten Atemzug tun, soll unser Herz erfreut in die Einheit fließen, wissend, dass unser Leben einen guten Zweck auf dieser Welt erfüllt hat.

Die Essenz lautet: Liebe die Menschen, liebe die Welt. Trage zu einer besseren Welt bei, machen Sie einen Unterschied, den andere freudig wahrnehmen können.

Für Ihre persönliche Toolbox:

Dem eigenen Leben mehr Sinn geben: Welche Talente auf dem Weg sich auch zeigen mögen, es kommt darauf an, was wir damit machen und wie wir in der Welt wirksam werden. Also ist es der beste Weg, sich eine eigene Mission zu schreiben. Die Fragen dazu lauten: Was ist mein (einzigartiger) Zweck der Existenz? Womit mache ich das Leben auf dieser Welt für andere ein Stückchen besser? Was ist mein Beitrag, den zu leisten ich imstande bin? Was leiste ich heute?

Überlege, was bleiben soll: Eine sehr bekannte Übung besteht darin, seine eigene Trauerrede zu schreiben. Das kann helfen, Klarheit darüber zu bekommen, was wir bei anderen hinterlassen wollen. Das materielle Werk ist dabei am unbedeutendsten, das Werk der Liebe zählt mehr. Wir können auch einen Schritt weiter gehen: Was möchten wir, dass unsere Kinder ihren Enkeln über uns erzählen, wenn es uns schon lange nicht mehr gibt? Was für ein Mensch wollen wir gewesen sein?

Meine Talente einsetzen: Lass deine Talente tun, wofür sie gedacht sind, und alles wird gut. Nutze die fünf Schlüssel immer wieder aufs Neue! Tanze den jeweiligen Dreischritt, wiederhole ihn und übe, so oft du kannst!

Mach deinen Alltag und dein ganzes Leben zur Übung!

VERTIEFUNGEN FÜR DEN ALLTAG

Die fünf Schlüssel für ein sinnvolles Leben haben uns Räume geöffnet. Es liegt jetzt an Ihnen, diese Räume zu erkunden und die jeweiligen Dreischritte in Ihr Leben zu integrieren. *„Lass es ein Leben werden, das Würde und Sinn für dich hat. Wenn es so ist, dann wird die Frage der Balance zwischen Erfolg und Misserfolg nur noch wenig Bedeutung haben."*[164]

Es bleibt die Frage: Was mache ich jetzt damit?

Wie kann es Ihnen gelingen, mit den fünf Schlüsseln und dem jeweiligen Dreischritt dauerhaft stärkende, neue Gewohnheiten für Ihr Leben zu entwickeln? Wie können Sie es schaffen, die Essenzen daraus für Ihr Leben dauerhaft zu nutzen?

Mir war es ein Anliegen, die fünf Schlüssel – „Take Five" – zu vereinfachen, besser in den Alltag zu integrieren und wirkungsvoller zu machen. Dabei galt es, zwei Rahmenbedingung zu erfüllen. Es gibt Tage, die keinen Freiraum für lange Übungen lassen, und es gibt insgesamt nur wenig Zeit, die für konsequentes Üben übrig bleibt. Also gab es nur eine mögliche Konsequenz: Eindampfen, was das Zeug hält, die Essenzen suchen und alles, was nur Schmuckwerk ist, weglassen. Ich bin von der Vorstellung fasziniert, dass es unserem Gehirn einigermaßen egal ist, ob wir etwas wirklich tun oder ob wir es uns nur gut genug vorstellen. Diese Tatsache wollte ich nutzen. Ein positives Lebensgefühl zu entwickeln, das sich aus der Arbeit mit „Take Five" ergibt, braucht nur wenig Zeit, aber einige Konsequenz. Was ist das Wenige, das wirklich gelingen muss? Aus meiner Sicht sind zwei Dinge unerlässlich:

1. *Behalten Sie die Arbeit mit „Take five" immer im Bewusstsein:* Fühlen Sie, dass Sie auf dem Weg sind. Am besten wäre ein Bild, das den Weg visuell darstellt und das Sie jeden Tag ansehen können. Setzen Sie Symbole und Bilder ein.

2. *Machen Sie jeden Tag mindestens eine Übung:*
   Einmal wird es eine große Übungseinheit mit mehreren Übungen sein, ein andermal eine kleine. Oft wird es nur eine Übung ganz nebenbei sein können, weil der Tag zu viel von Ihnen verlangt. Und dann gibt es Tage, da bleibt sogar nur Zeit für die Sekundenübung.

Ich biete Ihnen zu all den kleinen Übungen, die Sie schon bei den fünf Schlüsseln gefunden haben, noch einige ergänzende praktische Übungen an. Vielleicht ist noch eine dabei, die Sie inspiriert und motiviert, Ihren Weg zu gehen.

In einem zweiten Schritt motiviere ich Sie zu einem kleinen Experiment. Es ist ein Experiment, das Ihr Leben verändern kann. Es zahlt sich also aus, die notwendige Zeit dafür zu investieren. Entwerfen Sie Ihre persönliche *Take Five-Collage!*

Einige praktische Übungen

Lassen Sie sich von diesen Übungen inspirieren und entwickeln Sie die Übungsformen, die am besten zu Ihnen passen. Jeder Mensch braucht für seine Individualität und für das Heil seiner Seele seinen eigenen Weg zur Heiterkeit und zur Erfüllung. Probieren Sie es aus und nutzen Sie Ihre Intuition. Sie werden wissen, was Ihnen guttut und was wirklich hilft.

Drei Finger im Blick

Die Übung geht so: Heben Sie die rechte oder linke Hand vor Ihrer Brust. Bilden Sie die Segensgeste, so, wie wir sie schon einmal durchgeführt haben: Daumen, Zeige- und Mittelfinger zeigen locker nach oben, wobei der Zeigefinger etwas mehr gestreckt wird. Ringfinger und kleiner Finger sind locker nach unten gebeugt. Diese Geste nehmen wir als Symbol der Verbindung mit den drei Quellen des Lebens. Konzentrieren Sie nun Ihre ganze Gedankenkraft, besonders auf die Spitze Ihres Zeigefingers, und halten Sie Ihre Hand dicht vor das Gesicht, sodass Sie den Finger sehen können. Schauen Sie geradeaus und nicht direkt auf den Finger. Blicken Sie diffus in den Raum, ohne etwas Bestimmtes zu fokussieren. Halten Sie aber Ihre volle Konzentration auf Ihren Finger gerichtet. Sie werden schnell bemerken, dass in dieser einfachen Übung eine große Kraft steckt. Es erfordert viel Konzentration, diffus in die Ferne zu blicken und den nahen Finger trotzdem stark im Bewusstsein zu behalten. Es wird Sie schnell aus allen Gedankenspiralen befreien und mit den Quellen verbinden. Bleiben Sie ein, zwei Minuten in dieser Präsenz, verweilen Sie in dieser Kraft. Ich mache das bei vielen Gelegenheiten, mal beim Spazierengehen, mal am Schreibtisch, mal zwischendurch im Alltag.

Präsenz durch bipolare Konzentration

Die Übung mit der Segensgeste und der vollen Konzentration auf Ihren Zeigefinger können Sie noch weiter vertiefen. Ich nenne die Übung die „bipolare Konzentration", weil Sie dabei auf die Fingerspitzen Ihrer beiden Hände – die beiden Pole – und einen beliebigen Punkt im Raum gleichzeitig konzentriert sind. Das ist nicht einfach, aber wirkungsvoll. Probieren Sie es gleich aus. Heben Sie Ihre beiden Hände vor der Brust, formen Sie mit Ihren Fingern wieder die Segensgeste und strecken Sie dabei besonders Ihre Zeigefinger nach oben. Fixieren Sie mit Ihrem Blick einen weiteren, beliebigen Punkt im Raum, der genau vor Ihnen liegt. Das kann eine Figur sein, eine Kerze, eine Blume, was immer Ihnen gefällt. Konzentrieren Sie sich voll auf die Spitzen Ihrer beiden Zeigefinger, die Sie in Ihrem Blickfeld haben. Bleiben Sie mit Ihrer vollen Aufmerksamkeit auf beiden Fingerspitzen, während Ihr Blick das Objekt im Raum fixiert. Denken Sie sich, zwischen den beiden Punkten Ihrer Fingerspitzen sei die ganze Welt aufgespannt, das ganze Kraftfeld, alle Energie, die Sie brauchen. Wenn Sie das machen, sind Sie nahe an der Wirkung der *Quantenheilung,* die ich bereits kurz beschrieben habe. Warum das so ist? Wenn es Ihnen gelingt Ihren Geist auf Ihre zwei Fingerspitzen und auf einen weiter entfernten Punkt im Raum gleichzeitig zu fokussieren, dann wird es Ihnen schwer möglich sein, noch an etwas anderes zu denken. Ihr Geist wird also still werden, die inneren Plaudertaschen werden verstummen. Sie tauchen ein in das Nullpunkt-Feld der Welt[165]. In diesem Zustand kann alles, wirklich alles, geheilt werden. So weit aber müssen wir uns hier gar nicht vorwagen. Mir reicht die kurze Präsenz im Hier und Jetzt vollkommen aus. Das ist Grund genug, diese Übung zu machen. Der Vorteil? Schnelle Präsenz und Verbindung zu den drei Quellen bei sehr kurzer Dauer der Übung. Sie dauert nur wenige Minuten. Mir reicht meist schon eine Minute vollkommen aus. Es ist eine Minimeditation mit großer Wirkung.

Das heilige Dreieck bilden

Eine Variante dieser Übung nenne ich „Das heilige Dreieck bilden". Wieder heben wir beide Hände vor unserer Brust und bilden mit unseren Fingern die Segensgeste. Wieder sind die beiden Zeigefinger etwas mehr gestreckt als die Mittelfinger. Wir schließen jetzt die Augen und fokussieren unseren Geist zuerst auf die Spitze des einen Zeigefingers. Dann halten wir unsere Konzentration auf der einen Fingerspitze und konzentrieren uns nun gleichzeitig auf die Spitze des anderen Zeigefingers. Wenn uns das gelungen ist, bleiben wir geistig bei unseren Fingerspitzen und konzentrieren uns noch zusätzlich auf unser „drittes Auge", auf den Mittelpunkt unserer Stirn. Wir bilden mit unserer geistigen Kraft ein Dreieck. Die beiden Fingerspitzen und der Mittelpunkt unserer Stirn gehen eine Verbindung ein. Das heilige Dreieck bringt uns schnell in einen Zustand der Gegenwärtigkeit. Es wird Ihnen dabei sehr schwerfallen, noch an irgendein Problem des Alltags zu denken und die Gedankten abschweifen zu lassen. Das Dreieck braucht all unsere Gedankenkraft. Das ist der Sinn dieser Übung.

In Achten denken

Ich liebe die liegende Acht. Seit meiner Kinesiologieausbildung hat mich die Acht nicht mehr losgelassen. Es macht mir großen Spaß, in meinem Geist mit der Acht zu spielen. Man kann den Geist auf eine Achterbahn schicken und dabei Erstaunliches erfahren. Hier ein paar Inspirationen dafür, was Sie mit der liegenden Acht alles machen können.

1) *Die liegende Acht an der Wand:*
   Zeichnen Sie eine liegenden Acht auf ein Blatt Papier und hängen Sie es an die Wand. Stellen Sie sich davor und kreisen Sie mit den Augen die liegende Acht entlang. Beginnen Sie immer – das ist wichtig! – in der Mitte der liegenden

Acht und fahren Sie nach rechts oben! Niemals sollten Sie die Bewegung nach unten beginnen. Wenn Sie also im Geiste den Ursprung, den „Mittelpunkt" der liegenden Acht durchqueren, erfolgt das immer in einer Bewegung von unten nach oben. Später können Sie die liegende Acht im Geiste verfolgen und brauchen keine Zeichnung mehr an der Wand. Das ist eine klassische Übung in der kinesiologischen Praxis. Sie hilft, das Gehirn zu aktivieren und sie wird Sie in einen kreativen Zustand versetzen. Diese Übung hilft beim Lernen!

2) *Die kleine liegende Acht im Inneren:*
Wenn ich die Augen schließe, stelle ich mir vor, wie ich im Kopf, mit meinen Gedanken, eine liegende Acht nachziehe. Es ist etwas einfacher, wenn die Augen die Bewegung entlang der liegenden Acht mitmachen, zumindest andeutungsweise. Den Ursprung der Acht stelle ich mir in der Mitte meiner Stirn vor. Mit den Bewegungen entlang der liegenden Acht „scanne" ich mein Gehirn. Für mich ist am angenehmsten eine Frequenz von etwa einem Herz, also ein Durchlauf durch die Acht pro Sekunde. Diese Übung schenkt Konzentration und schnelle Präsenz, weil Sie schwerlich nebenbei an etwas anderes denken können. Ihr Gehirn wird aktiviert.

3) *Die große liegende Acht im Außen:*
Die gleiche Übung kann ich weiter ausdehnen. Ich beginne mit der kleinen liegenden Acht in meinem Kopf, also in meiner Innenwelt. Nach einiger Zeit verlasse ich meine Innenwelt und vergrößere die Schleifen der liegenden Acht nach außen. Ich lasse die Acht immer größer werden. Es gibt dabei keine Grenzen. Lassen Sie Ihre Gedanken ins Universum ausschweifen. Für mich bietet diese Übung in kurzer Zeit ein Gefühl der Verbundenheit mit dem Universum.

4) *Kraft und Spirit durch die Acht:*
Setzen Sie sich hin. Stellen Sie beide Beine auf den Boden
und fühlen Sie den Kontakt mit der Erde. Stellen Sie sich auf
Ihrem Scheitelpunkt eine leuchtende Energiekugel vor und
verbinden Sie sich mit den höheren Kräften des Universums.
Verbinden Sie sich nach unten mit der Erde und nach oben
mit dem Universum. Atmen und lächeln Sie. Beginnen Sie
dann mit einer Atemübung, bei der Sie Ihren Atem entlang
einer Acht auf die Reise schicken. Stellen Sie sich dabei eine
große stehende *Acht* vor, die Ihren Mittelpunkt in Ihrer Brust
hat und tief in Erde nach unten und weit ins Universum
nach oben reicht. Ihr Atem folgt nun dieser Acht. Atmen Sie
nun tief ein. Beim Ausatmen schicken Sie ihren Atem, von
Ihrer Brust ausgehend, nach unten, entlang der Acht, in die
Erde. Gehen Sie tief hinein. Beim Einatmen holen Sie *Kraft*
aus der Erde und schicken Ihren Atem entlang der Acht,
durch Ihre Brust hindurch, hoch hinauf in den Himmel.
Dringen Sie tief ins Universum ein. Beim Ausatmen kommen Sie herunter, durch Ihre Brust hindurch, und dringen
wieder in die Erde ein. Aus dem Universum holen Sie sich
den „*Spirit*". Es geht also darum, Kraft aus der Verbindung
mit der Erde und Spirit aus der Verbindung mit dem Universum zu gewinnen. Es fällt mir viel leichter, wenn ich
bei dieser Übung die Augen geschlossen halte und mir
vorstelle, in den inneren, heißen Kern der Erde und in die
Weite der Galaxien des Universums vorzudringen. Unsere
Gedanken sind nicht an Zeit und Raum gebunden. Wir können Sie aussenden, wohin auch immer wir wollen. Für mich
ist das eine Kraft- und Konzentrationsübung, die ich überall
machen kann; am Schreibtisch, im Bus, in der U-Bahn, im
Sessel sitzend, während eines Seminars oder Meetings. Es ist
eine Achtsamkeitsübung, die Sie in kurzer Zeit in die eigene
Mitte bringt und Sie energetisch stärkt.

Einfach kurz Baum sein

In vielen Schulen der Meditation wird gelehrt, sich in Dinge oder Tiere hineinzuversetzen und sich ganz in sie zu versenken. Ich halte es damit ganz einfach. Bei meinen Spaziergängen mit unserem Hund Rose komme ich an vielen Bäumen vorbei. Dabei wähle ich einen Baum aus, den ich als „Umkehrbaum" bezeichne. Wir gehen bis zu diesem Baum und kehren dort um. Zuvor aber verweile ich ganz kurz bei diesem Baum, schaue ihn an und atme entlang des Baums. Beim Einatmen stelle ich mir vor, den Stamm nach oben zu atmen und alle Äste, Zweige und Blätter mit meinem Atem zu füllen. Beim Ausatmen gehe ich gedanklich den Stamm nach unten entlang, zu den Wurzeln, tief in die Erde hinein. Sicherlich bin ich dabei nicht „ganz Baum", eher weit davon entfernt, wirklich versunken zu sein. Aber ich bin dem Baum nahe und fühle mich für eine Minute mit ihm und der Natur verbunden.

Den Raum und die Zeit heiligen

Das geht immer! Ich zünde oft eine Kerze an, wenn ich im Büro arbeite. Der Raum, in dem ich mich befinde, wird dann eine heilige Zuflucht. Ein, zwei Kerzen und der Raum ist mit Segen gefüllt. Ich liebe auch mein Räucherwerk mit händisch gefertigten Räucherstäbchen aus Nepal. Die kurze Zeremonie der Entzündung, der feine Rauch und der wunderbare Duft nehmen den Raum ganz ein. Ein kleiner Gong oder eine Klangschale, die ich leise anschlage oder zum Klingen bringe, geben auch einem Moment eine neue Bedeutung. Es ist eine Erinnerung an mich selbst, wieder stärker bewusst zu werden und an meinem komplexen Bewusstsein weiter zu arbeiten. Und ich fühle im Raum eine Heiligkeit, eine Form der Verbundenheit mit den höheren Kräften. Für mich sind das alles symbolische Gesten des Segens.

Ein Buch von Paulo Coelho lesen

Welche Autorin, welchen Autor lieben Sie? Wer schafft es, mit seinen Geschichten Ihr Herz und Ihre Seele zu berühren? Es gibt einige Bücher von *Paulo Coelho*, die mich faszinieren und die ich oft lesen oder hören kann. Erwähnen möchte ich die Bücher „*Der Alchimist*" und „*Der fünfte Berg*". Außerdem kann ich auch „*Siddhartha*" von *Herman Hesse* wiederholt lesen oder hören und immer wieder neue erstaunliche Einsichten daraus gewinnen. Machen Sie sich auf die Suche nach Ihren eigenen Kraft-Büchern, die Sie stärken und nicht bloß zerstreuen. Ich lese oder höre in meine „Herzbücher" nur kurz hinein und hole mir daraus das Gefühl der Geborgenheit in der Weltenseele, einen bewussten Augenblick, ein Stückchen Weisheit, eine Essenz für mein Leben ab.

Gute Blogs verfolgen

Tim Schlenzig bespielt eine überaus erfolgreiche Website mit dem Titel „myMONK.de"[166]. Sein Blog ist ein Fundus an Übungen für mehr Achtsamkeit. Die Artikel, die meist praktische Übungen beinhalten, helfen dabei, innere Ruhe zu finden. MyMonk gibt Ihnen täglich Zeit zum Durchatmen, zum Träumen, zum Besinnen und zum Loslassen. Es ist auch ein intensiver Wegweiser zur sinnvollen Selbstverwirklichung.

Roland Kopp-Wichmann[167] betreibt ebenso einen sehr erfolgreichen Blog und eine Podcastreihe, die ich nur empfehlen kann. Hier geht es um alle Fragen der Persönlichkeitsentwicklung, verständlich und unterhaltsam aufbereitet.

Mich vom inneren Engel umarmen lassen

Kennen die den Film „*Micheal*"[168] mit John Travolta in der Rolle des Engels Michael? In einer Szene breitet er seine Flügel aus und umarmt damit einen kleinen, eben gestorbenen Hund, den er wieder zum Leben erweckt. Dieses Bild kann helfen, sich die eigene Umarmung vorzustellen. Das geht so: Ich stelle mir meinen inneren Engel als bunte Lichtgestalt vor, in der ich räumlich ganz aufgehe. Ich bin sozusagen mitten in der Lichtgestalt, sie umgibt mich vollständig. Sie öffnet ihre Flügel, die von hellem, weißem Licht umgeben sind, umarmt mich damit innig und hüllt mich mit diesem Licht vollständig ein. Geborgen in der Verbindung mit dem inneren Engel kann alles heilen, wird alles gut und alles wieder möglich. Und dann ist alles geheilt, ist alles gut und alles möglich.

Meine Take Five-Collage

Die Idee der *Take Five-Collage* ist einfach. Ich generiere eines oder mehrere Bilder, die alle Essenzen aus dem Buch zusammenfassen und sie mir auf einen Blick zugänglich machen. Für die Ausgestaltung gibt es natürlich unendlich viele Möglichkeiten. Sie sollen Ihre Kreativität hier voll einbringen und sich eine Collage fertigen, die für Sie das Buch auf eine visuelle, gefühlte Essenz reduziert. Ein erster Blick darauf sollte ausreichen, um die ganze Information wieder aufzunehmen. Ein zweiter Blick sollte ausreichen, um sich, dem Tag entsprechend, eine kleine, einige kleinere Übungen oder eine große Übungseinheit abzuholen und sie durchzuführen. Je häufiger und stärker Sie die Übungen mit emotionalen Bildern verbinden, desto stärker wird allein der Blick auf die Übungen, auf die Symbole oder Bilder wirken, noch bevor Sie mit einer Übung begonnen haben. Es ist aber nicht unser Ziel, keine Übungen zu machen. Im Gegenteil, das Ziel ist einfach und klar: Wir machen unseren Alltag zur Übung!

	TAKE ONE WILLENSKRAFT STÄRKEN	**TAKE TWO** VERBINDUNG AUFNEHMEN
DREISCHRITT	1. Entwicklung 2. Angst wird Mut 3. Höheres Selbst	4. Schöpferische Kraft 5. Universelle Liebe 6. Göttlicher Segen
ERKENNTNISS	Geist-Herz-Bewe-gung-Form-Zyklus der Manifestation	Die Quellen bieten mir jede Hilfe an, ich muss mich nur aktiv verbinden.
KURZE ÜBUNG(EN)	Umpolung der Angst: Angst, komm her! Ich liebe meine Angst! Meine Angst befreit mich! Neuer Mut erfüllt mein Herz. So ist es, so ist es. Danke, danke, danke.	Die Verbindung mit den drei Quellen: Handgesten - Kraft, Liebe, Segen - Verbun-den, danke, danke, danke
LANGE ÜBUNG	Einen ganzheitlichen Glaubenssatz ent-wickeln	Die drei Quellen visuali-sieren und mit kraftvol-len Bildern hinterlegen!
ÜBUNGSEINHEIT	Umpolung der Angst Mein Glaubenssatz Meditation Die liegende 8 im Kopf	Die Verbindung mit den drei Quellen: Die Lang-version mit den drei Mantras: Schöpferische Kraft, Universelle Liebe und Göttlicher Segen.
SYMBOL		

Abbildung 4: Meine individuelle Zusammenfassung der „Essenzen" -

TAKE THREE	TAKE FOUR	TAKE FIVE
BEFREIUNG ZULASSEN	ENTFALTUNG ERMÖGLICHEN	WIRKUNG ENTFALTEN
7. Vergebung 8. Heilung 9. Dankbarkeit	10. Gegenwärtigkeit 11. Zukunft 12. Widersprüche	13. Gemeinschaft 14. Beteiligung 15. Mission
Ein stiller Moment am Tag Ein gutes Gespräch Eine zärtliche Berührung Ho'oponopono: Ich verzeihe dir, ich verzeihe mir. Es tut mir leid. Ich liebe mich, ich liebe dich. Danke.	Mein Glaubenssatz: Ich bin universell intellegent und inspirierend, strahlend glücklich und liebevoll, umfassend konsequent und kommunikativ und vollkommen gesund und erfolgreich.	Einem Menschen eine Freude bereiten. Den Tag lang Beziehungen bewusster wahrnehmen. Mit dem Fahrrad fahren. Energie sparen.
Ich arbeite mit dem Healing Code an meiner Heilung und der Heilung anderer.	Meine Lebensvision ausarbeiten: Leitsterne, Leitmotive, Vorbilder! Mein Lebensbuch!	Meinen individuellen Ökol. Fußabdruck berechnen und ihn dann verkleinern.
Wasser trinken Eintrag in mein Dankbarkeitstagebuch. Eine Situation bearbeiten mit: Wofür ist das jetzt die Gelegenheit?	Kräutertee morgens 5 Tibeter 10 min in meinem heiligen Raum. Mit dem Hund spazieren gehen.	Einen Text von Eckhart Tolle lesen. Mein Lebensbuch studieren. Den Tag zelebrieren. Die Menschen anlachen.

„Take Five Summary" („technische Ausführung")

231

Abbildung 5: Beispiel einer Take-Five-Übungs-Skizze

Damit uns das aber gelingt, brauchen wir die Collage und die tägliche Erinnerung daran. Auch muss uns die Collage für jeden Tag das passende Programm anbieten. Es gibt Tage, da wird nur eine Übung auf dem Weg zur Arbeit – so ganz nebenbei – möglich sein. Und es gibt Tage – diese werden vor allem am Wochenende auftreten, da haben wir Zeit für ein ganzes Übungsprogramm oder für eine Langversion einer Übung, indem wir etwas ausarbeiten, was uns dann von großem Nutzen sein kann. Beispielsweise könnte es ein *Lebensbuch sein*, wie ich es kurz beschrieben habe, oder ein für uns passender Glaubenssatz, den wir dann immer wieder als Kurzübung wiederholen können.

Für Ihre persönliche, und daher sehr individuelle *Take Five-Collage* biete ich Ihnen einige Hilfestellungen an. Nehmen Sie, was Sie brauchen und was Sie inspiriert, aber beginnen Sie damit. Fertigen Sie Ihre eigene *Take Five-Collage* an!

Der Weg dorthin, wie sieht er aus?

Möglichkeiten gibt es so viele wie Sand am Meer. Wir können mit einer Zusammenfassung (Take Five Summary) beginnen und den Inhalt des Buches nach den „Schlüsseln" („Take One" bis „Take Five") strukturieren und zu jedem Schlüssel eine wichtige Erkenntnis, eine kurze Übung, eine lange Übung, eine Übungseinheit und ein Symbol aufschreiben und so das ganze Buch für uns individuell zusammenfassen.

Wenn Sie Ihre individuelle Zusammenfassung in dieser Form kreieren, dann haben Sie schon die Basis für Ihre persönliche *Take Five-Collage* geschaffen. Für die Zusammenfassung biete ich Ihnen ein *Take Five-Arbeitsblatt an*, das Sie hier downloaden können: www.hpwallner.at/takefive. Laden Sie die Datei „takefive-Arbeitsblatt-Kurzversion" herunter.

Wenn Sie sich gerne noch intensiver mit „*Take Five*" beschäfti-

233

gen wollen und dafür nach einer Struktur suchen, dann biete ich Ihnen gerne eine Langversion des Arbeitsblattes an.

Hierzu die Anleitung:

Sie haben sich durch „*Take Five*" mehr oder weniger intensiv hindurchgelesen. Dabei wird Ihnen einiges aufgefallen sein. Vielleicht sind Sie mit einem Satz, einer bestimmten Aussage, mit einer Übung, mit einer vertiefenden Angabe (Verweise auf Endnoten, wenn Sie diese angesehen haben) in Resonanz gekommen. Das muss nicht immer positiv sein. Aber wenn es eine positive Resonanz gibt, dann ist das sicher ein Zeichen dafür, dass Sie genau darin ein Thema für Ihre Entwicklung gefunden haben. Auch wenn Ihnen etwas ganz falsch, ganz unangenehm, vollkommen daneben vorgekommen ist, könnte gerade darin ein wichtiger Aspekt für Ihre Entwicklung verborgen liegen. Aber entscheiden Sie das bitte selbst.

Ich möchte Sie dazu anregen, Ihre Resonanzen in diesem Buch zu suchen und in einem dafür entwickelten Arbeitsblatt (Langversion) festzuhalten. Ich schlage vor, für jeden der fünf Schlüssel und zu jedem der drei Schritte mindestens eine Erkenntnis aufzustöbern. Es kann auch ein Gedanke sein, der Ihnen dabei durch den Kopf ging und der gar nicht in diesem Buch steht! Weiterhin sollten Sie eine kurze Übung, eine lange Übung – also etwas, das Sie ausarbeiten oder erlernen wollen – und eine ganze Übungseinheit, bestehend aus einer ganzen Übungsreihe, auswählen und zusammenfassen.

Es geht um Ihre Essenzen und Ansatzpunkte, die Sie später, wenn Sie dieses Buch wieder weggelegt haben, im Fluss der Entwicklung halten werden. Erkunden Sie jetzt das Buch erneut, streifen Sie durch die Kapitel, stöbern Sie innere Resonanzen auf und schreiben Sie sie auf dem Arbeitsblatt „Ihre Essenzen" nieder.

Folgen Sie dem LINK „www.hpwallner.at/takefive" (geben Sie den LINK bitte in Ihrem Browser ein) und laden Sie sich das PDF-Dokument „*takefive-Arbeitsblatt-Langversion*" auf Ihren Computer. Dann können Sie das Blatt ausdrucken, vor sich hinlegen und wunderbar bearbeiten.

Ich wünsche Ihnen dabei herzlich alles Gute!

Danke für Ihre Bereitschaft, den Weg mit mir bis hierher zu gehen.

Ihr

Heinz Peter Wallner

SCHLUSSWORT

Tom Waits, beispielgebend für das kompromisslose Verfolgen des eigenen Weges, hat das Buch eröffnet und er wird es wieder schließen:

She said baby, I still love you

Sometimes there's nothin' left to do

Oh you got to

Hold on, hold on

You got to hold on

Take my hand, I'm standing right here, you got to

just hold on

(Lyrics by Tom Waits – Hold On)

DANKSAGUNG

„Take Five" ist ein Projekt, an dem ich zwei Jahre lang gearbeitet habe. Viele Menschen haben mich dabei sehr unterstützt. Sie alle sind meine „Verbündeten". In viele meiner Überlegungen über ganzheitliche Entwicklung sind Gedanken zweier meiner Kollegen eingeflossen. Besonders erwähnen möchte ich meinen Autorenkollegen Kurt Völkl, mit dem ich bereits zwei Bücher geschrieben habe. Mit ihm gemeinsam ist das „train the eight®"-Entwicklungsmodell entstanden, das ich auch in „Take Five" habe einfließen lassen. Mein Firmenpartner Kurt Schauer zählt ebenso zu jenen Menschen, mit denen ich meine Ideen bespreche und der mir mehrfach mit seiner konstruktiven Kritik zur Seite stand.

Die in diesem Buch angestellten Überlegungen haben ihren Feinschliff von zwei lieben Kolleginnen erhalten. Gertrude Walch, die auch den Epilog verfasst hat, ist eine ganzheitlich agierende Beraterin, mit der ich seit vielen Jahren intensiv und gerne zusammenarbeite. Sie hat das Manuskript in einer frühen Phase bearbeitet und mir wertvolle Tipps und Hilfestellungen gegeben. Helga Prazák-Reisinger ist eine Energetikerin, die mir ihre ganzheitlichen Ansätze aufzeigt, mich damit immer wieder überrascht und die das Manuskript ebenso durchgearbeitet hat. Auch ihre Anmerkungen haben „Take Five" bereichert.

Als Trainer arbeite ich seit vielen Jahren mit Führungskräften. Deren ganzheitlich persönliche Entwicklung ist dabei ein besonderer Schwerpunkt. Ich danke all jenen Unternehmen und Organisationen, die mir ihr Vertrauen schenken und mich mit ihren Führungskräften arbeiten lassen. Besonders aber danke ich den vielen Teilnehmerinnen und Teilnehmern meiner Trainings und Seminare, die sich immer wieder mit Neugier und großem Eifer auf meine Ideen und Übungen einlassen. Ich habe von ihnen allen sehr viel gelernt. Sie waren mit ihren Anregungen, ihrem Zuspruch und ihrer Kritik der Grundstein für die Konzeption von „Take Five". Die Vorfreude auf den nächsten, besseren Zustand zu entwickeln und die Bereitschaft, den Alltag zur Übung zu machen, sind die besonderen Leistungen, mit denen sie mich immer wieder aufs Neue erfreuen!

Schließlich möchte ich meiner Frau Doris und meinem Sohn Philipp meine tiefe Dankbarkeit aussprechen. Sie bringen unglaublich viel Verständnis für meine Arbeit auf, unterstützen mich in allen Lebenssituationen und bereichern mein Leben. Den Zauber meiner Frau, der sich durch den ganzen Text hindurchzieht, werden Sie spüren können. Sie ist nämlich meine liebste Lektorin und hat sich des Manuskripts intensiv angenommen. Mit ihr an meiner Seite ist das Abenteuer Leben und das kleine Abenteuer Bücher zu schreiben viel wunderbarer geworden.

EPILOG

von Gertrude Walch

Heinz Peter Wallner schafft es mit seinem ganzheitlichen Verständnis, seiner umfassenden Perspektive und seinem besonderen Talent, Zusammenhänge zu erkennen und diese anderen Menschen auf leichte Weise zugänglich zu machen. Ohne dogmatische oder puristische Wahrheiten und Weisheiten zu verkünden, gibt uns Heinz Peter einen „Raum für Entwicklung". In diesem Buch finden Sie verschiedene Entwicklungsansätze, die in keiner Weise bewertet oder entwertet werden. Damit hat vieles nebeneinander Platz und der Leser kann selbst entscheiden. Das Sehnen in unserem ureigenen Sein gesehen, gehört und wahrgenommen zu werden, ist wohl die stärkste Kraft, die uns gegeben ist. Eine Kraft, die uns die Richtung weist, uns motiviert und in unserem Werden führt und unterstützt. In dem Entwicklungsraum, den uns Heinz Peter öffnet, kann sich diese Kraft entfalten und jede/jeder Einzelne kann jene Methode und Technik wählen, die zu ihr/ihm passt und so selbstermächtigt Verantwortung für sich selbst übernehmen.

Es ist nicht nur dieser Raum allein, den Heinz Peter uns gewährt, es ist auch eine neue Ordnung, die er uns gibt, und die so unterstützend wirkt. Eine höhere Ordnung, eine Ordnung, die ganzheitlich ist! Symbole alter Weisheitslehren, Symbole von Unendlichkeit vermag Heinz Peter Wallner neu zu denken, zu fühlen, einzusetzen und zu reflektieren. Alte Lehren werden mit neuem Leben erfüllt. Mit kleinen Übungen und Ritualen, die Menschen leicht in ihren täglichen Ablauf integrieren können, bietet Heinz Peter die Möglichkeit, sich im Alltag zu entwickeln. Damit bekommen all jene Menschen, die sich nicht wochenlang in Schweigeretreats, teure Persönlichkeitsentwicklungsseminare oder Einzelarbeit vertiefen können, die Gelegenheit sich dosiert und mitten in ihrem Leben zu entwickeln. Dort, wo das Leben tatsächlich stattfindet. Das führt zu mehr Lebendigkeit im eigenen Sein und Tun und erhöht zudem die Begegnungsqualität mit dem unmittelbaren Umfeld. Klärung, Reinigung und Transformation sind Schritte, die nicht ganz einfach zu gehen sind. Auch daran lässt uns Heinz Peter auf fundierte und einzigartige Weise teilhaben.

Gegenwärtig und bescheiden trägt Heinz Peter mit seinem neuen Buch wesentlich dazu bei, dass eine Vielfalt von Menschen – aus unterschiedlichen Blickwinkeln betrachtet – die Chance bekommen, den passenden Weg für ihre Persönlichkeitsentwicklung zu finden, um in der Folge das Fehlende in ihr Leben integrieren zu können.

Danke, Heinz Peter, für die Ordnung und den Raum, den du gibst, und danke, dass du deinen großen Wissensschatz und deine Erkenntnisse mit uns teilst.

In tiefer Verbundenheit

Gertrude Walch

Endnoten

1   Der Weg der Kontemplation ist der Weg der „Beschaulichkeit", der Auf-
    merksamkeit, der Meditation, der Weg zur Spiritualität in der westlichen
    Tradition.

2   *Take Five*: das ist auch der Titel eines der berühmtesten Jazzmusikstücke
    des Komponisten und Jazzpianisten *Dave Brubeck* († am 5. Dezember 2012
    in den USA). Komponiert hat das Stück *Paul Desmond*. Ich verwende diesen
    Titel für die fünf Lebensaufgaben – die „fünf Schlüssel" –, weil ich sie ver-
    stehe wie Musik. Gute Musik braucht Inspiration, sie verlangt Übung, sie
    berührt und sie macht Spaß.

3   Eine Affirmation ist der bewusste Ausdruck einer Haltung des positiven
    Denkens.

4   *Eckhart Tolle* (http://www.eckharttolle.de/) zählt heute zu den wichtigsten
    spirituellen Lehrern der Gegenwart. Auf seine Werke und Lehren komme
    ich in diesem Buch noch öfter zu sprechen.

5   Geist-Herz-Bewegung-Form: Den Zyklus der ganzheitlichen Entwicklung
    haben mein Co-Autor Kurt Völkl und ich erstmals im Buch „Das LILA
    Management Prinzip" beschrieben. Literaturquelle: Kurt Völkl und Heinz
    Peter Wallner: *Das LILA Management Prinzip. Unternehmen neu denken und
    erfolgreich verändern.* Signum Verlag, München 2010

6   Manifestation über Gedankenkraft, beschrieben in: Neale Donald Walsch:
    Glücklicher als Gott. Verwandle dein Leben in eine außergewöhnliche Erfahrung.
    Kamphausen, 1. Auflage, Bielefeld 2008

7   Enkultivierung oder Enkulturation: Ein Entwicklungsprozess in unse-
    rer Entwicklung als Menschen, der mit der frühkindlichen Sozialisation
    beginnt. Jede Kultur vermittelt den Menschen ein erwünschtes und ein
    unerwünschtes soziales Verhalten. Die Enkultivierung ist ein unbewusster
    Lernprozess. Die erlernten Regeln sind wie das „Wasser für die Fische": es
    ist immer da und wirkt, wird aber nicht bewusst wahrgenommen.

8   In einem Vortrag, der als Hörbuch (MP3) erhältlich ist, beschreibt der Neurobiologe *Gerhard Roth* dieses Phänomen. Quelle: Gerhard Roth (Vortrag):
Intuition. Das intelligente Unbewusste, von Michal Ermann u.a., Hörbuch im Auditorium Netzwerk, Herausgeber Bernd Ulrich, Baden 2013.
Ursprünglich hat diese These António Damásio, ein portugiesischer Neu-
rowissenschaftler, publiziert.

9   Es gibt mehrere Prinzipien für die erfolgreiche Veränderung. Die fünf wichtigsten Prinzipien lauten: Das Prinzip Anfang und Ende, das Prinzip Polarität, das Prinzip Resonanz, das Prinzip doppelte Entscheidung und das
Prinzip Wiederholung. Beschrieben werden diese Prinzipien als Erfolgs-
prinzipien für Entscheidung und Veränderung von Kurt Völkl, Heinz
Peter Wallner: *Das innere Spiel. Wie Entscheidung und Veränderung spielerisch
gelingen*, BusinessVillage, Göttingen 2013. In einfacher Form als berührende
Geschichte im Buch: Dodo Kresse: Colours of Happiness. Die 5 Prinzipien
erfolgreicher Veränderung. Edition Summerhill, 1. Auflage, 2015

10   Die Himmelsleiter ist ein Symbol, das in der Bibel (Buch Mose) Verwen-
dung fand. *„Und er (Jakob) träumte: Eine Leiter stand auf der Erde, ihre Spitze
berührte den Himmel. Gottes Engel stiegen auf und nieder."* Seither wird das
Symbol der Himmelsleiter immer wieder als Entwicklungssymbol verwendet. Wir werden „von einem „Oben" her angezogen", der Drang zur Weiterentwicklung, hin zu einem besseren „Oben", ist in uns Menschen bereits
angelegt. Wir können diesen Drang (Willenskraft) aber selbst unterdrücken
und unseren Aufstieg somit verhindern.

11   Gewohnheiten sind automatisierte Abläufe, die wir durch Wiederholung
gelernt haben. Sie entlasten unseren bewussten Geist und sind daher ener-
giesparend für unser Gehirn. Alle Gewohnheiten folgen immer einem
einfachen Schema: Es gibt einen Auslösereiz, beispielsweise einen Zeitpunkt, einen anderen Menschen, einen Raum etc. Dem Auslösereiz folgt
die eigentliche Routine, also die Handlung, die wir immer ausführen. Im
letzten Schritt folgt die Belohnung. Unser Gehirn würde nichts zu einer
Gewohnheit werden lassen, das nicht mit einer Belohnung verbunden ist.
Erst die Belohnung schließt den Kreis und form die Gewohnheit. Wenn
wir eine Gewohnheit einstudiert haben, beginnt der automatisierte Ablauf
mit dem Auslösereiz. Gleichzeitig fordert das Gehirn die Belohnung ein
und wir führen die Routine bereits aus, bevor der bewusste Geist davon

Notiz nimmt. In der Unterbrechung dieses einfachen Ablaufes liegt auch die Chance, schlechte Gewohnheiten zu durchbrechen und neue einzustudieren. Sehr ausführlich können sie das bei Charles Duhigg: *Die Macht der Gewohnheit. Warum wir tun, was wir tun.* Berlin Verlag, 2012, nachlesen.

12   Zitat aus: Hermann Hesse: *Siddhartha. Eine indische Dichtung.* Suhrkamp Verlag. Taschenbuch, Auflage 66 (1. Juli 1974), Seite73

13   Später werden wir sehen, dass es genau diese Eigenheiten von uns Menschen sind, die uns den Zugang zum Jetzt – zum Leben in der Gegenwärtigkeit – wesentlich erschweren oder gar ganz versperren. Wir blicken zu intensiv in die Zukunft und lassen unser Leben zu stark von der Zukunft her beanspruchen. Und wir beschäftigen uns zu sehr mit unserer Vergangenheit und lassen sie in Form von wiederkehrenden, ungelösten Problemen unser Dasein negativ beeinflussen.

14   Der „Geist-Herz-Bewegung-Form-Zyklus" trägt den geschützten Markennamen „train the eight®" und wurde erstmals publiziert in: Kurt Völkl und Heinz Peter Wallner: *Das LILA Management Prinzip. Unternehmen neu denken und erfolgreich verändern.* Signum Verlag, München 2010" Vertieft wurde das Entwicklungsmodell im Buch von Kurt Völkl und Heinz Peter Wallner: *Das innere Spiel. Wie Entscheidung und Veränderung spielerisch gelingen.* BusinessVillage Verlag, Göttingen 2013. Weiterhin bietet der Blog von Heinz Peter Wallner (http://hpwallner.at), *Essenzen für mehr Lebendigkeit und Leadership*, über 150 Artikel, die sich mit dem „train the eight®"-Entwicklungsmodell aus unterschiedlichsten Perspektiven beschäftigen.

15   Ständige Verbesserung als Entwicklungsweg wird im Management meist mit dem Plan-Do-Check-Act (PDCA-Kreislauf) beschrieben. Das Geist-Herz-Bewegung-Form-Modell ist weniger technisch ausgerichtet, weniger maschinenhaft und ganzheitlicher. Mit dem HERZ kommt der Mensch in die Entwicklung hinein.

16   Dodo Kresse: *Colours of Happiness. Die 5 Prinzipien erfolgreicher Veränderung.* Edition Summerhill, 1. Auflage, 2015. Mehr Information auf der Website: www.summerhill.at und auf der Website der Autorin: www.dodokresse.com

17 Der Begriff des „Systems" als „großes Spielfeld", in das unser kleines Spiel des Lebens eingebettet ist, stammt von Jürgen Habermas, das kleine Spiel, also unser Alltagsleben, findet in der *Lebenswelt* statt. Quelle zur Vertiefung: Jürgen Habermas: *Theorie des kommunikativen Handelns. Band 2*, Frankfurt am Main 1987

18 Die Funktion von Besitz im herrschenden Wirtschaftsparadigma, im Vergleich zur möglichen neuen Funktion von Besitz in einem neuen, ganzheitlichen Wirtschaftsparadigma, wird hier beschrieben: Heinz Peter Wallner, Michael Narodoslawsky: *Inseln der Nachhaltigkeit. Logbuch für ein neues Weltbild*. NP-Buch. St. Pölten 2001

19 Unter den vielen Büchern, die ich mir genauer ansehe, gibt es immer wieder ein Exemplar, das mich über die Maßen inspiriert, vielleicht, weil es gut ist, vielleicht, weil es genau die richtigen Botschaften für mich bereithält. Eines dieser Bücher ist folgendes: Nassim Nicholas Taleb: *Der Schwarze Schwan. Die Macht höchst unwahrscheinlicher Ereignisse*. Deutscher Taschenbuch Verlag, 2010

20 Fritz Riemann: Grundformen der Angst. Eine tiefenpsychologische Studie. Reinhardt Verlag, München 2009

21 Herbert Pietschmann nennt das die „HX-Verwirrung", zu finden in: Herbert Pietschmann: *Eris & Eirene. Eine Anleitung zum Umgang mit Widersprüchen und Konflikten*, Ibera, Wien 2002, Seite 41. Eine andere Darstellung geht auf *Paul Helwig* und *Friedemann Schulz von Thun* zurück und wird *Wertequadrat* genannt.

22 Phil Stutz und Barry Michels: *The Tools. Wie Sie wirklich Selbstvertrauen, Lebensfreude, Gelassenheit und innere Stärke gewinnen*. Arkana Verlag, 1. Auflage, 2012

23 Phil Stutz und Barry Michels: *The Tools*, Seite 47

24 Es gibt auf YouTube einen Kurzfilm, der diese Szene gut darstellt. Suchen Sie nach „Dare Change" (Werbefilm für *SAGA FALABELLA*, Advertising Agency *Leo Burnett*, Creative Director *Juan Carlos Gomez de la Torre*)

25 Tsültrim Allione: *Den Dämonen Nahrung geben. Buddhistische Techniken zur Konfliktlösung*. Goldmann Arkana, 6. Auflage, 2009. Sehr zu empfehlen ist das Hörbuch und auch die DVD. *Allione* gibt dort genaue Übungsanleitungen. Website: www.dakinipower.com/tsultrim-allione/

26 Colette Baron-Reid: *The Map. Entdecke die Landkarte deiner Seele.* MensSana Knaur Verlag, München 2012 (Kapitel über Kobolde auf Seite 133 ff)

27 Die Arbeit mit den inneren Stimmen ist von verschiedenen therapeutischen Schulen entwickelt und unter verschiedenen Namen bekannt geworden. *Virginia Satir,* eine Pionierin der Familientherapie (Link: http://de.wikipedia.org/wiki/Virginia_Satir), nannte ihre Methode die *Parts Party.* Andere Begriffe sind beispielsweise der *Voice Dialogue,* das *Innere Team* oder das *Innere Parlament.* Besonders häufig wird das *Innere Team* von *Friedemann Schulz von Thun* in Trainings eingesetzt (Link: http://de.wikipedia.org/wiki/Inneres_Team)

28 *Polarität:* Eine Polarität besteht aus einem Gegensatzpaar, aus zwei Polen. Mann – Frau, Tag – Nacht, weiß – schwarz, kalt – heiß sind solche Polaritäten. Beide Pole sind untrennbar miteinander verbunden. Das eine kann ohne das andere nicht existieren. Wir können Licht ohne Dunkelheit nicht wahrnehmen. Die Pole bedingen einander.

29 Zitat aus: David R. Hawkins: *Das ALL-SEHENDE AUGE (The Eye of the I. From which nothing is hidden).* Sheema Medien Verlag, 2. Auflage, Wasserburg/Inn 2006, Seite 108

30 Eckhart Tolle: Information auf Wikipedia: http://de.wikipedia.org/wiki/Eckhart_Tolle und auf seiner deutschen Website: http://www.eckharttolle.de/

31 Der berühmte Ausspruch von René Descartes: *Cogito ergo sum* (http://de.wikipedia.org/wiki/Cogito_ergo_sum)

32 Das bekannteste Buch dazu: Eckhart Tolle: *Jetzt! Die Kraft der Gegenwart. Ein Leitfaden zum spirituellen Erwachen.* Kamphausen, Auflage 3, 2011, auch als E-Book erhältlich. Mehr zu Eckhart Tolle auf seiner Website (http://www.eckharttolle.de/)

33 Zu finden in NEVILLE: *The Power of Awareness.* DeVorss Publications, California, 1952, Seite 2: "Be still and know I AM God"; den Ursprung des Satzes finden wir in der Bibel: Psalm 46:10

34 Copyright nach einer Google-Recherche bei: *Roswitha Rudzinski*

35 Daniel Kahneman: *Schnelles Denken, langsames Denken.* Siedler Verlag, 17. Auflage, München 2011, Seite 33

36   Hans-Peter Dürr (verstorben im Mai 2014). Seine Bücher sind sehr empfehlenswert! Hier ein Hinweis auf ein Video von *Hans-Peter Dürr* auf YouTube. Die Suche nach „Intuition Hans Peter Dürr" führt zu „Was ist Intuition?" (https://www.youtube.com/watch?v=ddpO3NglzX8)

37   Videotrailer von Anselm Grün auf YouTube. Die Suche nach „Intuition Anselm Grün" führt zu „Was ist Intuition?" (https://www.youtube.com/watch?v=Nqffi40pQCY)

38   Hermann Hesse: *Siddhartha. Eine indische Dichtung*. Suhrkamp Verlag, Taschenbuch, Auflage 66 (1. Juli 1974)

39   Siehe dazu auch den Schwerpunkt „Intuition im Business" auf meinem Blog: http://hpwallner.at. Zwei Artikel stammen vom Autor Heinz Peter Wallner, zwei sind Gastartikel: Der sechste und der siebente Sinn von der Gastautorin Helga Prazák-Reisinger (http://www.prazak.cc/de/prazak/helga/)

40   In seinem Buch „Der schwarze Schwan", einem Weltbestseller, zeigt Nassim Nicholas Taleb, wie wichtig es für uns Menschen ist, der Ungewissheit wieder ihren Raum zu gehen. Wir können unser Leben selbst aktiv gestalten, aber wir werden immer auch von unvorhersehbaren Ereignissen überrascht werden. Quelle: Nassim Nicholas Taleb: *Der Schwarze Schwan. Die Macht höchst unwahrscheinlicher Ereignisse*. Deutscher Taschenbuch Verlag, 2010

41   Diese *Mantras* sind inspiriert von der Methode *Omega Health®*, Gesundheitscoaching nach Dr. Roy Martina, Emotional Balance, in meinem Fall durchgeführt von der Energetikerin Helga Prazák-Reisinger, www.prazak.cc

42   Quelle: Im Neuen Testament finden wir das *Hohelied der Liebe*. Treffender kann man die universelle Liebe nicht ausdrücken (1. Korinther 13) (http://de.wikipedia.org/wiki/Hohelied_der_Liebe_%281._Korinther_13%29)

43   Anselm Grün: *Du bist ein Segen*. dtv - Deutscher Taschenbuch Verlag, München 2008, Seite 18

44   Anselm Grün, Seite 29

45   William Blake war ein englischer Dichter, Maler und Visionär (Erstinformation auf Wikipedia: https://de.wikipedia.org/wiki/William_Blake)

46 Josef Chilton Pearce: *Biologie der Transzendenz. Neurobiologische Grundlagen für die harmonische Entfaltung des Menschen*. Arbor Verlag, Freiamt 2004, Seiten 203-204

47 Diese Landkarten finden Sie im Calendarium *Seelenbalsam*. *Wechseln Sie die Seite und erfrischen Sie ihr Gemüt*. Wallner & Schauer GmbH, www.trainthe8.com (erhältlich unter office@trainthe8.com)

48 Schmerzkörper: *Eckhart Tolle* nennt das Energiefeld, das sich in uns durch wiederholte Konflikte aufbaut, Schmerzkörper. Dieses Energiefeld nährt sich aus unseren negativen Emotionen und kommt immer wieder hervor. Es steuert dann für eine bestimmte Zeit sehr emotional unser Verhalten. Der Schmerzkörper initiiert jenes Verhalten in uns, das wir nicht mögen, das uns im Nachhinein immer leidtut, das uns in jenem Moment aber gefangen hält.

49 Marshall B. Rosenberg: *Gewaltfreie Kommunikation. Eine Sprache des Lebens. Gestalten Sie Ihr Leben, Ihre Beziehungen und Ihre Welt in Übereinstimmung mit Ihren Werten*. Vorwörter von Arun Gandhi und Vera Birkenbihl. Junferman Verlag, 10. Auflage, 2012

50 Bedürfnisse der Menschen nach einer Arbeit von Manfred A. Max-Neef: *Entwicklung nach menschlichem Maß. Entwurf, Anwendung und weiterführende Betrachtungen*. The Apex Press, New York und London 1991. Übersetzung: Karin Schnurpfeil, Koblenz 2010

51 In Herman Hesses indischer Dichtung *„Siddhartha"* fand ich diese Stelle: *„Der Fluß floß sanft und leise, es war in der trockenen Jahreszeit, aber seine Stimme klang sonderbar: sie lachte! Sie lachte deutlich. Der Fluß lachte, er lachte hell und klar den alten Fährmann aus."* Hermann Hesse: *Siddhartha. Eine indische Dichtung*. Suhrkamp Verlag, Taschenbuch, Auflage 66 (1. Juli 1974), Seite 106

52 Ist das so? Mag sein. Auch das geht vorbei. Das sind die drei Weisen des erwachten Lebens, die der spirituelle Lehrer *Eckhart Tolle* lehrt.

53 Auf Basis von: Tsültrim Allione: *Den Dämonen Nahrung geben. Buddhistische Techniken zur Konfliktlösung*. Goldmann Arkana, 6. Auflage, 2009

54 Katie Byron: *Wer wäre ich ohne mein Drama? Konfliktlösungen mit „The Work"*. Goldmann Verlag, Taschenbuch, 2009. Website: www.thework.com/deutsch/

55 Colin C. Tipping: *Ich vergebe. Der radikale Abschied vom Opferdasein.* J. Kamphausen Verlag, Bielefeld 2004 (E-Book). Website: www.tipping-methode.at

56 Ulrich Emil Duprée: *Heile dich selbst und heile die Welt. Ho'oponopono. Der hawaiianische Weg, um einfach, schnell und effektiv Probleme und Konflikte zu lösen.* Zenit und Nadir Verlag, E-Book, Brücken 2010. Weblink: http://heile-dein-herz.de/hooponopono/hooponopono-buch-anleitung/

57 Bruce Lipton: *Intelligente Zellen. Wie Erfahrungen unsere Gene steuern.* KOHA-Verlag, 2006

58 Ein „Flow" gilt als Zustand, der Menschen glücklich machen kann. Mihaly Csikszentmihalyi: *Flow. Das Geheimnis des Glücks.* Klett-Cotta Verlag, Stuttgart 1999

59 *Bruce Lipton: Mehr über seine Arbeit:* www.brucelipton.com

60 Resilienz ist ein moderner Begriff, der unsere psychische Widerstandsfähigkeit beschreibt. Es ist unsere Fähigkeit, Krisen zu bewältigen. Unsere Resilienz ist hoch, wenn wir starke Krisen meistern können und gestärkt daraus hervorgehen. Literatur: Denis Mourlane: *Resilienz: Die unentdeckte Fähigkeit der wirklich Erfolgreichen,* BusinessVillage, 2015.

61 Thomas Späth und Shi Yan Bao: *Shaolin. Das Geheimnis der inneren Stärke.* Gräfe und Unzer Verlag, München 2011

62 Aaron Antonovsky: *Salutogenese. Zur Entmystifizierung der Gesundheit.* Dgvt Verlag. Deutsche Gesellschaft für Verhaltenstherapie, Tübingen 1997

63 Aaron Antonovsky prägte den Begriff: Sense of Coherence (SOC) – eine stimmige Verbundenheit mit dem Leben und mit Menschen

64 Aaron Antonovsky, Seite 34

65 *Viktor Frankl* – Informationen auf Wikipedia: http://de.wikipedia.org/wiki/Viktor_Frankl

66 Das Tabu des Scheiterns und die Süße des Misserfolges – ein neuer Umgang mit Misserfolgen (Heinz Peter Wallner: http://hpwallner.at/das-tabu-des-scheiterns-und-die-suse-des-misserfolges/ – Blogbeitrag)

67   Zitat aus Wikipedia vom 13.9.2014: *Die Cranio-Sacrale Therapie ist aus der kraniosakralen Osteopathie entstanden, die als „Osteopathy in the Cranial Field" vom US-amerikanischen osteopathischen Arzt William Garner Sutherland D.O. begründet wurde und als kraniosakrale Osteopathie fester Bestandteil der Osteopathie wurde.* (http://de.wikipedia.org/wiki/Cranio-Sacral-Therapie)

68   Thich Nhat Hanh: *Ich pflanze ein Lächeln. Mit einem Vorwort des Dalai Lama.* Goldmann Arkana Verlag, 6. Auflage, München 2007

69   Amrit Stein, Tsering Topten Nelung: *Klangjuwelen der Großen Freude.* CD-Audiobook. Verlag Windpferd, 2005

70   Tom Waits: http://www.tomwaits.com/

71   Schamanische Reisen sind rhythmische Rituale, bei denen uns der Trommelschlag in eine Art Trance versetzt. Solche Trancereisen können heilsame Wirkungen erzielen.

72   Masaru Emoto: *Die Botschaft des Wassers: Sensationelle Bilder von gefrorenen Wasserkristallen.* Koha Verlag, 2010. Hier auch der Internetlink: http://www.hado-life-europe.com & 72b: Bioenergetikum nach Urs Surbeck. www.urswasser.at oder unter SwissQuella GmbH zu finden.

73   *Schamanische Reisen.* Sandra Ingerman und Hank Wesselman: *Der schamanische Weg in die Tiefe der Seele. incl. CD mit Trommel-Meditation.* Goldmann Verlag, 2013

74   Sondra Barrett: *Das geheime Wissen unserer Zellen. Mit Körperintelligenz heilen.* Goldmann Verlag, 2014

75   Werner Bartens: *Körperglück. Wie gute Gefühle gesund machen.* Drömer Verlag, München 2010

76   Sondra Barrett: *Das geheime Wissen unserer Zellen. Mit Körperintelligenz heilen.* Goldmann Verlag, 2014

77   *Rüdiger Dahlke* ist Mediziner und Therapeut mit einer radikal esoterischen Grundhaltung. Eines seiner ersten Bücher ist: Rüdiger Dahlke: *Krankheit als Sprache der Seele. Bedeutung und Chance der Krankheitsbilder.* Goldmann Verlag, München 1992. Heute geht er stärker in Richtung des „großen Masterplans des Lebens" und publiziert die „Grundgesetze des Lebens". *Ruediger Dahlke und Margit Dahlke*: Die Lebensprinzipien. Wege zu Selbsterkenntnis, Vorbeugung und Heilung. Arkana Verlag, München 2011

78 Rüdiger Dahlke: *Die Schicksalsgesetze. Spielregeln fürs Leben - Resonanz Polarität Bewusstsein.* Arkana Verlag, München 2009

79 Frank Kinslow: *Quantenheilung. Wirkt sofort - und jeder kann es lernen.* VAK Verlag, 2013

80 Frank Kinslow, Michael Schmitter (Sprecher), Isolde Seidel (Übersetzerin): *Quantenheilung. Meditationen und Übungen.* Audiobook. VAK Verlag, 2011

81 Alex Loyd und Ben Johnson: *Der Healing Code. Die 6-Minuten-Heilmethode.* rororo Verlag, 2012

82 Helga Prazák-Reisinger von Prazak Performances KG. http://www.prazak.cc/

83 Omega Healing® ist eine integrierende Zusammenstellung von verschiedenen, wirkungsvollen Methoden des alternativen Heilens. Komplementäre Medizin, wirkungsvolle psychologische Methoden, Erkenntnisse aus den modernen Wissenschaften wie der Quantenphysik und den Neurowissenschaften. Literaturempfehlung: Roy Martina: *Emotionale Balance. Von Schwerarbeit zu Mühelosigkeit. Der Weg zu innerem Frieden und Heilung.* KOHA-Verlag, 2002

84 Kinesiologie nutzt manuelle Muskeltests für eine Diagnose. Ein Muskel kann entweder stark oder schwach „testen", was als Antwort des Körpers im Sinne einer Ja-Nein-Antwort interpretiert wird. Wie viele alternative Zugänge zur Medizin wird auch die angewandte Kinesiologie als „Pseudowissenschaft" bezeichnet.

85 Herzlichen Dank an Helga Prazák-Reisinger von Prazak Performances KG. http://www.prazak.cc/

86 Auf YouTube ist ein Film über *Gerhard Klügl* verfügbar: ICH BIN EIN WELTENMENSCH – Heilen in der Aura. Suche nach: „Gerhard Klügl Weltenmensch" (https://www.youtube.com/watch?v=nKzsVmFalUA)

87 Hier der Link zum Heilzentrum: http://www.casaguidebrazil.org/

88 Paulo Coelho: *Handbuch des Kriegers des Lichts.* Diogenes Verlag, 2006

89 Phil Stutz und Barry Michels: *The Tools. Wie Sie wirklich Selbstvertrauen, Lebensfreude, Gelassenheit und innere Stärke gewinnen.* Arkana Verlag, München 2012, Seite 164

90 Phil Stutz und Barry Michels, Seite 165

91   James Lovelock: *Gaia, die Erde ist ein Lebewesen.* Fischer Scherz Verlag, gebundene Ausgabe, 1992

92   *Safi Nidiaye*: Die Stimme des Herzens: Der Weg zum größten aller Geheimnisse, Bastei Lübbe (Bastei Lübbe Taschenbuch), 2000

93   Phil Stutz und Barry Michels: *The Tools. Wie Sie wirklich Selbstvertrauen, Lebensfreude, Gelassenheit und innere Stärke gewinnen.* Arkana Verlag, München 2012, Seite 165

94   Martin E.P. Seligman: *Der Glücks-Faktor. Warum Optimisten länger leben.* Bastei Lübbe (Bastei Lübbe Taschenbuch), 2014

95   Bernd Schmid: Quelle im Internet: http://www.systemische-professionalitaet.de/berndschmid/

96   Eckhart Tolle: *Jetzt! Die Kraft der Gegenwart. Ein Leitfaden zum spirituellen Erwachen.* Kamphausen, Bielefeld 2000

97   Charles Duhigg: *Die Macht der Gewohnheit. Warum wir tun, was wir tun.* Berlin Verlag, 2012

98   Das ist ein Beispiel einer Geschichte, wie sie Paul Watzlawick (http://de.wikipedia.org/wiki/Paul_Watzlawick) so trefflich beschrieben hat. Seine Geschichte kenne ich in zwei Versionen: Die Geschichte mit dem Hammer und die Geschichte mit dem Wagenheber. In beiden Fällen laufen in einem Menschen so viele negative Gedankenspiralen ab, dass am Ende eine vollkommen inadäquate Handlung erfolgt.

99   Charles Duhigg: *Die Macht der Gewohnheit. Warum wir tun, was wir tun*, Berlin Verlag, 2012

100   Bruce Lipton: *Intelligente Zellen.* DVD-Video, Studio Koha, 2011

101   *Sigmund Freud* arbeitete mit Hypnotherapieformen und erkannte, dass die Psychoanalyse ohne Hypnose kaum wirkungsvoll sein kann. Später wandte er sich aber zugunsten anderer Methoden von der Hypnose wieder ab. Wikipediaeintrag (gelesen im August 2015): http://de.wikipedia.org/wiki/Sigmund_Freud)

102   *Milton Hyland Erickson* prägte die Hypnotherapie maßgeblich: Wikipediaeintrag (gelesen im August 2015): http://de.wikipedia.org/wiki/Milton_H._Erickson

103   Andreas Weber: *Alles Fühlt! Mensch, Natur und die Revolution der Lebenswissenschaften*. Berlin Verlag, 3 Auflage, Berlin 2007

104   Zitat von Andreas Weber, Seite 79

105   *Gerald Hüther* ist ein bekannter deutscher Neurobiologe und Autor vieler Bücher. Hier der Link zu seiner Website, die viele Ressourcen anbietet: http://www.gerald-huether.de/

106   Anthony Robbins: *Das Prinzip des geistigen Erfolgs: Der Schlüssel zum Power-Programm*. Allegria Verlag, Berlin 2004

107   Diese drei Weisen des Tuns hat *Eckhart Tolle* zum Teil seiner spirituellen Lehre gemacht. Eine Zusammenfassung vieler seiner Ideen und Konzepte findet sich in: Eckhart Tolle: *Eine neue Erde. Bewusstseinssprung anstelle von Selbstzerstörung*. Arkana Verlag, 15. Ausgabe, 2005

108   Thich Nhat Hanh: *Ich pflanze ein Lächeln. Mit einen Vorwort des Dalai Lama*. Goldmann Arkana Verlag, 6. Auflage, München 2007

109   Die Fünf Tibeter: Das ist eine Abfolge von fünf Übungen, die von Peter Kelder und Christopher Baker beschrieben wurden. Die Herkunft der Übungen dürfte sich nicht auf Tibet zurückführen lassen. Wahrscheinlich sind es einfach nur fünf gute Übungen, die Körper und Geist fit halten. Peter Kelder und Christopher Baker: *Die Fünf »Tibeter«®: Das alte Geheimnis aus den Hochtälern des Himalaja lässt Sie Berge versetzen*. Fischer Scherz Verlag, 16. Auflage, 1999

110   *Qi* ist Lebensenergie, es ist die Grundlage für einen gesunden Körper und ein langes Leben. Qi ist die Basis der traditionellen chinesischen Medizin (TCM). Auch in den traditionellen Kampfkünsten wie *Tai Chi* oder *Qi Gong* ist das Qi (oder Chi) die wichtigste Kraftquelle. Siehe dazu den Wikipedia-Eintrag (gelesen im August 2015): http://de.wikipedia.org/wiki/Qi

111   Gregg Braden *Im Einklang mit der göttlichen Matrix. Wie wir mit Allem verbunden sind*. Koha Verlag, 6. Auflage, Burgrain 2009

112   Zitat von Gregg Braden, Seite 97

113   Das bekannteste Buch dazu: Rhonda Byrne: *The Secret - Das Geheimnis*. Arkana Verlag, 22. Auflage, 2007

114   Für eine tiefergehende Auseinandersetzung siehe Rüdiger Dahlke: *Die Schicksalsgesetze. Spielregeln fürs Leben - Resonanz Polarität Bewusstsein*. Arkana Verlag. München 2009

115   Rhonda Byrne: *The Secret - Das Geheimnis*. Arkana Verlag, 22. Auflage, 2007

116   Buchbeispiel: Bernd Schmid: *Systemisches Coaching. Konzepte und Vorgehensweisen in der Persönlichkeitsberatung* (EHP-Handbuch Systemische Professionalität und Beratung), EHP Edition Humanistische Psychologie, 2004

117   Tom Waits: Sänger, Komponist und Schauspieler aus den USA. www.tomwaits.com

118   Kathleen Brennan: US-amerikanische Künstlerin. Sie ist mit dem amerikanischen Sänger, Komponisten, Schauspieler und Autor Tom Waits verheiratet. Quelle: Wikipediaeintrag, gelesen am 5.9.2014, http://de.wikipedia.org/wiki/Kathleen_Brennan

119   Die *Rock and Roll Hall of Fame* ist ein Museum in Cleveland (Ohio) für die wichtigsten und einflussreichsten Musiker, Produzenten und Persönlichkeiten im Umfeld des Rock 'n' Roll. Quelle: Wikipediaeintrag, gelesen am 5.9.2014, http://de.wikipedia.org/wiki/Rock_and_Roll_Hall_of_Fame

120   ZRM® ist ein Selbstmanagement-Training und wurde von Dr. Frank Krause und Dr. Maja Storch für die Universität Zürich entwickelt. http://www.zrm.ch/

121   Frank Krause und Maja Storch: *Ressourcen aktivieren mit dem Unbewussten. Manual und «ZRM®»-Bildkartei*. Hans Huber Verlag, 2010. http://www.zrm.ch/Ressourcen%20akt.html

122   Richard "Mack" Machowicz: *Unleash the Warrior. Within: Develop the Focus, Discipline, Confidence, and Courage You Need to Achieve Unlimited Goals* (Englisch). Da Capo Pr, 2011

123   *Anthony Robbins* ist ein weltweit bekannter NLP und Motivationstrainer. www.tonyrobbins.com

124   Klaus Grochowiak, Susanne Haag: *Die Arbeit mit Glaubenssätzen: Als Schlüssel zur seelischen Weiterentwicklung*. Schirner Verlag, 7. Auflage, 2010

125   Heinz Peter Wallner: *train the eight (E-Workshop). Persönliches Entwicklungsziel als Glaubenssatz (E1)*, auf USB Stick, von Wallner & Schauer GmbH, erhältlich auf Amazon oder direkt beim Autor: wallner@trainthe8.com

126   John Strelecky: *The Big Five for Life. Was wirklich zählt im Leben*. Dtv Verlag, 8. Auflage, München 2011

127 Manfred Winterheller: *Start living! Beyond your limits. Das 6-Wochen-Training.* Verlag Manfred Winterheller, Graz 2000

128 Zitat von Neville, gefunden in Gregg Braden, Seite 148 (Gregg Braden: *Im Einklang mit der göttlichen Matrix. Wie wir mit Allem verbunden sind.* Koha Verlag, 6. Auflage, Burgrain 2009)

129 Kurt Völkl, Heinz Peter Wallner: *Das innere Spiel. Wie Entscheidung und Veränderung spielerisch gelingen.* BusinessVillage Verlag, Göttingen 2013, Seite 24

130 Ignatius von Loyola: *Die Exerzitien.* Johannes Verlag, 13. Auflage, Freiburg 2005

131 Rosa Hartmut u.a.: *Theorien der Gemeinschaft zur Einführung.* Junius Verlag, Hamburg 2010, Seite 93-93

132 Hillary Rodham Clinton: *It Takes a Village. And Other Lessons Children Teach Us,* published in 1996 by Hillary Rodham Clinton (Quelle: Wikipediaeintrag 18.10.2014: http://en.wikipedia.org/wiki/It_Takes_a_Village)

133 Martin A. Nowak, Roger Highfield: *Kooperative Intelligenz. Das Erfolgsgeheimnis der Evolution.* C.H. Beck Verlag, 2013

134 Joachim Bauer: *Prinzip Menschlichkeit. Warum wir von Natur aus kooperieren.* Hoffmann und Campe Verlag, Hamburg 2006

135 Andreas Weber: *Lebendigkeit. Eine erotische Ökologie.* Kösel-Verlag, 2014

136 Joachim Bauer: *Prinzip Menschlichkeit. Warum wir von Natur aus kooperieren.* Hoffmann und Campe Verlag, Hamburg 2006, Seite 190

137 Marco Iacobori: *Woher wir wissen, was andere denken und fühlen. Die neue Wissenschaft der Spiegelneuronen.* Deutsche Verlags-Anstalt, München 2008, Seite 279

138 Joseph Chilton Pearce: *Biologie der Transzendenz,* Arbor Verlag, 2004

139 Thich Nhat Hanh: *Ich pflanze ein Lächeln.* Goldmann Arkana, 6. Auflage, Taschenbuch, 2007, Kapitel: Zusammensein, Seite 115

140 Zitat nach Hermann Hesse: *Siddhartha. Eine indische Dichtung.* Suhrkamp Verlag, Taschenbuch, Auflage 66 (1. Juli 1974), Seite 115

141 Greg Braden: *Im Einklang mit der göttlichen Matrix. Wie wir mit Allem verbunden sind.* Koha Verlag, 6. Auflage, Burgrain 2009, Seite 118

142 *Resilienz*: Damit ist erstens die Widerstandsfähigkeit in Krisensituationen gemeint. Zweitens gehört die eigene Reaktion, die Fähigkeit sich selbst aus der Krise zu befreien, dazu. Wenn ich mir über meine eigenen Ressourcen im Klaren bin und diese für meine Genesung einsetzen kann, dann habe ich eine hohe Resilienz. Wikipediaeintrag für mehr Information (22.10.2014) http://de.wikipedia.org/wiki/Resilienz_%28Psychologie_und_verwandte_Disziplinen%29

143 Laut Wikipediaeintrag vom 22.10.2014: http://de.wikipedia.org/wiki/ Vertrauen_ist_gut,_Kontrolle_ist_besser

144 David Bohm: *Der Dialog. Das offene Gespräch am Ende der Diskussionen.* 3. Auflage, Klett-Cotta, 2002

145 Weiterbildungs-Seminar bei meinen beiden Lehrern der systemischen Beratung: Dr. Kuno Sohm (www.kunosohm.at) und Dr. Claude Rosselet (www.inscena.ch)

146 Kurt Völkl, Heinz Peter Wallner: *Das innere Spiel. Wie Entscheidung und Veränderung spielerisch gelingen.* BusinessVillage Verlag, Göttingen 2013

147 Heinz Peter Wallner, Michael Narodoslawsky: *Inseln der Nachhaltigkeit. Logbuch für ein neues Weltbild.* NP Buch Verlag, St. Pölten 2001

148 Wissenschaftliche Zitierung: Wallner H P, Narodoslawsky M, Moser F, 1996, "*Islands of sustainability: a bottom-up approach towards sustainable development*" Environment and Planning A 28(10) 1763 – 1778

149 Mihaly Csikszentmihalyi: *Dem Sinn des Lebens eine Zukunft geben. Eine Psychologie für das 3. Jahrtausend.* Klett-Cotta Verlag, 2. Auflage, Stuttgart 2000

150 Zitat von Mihaly Csikszentmihalyi, Seite 368

151 Ein *Flow-Erlebnis* ist nach dem Glücksforscher *Mihaly Csikzentmihalyi* ein Erlebnis von hoher Konzentration, einer Selbstversunkenheit mit hohem Engagement, einer innerlichen Freude und dem Gefühl des Erfolges. Mihaly Csikszentmihalyi: *Flow. Das Geheimnis des Glücks.* Klett-Cotta Verlag, 13. Auflage, 2007

152 B.A.U.M. - Network for Sustainable Leadership Link: www.baumaustria.at

153 Grundsatzdefinition der nachhaltigen Entwicklung: *„Dauerhafte Entwicklung ist Entwicklung, die die Bedürfnisse der Gegenwart befriedigt, ohne zu riskieren, dass künftige Generationen ihre eigenen Bedürfnisse nicht befriedigen können."* Dieses Zitat stammt aus dem Brundtland-Bericht *„Our Common Future"* aus dem Jahr 1987 (Weltkommission für Umwelt und Entwicklung der Vereinten Nationen – „Brundtland-Kommission").

154 Heinz Peter Wallner, Michael Narodoslawsky: *Inseln der Nachhaltigkeit. Logbuch für ein neues Weltbild.* NP-Buch, St. Pölten 2001

155 Heinz Peter Wallner, Kurt Schauer, Dodo Kresse: *Erfolg mit der Business Agenda 21. Nachhaltige Wirtschaft und Corporate Social Responsibility.* Oekom Verlag, 2004

156 Leopold, Aldo: *A Sand County Almanac.* Ballantine Books Edition, 31. Auflage, 1991, Seite 162

157 Mihaly Csikszentmihalyi: *Dem Sinn des Lebens eine Zukunft geben. Eine Psychologie für das 3. Jahrtausend.* Klett-Cotta Verlag, 2. Auflage, Stuttgart 2000. Das Zitat entspricht der grundlegenden These des Buches.

158 Global Footprint Network: http://www.footprintnetwork.org/de/ Und hier können Sie Ihren individuellen Fußabdruck berechnen: http://www.footprintnetwork.org/de/index.php/GFN/page/personal_footprint/

159 Andreas Weber: *Alles Fühlt! Mensch, Natur und die Revolution der Lebenswissenschaften.* Berlin Verlag, 3. Auflage, Berlin 2007

160 Eckhart Tolle: *Eine neue Erde. Bewusstseinssprung anstelle von Selbstzerstörung,* Arkana Verlag, 15. Ausgabe, 2005

161 Mihaly Csikszentmihalyi: *Dem Sinn des Lebens eine Zukunft geben. Eine Psychologie für das 3. Jahrtausend.* Klett-Cotta Verlag, 2. Auflage, Stuttgart 2000, Seite 272

162 Nick Udall und Nic Turner: *The Way of nowhere. 8 Questions to release my/our creative potential.* HarperCollins Publisher, London 2008

163 Zitat von Nick Udall und Nic Turner, Seite 54 ff.

164 Ein Zitat von John Gardner (frei übersetzt durch den Autor). Zu finden auf: www.pbs.org/johngardner/

165 Als *Nullpunkt-Feld* wird das Ur-Feld der Welt beschrieben. Es ist ein Zustand der reinen Schwingung, der reinen Information, bevor wir durch die Beobachtung irgendetwas materialisieren und so eine Welle zum Teilchen wird. Wir können annehmen, dass wir Menschen mit diesem Feld verbunden sind. In ihm liegt alles Wissen und jene Information, die alle Störungen in der materiellen Welt beseitigen und somit alles heilen kann.

166 Website von Tim Schlenzig: http://mymonk.de/

167 Roland Kopp-Wichmann: http://www.kopp-wichmann.de/ alles zum Thema Persönlichkeitsentwicklung. Blogbeiträge, Podcasts, Email-Kurse und Bücher. Mehr Podcasts zum Thema finden Sie auf www.dasabenteuerleben.de von Hans Jürgen Walter.

168 *Michael* ist eine Hollywood-Filmkomödie aus dem Jahr 1996. Die Regie führte Nora Ephron. John Travolta in der Hauptrolle des Engels Michael (siehe Wikipedia).

Der Autor:

DI Dr. Heinz Peter Wallner, CMC, geb. 1965, ist Doktor der technischen Wissenschaften, Lehrbeauftragter, Organisationsberater und erfahrener Führungskräfteentwickler. Seine Schwerpunkte liegen in der ganzheitlichen, persönlichen Entwicklung des Menschen (Self-Leadership), im Umgang mit Komplexität und Veränderungen und in der Umsetzung von agilen Organisationsformen zur Erhöhung der Zukunftsfähigkeit. Sein Beratungs- und Trainingsunternehmen Wallner & Schauer ist international erfolgreich tätig. Mit seinen bisher sechs Sachbüchern und seinen Beiträgen am Top-Weiterbildungsblog www. hpwallner.at und auf anderen Portalen leistet er seit vielen Jahren Beiträge zur Zukunftsfähigkeit von Wirtschaft und Gesellschaft und zur ganzheitlichen Entwicklung von Menschen.

Sein Motto: Essenzen für mehr Lebendigkeit und Leadership.

Sie finden den Autor im Social Web:

Xing, LinkedIn, Facebook, Twitter, Google+, Slideshare, Youtube, Pinterest

Kontakt zum Autor: docwallner@gmail.com
und über www.hpwallner.at

COLOURS OF HAPPINESS -
Die 5 Prinzipien erfolgreicher Veränderung
Dodo Kresse
Hardcover: ISBN 978-3-9504083-0-0
eBook: ISBN 978-3-9504083-4-8
Seiten: 64, davon 32 ganzseitige Farbgrafiken

Nichts muss so bleiben, wie es ist!

Begleiten Sie den Protagonisten Dañiel auf seinem Weg zu mehr Freude und Gelassenheit und lernen Sie währenddessen die 5 Prinzipien einer gelungenen Veränderung kennen, um sie nachher selbst anzuwenden. Fühlen Sie Dañiels Aufregung und kommen Sie mit dem Prinzip Anfang in Berührung, entdecken Sie mit ihm das Prinzip der Resonanz, begreifen Sie die Wichtigkeit der Polaritäten und verlieben Sie sich nach einer doppelten Entscheidung in das Prinzip der Wiederholung. Dann wird Ihnen das Leben in all seiner Pracht entgegenleuchten.

Ihre Reise beginnt jetzt!
www.coloursofhappiness.de

COOPERS WELT - Leadership für eine neue Zeit
Dodo Kresse
Erscheinungsdatum: Mai 2016
Seiten: 124
Hardcover: ISBN: 978-3-9504083-5-5
Format: 13,5 x 21,0 cm

Die komplexe Welt der Führung bleibt auch in Zukunft eine der größten Herausforderungen. Eine lebendige Story rund um den sympathischen Personalentwickler Cooper, der sich, zusammen mit seinem Chef Käpt'n Fen O'Men, auf die spannende Reise in die Zukunftslandschaften einer ganzheitlichen Unternehmenswelt begibt. Begleiten Sie ihn dabei und lernen Sie Menschen und Unternehmen besser zu verstehen. Lassen Sie sich inspirieren, auf welche Weise Sie die Potenziale Ihrer Mitarbeiter und Ihrer Organisation entwickeln können.

Magisch - phantasievoll - erkenntnisreich.

www.cooperswelt.de

Danke!